高质量发展的选择

王东京◎著

GAOZHILIANG
FAZHAN DE
XUANZE

王东京经济讲座18题

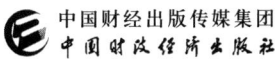

图书在版编目（CIP）数据

高质量发展的选择／王东京著．－－北京：中国财政经济出版社，2023.4

ISBN 978-7-5223-2079-3

Ⅰ.①高… Ⅱ.①王… Ⅲ.①中国经济－经济发展－研究 Ⅳ.①F124

中国国家版本馆CIP数据核字（2023）第047353号

责任编辑：蔡丽兰 郁东敏	责任校对：胡永立
封面设计：仙境设计	责任印制：刘春年

高质量发展的选择

GAOZHILIANG FAZHAN DE XUANZE

中国财政经济出版社 出版

URL：http://www.cfeph.cn

E-mail：cfeph@cfemg.cn

（版权所有　翻印必究）

社址：北京市海淀区阜成路甲28号　邮政编码：100142

营销中心电话：010-88191522

天猫网店：中国财政经济出版社旗舰店

网址：https://zgczjjcbs.tmall.com

北京文昌阁彩色印刷有限责任公司印刷　各地新华书店经销

成品尺寸：145mm×210mm　32开　15.75印张　275 000字

2023年4月第1版　2023年4月北京第1次印刷

定价：79.80元

ISBN 978-7-5223-2079-3

（图书出现印装问题，本社负责调换，电话：010-88190548）

本社图书质量投诉电话：010-88190744

打击盗版举报热线：010-88191661　　QQ：2242791300

前言

作为一个研究经济学的学者，我亲历了国家改革开放的全过程，见证了40多年经济高增长的奇迹，这样的机遇可遇不可求，实感幸运！我时常想，要是没有改革开放，我可能上不了大学；而当年在大学时代，我推崇的是"苏联模式"，若不是近距离观察我国经济体制的成功转轨，自己在学术上恐怕也毫无建树。

屈指算，我在报刊写专栏前后已有26年。曾有朋友问我为何长期写专栏，其实我也这样问过自己。说实话，写专栏的初衷，是督促自己不断地观察思考，为给来中央党校学习的高中级干部讲课做准备。另外，改革开放是一个"摸着石头过河"的过程，需要试错，自己以研究经济学为职业，怎能袖手旁观呢？

摆在读者面前的《高质量发展的选择》，是近年来我为领导干部做讲座的讲稿结集。党的十九届五中全会明确指出，我国已进入新发展阶段。党的二十大报告强调，进入新发展阶段，要加快构建新发展格局，着力推动高质量发展。对怎样推动高质量发展，我做过田野调查，也做过学理研究，本书是阶段性成果之一。

这里要指出的是，写讲稿并非一件容易的事。既不能就事论事，用现象解释现象；也不能从概念到概念，或者用文件解释文件。根据自己多年的授课经验，讲稿应突出问题导向，针对学员的困惑写。古人云，师者，传道授业解惑也。特别是中央党校的教师，讲课不仅要讲清中央精神是什么，同时还要讲清背后的学理逻辑是什么。唯有如此，才能为学员释疑解惑。

当然不是说我在本书所作的分析读者皆能认同。我曾说过，经济学是一门社会科学，并不像数学、物理学那样对错分明。现实生活中，人们对某一经济现象似乎都有发言权，而且9个人往往会有10种观点。然而经济学不是屠龙术。在我看来，只要读者不先入为主，能用经济学逻辑作分析，去粗取精，去伪存真，对多数问题是可以达成共识的。

对全球经济来说，近几年无疑是多事之秋。贸易保护主义再次抬头，国际环境不确定性因素明显增多，加上新冠疫情肆虐，导致各国经济持续下行。在这种背景下，中国要实现从站起来、富起来到强起来的历史跨越，雄关漫道，我们必须按照党中央的部署：立足新发展阶段、贯彻新发展理念、构建新发展格局、推动高质量发展。

本书收录的18个讲题，是对推动高质量发展的专题解读，而且这些专题，也都是目前我国经济面临的难点。在写这部讲稿时，我力图从"学理、体制、政策"等三个层面作分析；而在讲解方式上，我选用了大量的现实案例，并有意避开了一些晦涩的理论概念，这样处理，当然是想写得尽量通俗些，但是否真的通俗好懂，我说了不算，还希望能听到读者的反馈。

王东京

2023年2月15日

于北京大有庄

目 录

第一讲　新发展理念引领高质量发展 / 001

　　研判经济形势应重点关注发展质量 / 004

　　稳中求进：货币投放不能大水漫灌 / 008

　　扩内需应坚持从供给侧发力 / 011

　　防止资本无序扩张应重点针对金融资本 / 015

　　参与国际循环要防止"卡脖子" / 019

　　推动共同富裕应重点做好三件事 / 023

第二讲　中国经济稳增长的关键要素 / 031

　　破解困局：既要见物也要见人 / 033

　　容错边界：区分风险与不确定性 / 037

　　稳定预期：适应性预期与理性预期的启示 / 041

　　集中采购：应保护竞争而不能限制竞争 / 045

　　行政问责：应慎用"一票否决" / 049

第三讲　坚持以供给侧结构性改革为主线　/　059

从"萨伊定律"到"供给学派"　/　061

供给侧改革：三个关键词及其逻辑机理　/　065

供给管理与需求管理：案例讨论　/　076

四点重要结论　/　085

第四讲　国际经济循环需澄清的认识误区　/　093

政府为何鼓励出口　/　095

如何看待国际收支平衡　/　099

高关税能否保护国内产业　/　102

国际贸易是否对发展中国家不利　/　106

人民币是否应该对外贬值　/　110

第五讲　经济全球化与中国的结构调整　/　119

"配第—克拉克定理"与结构演进趋势　/　121

李嘉图定理与结构调整通则　/　125

按比较优势调结构不会落入"陷阱"　/　129

调结构的主体是企业而不是政府　/　133

第六讲　正确认识政府与市场的作用　/　139

公有制与市场经济怎样结合　/　141

让市场在资源配置中起决定性作用　/　145

更好发挥政府作用　/　149

　　　　发挥政府作用要尊重市场规律　／　153

　　　　中央政府与地方政府的分工　／　157

第七讲　积极财政政策的目标取向　／　165

　　　　着力点在供给侧而非需求侧　／　167

　　　　主要手段是减税而非发债　／　170

　　　　重点是结构性减税而非全面减税　／　173

第八讲　为何要实施稳健货币政策　／　181

　　　　"规则"与"权变"之争　／　183

　　　　理论渊源：货币中性与非中性　／　187

　　　　"权变"政策的理论支持：菲利普斯曲线　／　191

　　　　"权变"政策的经验佐证：奥肯法则　／　195

　　　　中国的货币政策选择　／　198

第九讲　通过制度创新推动科技创新　／　205

　　　　科技创新呼唤企业家精神　／　207

　　　　创新投资体制支持核心技术创新　／　211

　　　　创新融资机制分散创新风险　／　214

　　　　创新分配机制推动产学研深度融合　／　216

　　　　如何看待数字经济的边际收益　／　218

　　　　界定数据产权的两个规则　／　223

　　　　几点重要结论　／　227

第十讲　用市场机制推进生态文明建设　/　233

　　人类文明转型的一般规律　/　235

　　社会成本内化：控制污染的两种方案　/　238

　　社会收益内化：绿水青山的盈利模式　/　240

　　三点重要结论　/　243

第十一讲　研究共同富裕的五个维度　/　249

　　给"公平"下定义是个难题　/　251

　　市场经济的一般分配规则　/　255

　　怎样衡量收入差距　/　259

　　不宜过度渲染收入差距　/　263

　　政府怎样补贴低收入者　/　266

第十二讲　国企改革攻坚的路径选择　/　275

　　从所有权与产权的区别说起　/　277

　　产权结构与企业行为选择　/　281

　　国企"混改"应分类推进　/　285

　　去行政化无须取消行政级别　/　288

　　怎样看待高管限薪　/　292

第十三讲　振兴乡村产业要以农民为主体　/　297

　　从土地承包到乡村振兴　/　299

　　"三变"改革与振兴乡村产业　/　302

振兴乡村产业目的是富裕农民 / 304

解决农民贷款难刻不容缓 / 307

第十四讲　中国城市化的未来走向 / 317

从一种消费选择现象说起 / 319

从消费选择聚中看工商企业扎堆现象 / 321

从工商企业扎堆看城市化规律 / 323

中国城市化趋势会逆转吗 / 326

推进城镇化不能盲目"造城" / 328

第十五讲　准确把握反垄断的边界 / 333

反垄断是反"违背等价交换"的行为 / 335

反垄断不能简单"反大" / 339

垄断竞争才是市场常态 / 343

不应将矛头指向技术垄断 / 347

哪些企业会"掠夺性定价" / 351

第十六讲　怎样看待国内房价问题 / 361

房价并不由成本决定 / 363

地价不能推高房价 / 367

高杠杆会加剧炒房 / 371

政府应重点稳定房价 / 374

补砖头不如补人头 / 377

第十七讲　我国基本经济制度演进的逻辑　/　383

　　　　生产资料所有制调整的理论逻辑　/　386
　　　　经济体制转轨的历史逻辑　/　396
　　　　分配制度改革的实践逻辑　/　403
　　　　简短的结论　/　408

第十八讲　对经济学界几个流行观点的反思　/　415

　　　　拉动经济有"三驾马车"吗　/　417
　　　　"合成谬误"不是市场失灵　/　421
　　　　逆选择的真实原因　/　425
　　　　公共品并非只能由政府提供　/　429
　　　　供给过剩未必是需求不足　/　433

附录一：中国经济体制改革的基本经验　/　439

附录二：政府改革的经济学分析　/　449

附录三：怎样给领导干部讲经济学　/　467

第一讲
新发展理念引领高质量发展

研判经济形势应重点关注发展质量

稳中求进：货币投放不能大水漫灌

扩内需应坚持从供给侧发力

防止资本无序扩张应重点针对金融资本

参与国际循环要防止"卡脖子"

推动共同富裕应重点做好三件事

第一讲
新发展理念引领高质量发展

党的二十大报告指出:"高质量发展是全面建设社会主义现代化国家的首要任务。"并强调:"必须完整、准确、全面贯彻新发展理念,坚持社会主义市场经济改革方向,坚持高水平对外开放,加快构建以国内大循环为主体、国内国际双循环相互促进的新发展格局。"① 怎样推动经济高质量发展?下面我就几个现实问题作理论分析,并从操作层面提出相应的政策建议。

---

① 习近平:《高举中国特色社会主义伟大旗帜 为全面建设社会主义现代化国家而团结奋斗——在中国共产党第二十次全国代表大会上的报告》,人民出版社2022年版,第28页。

研判经济形势应重点关注发展质量

目前无论政府宏观经济管理部门还是经济专家，分析经济形势所采用的方法：首先都是根据GDP增长率，对经济形势作总体判断；然后再分别用"消费、投资、出口"的数据与上年作对比，要是今年增长速度高于去年同期，就认定经济形势向好；反之，则认为形势不乐观。

在过去计划经济时期，甚至到20世纪末，用上面的方法研判经济形势无可厚非。那时中国经济正处于"起飞阶段"。1982年召开的党的十二大曾明确提出：到2000年，国内生产总值要比1980年翻两番。在那样的背景下，研判经济形势当然要看"增长速度"的高低。

然而，今非昔比。2010年，中国GDP总量超过了日本，成为全球第二大经济体；2013年，中国经济进入发展新常态，同时中央提出要"稳增长"。我们知道，在此之前中央强调的则是"保增长"（保增长率8%）。从"保增长"到"稳增长"，这一变化所释放出的信号，是不再追求高速度，而要更加重视经济发展质量。

特别是最近几年，这方面的信号已越来越强烈。2017年，党的十九大报告指出：我国经济已由高速增长阶段转向高质量发展阶段；2020年召开党的十九届五中全会，习近平总书记指出，我国已进入新发展阶段，并强调新发展阶段，是我们党带领人民迎来从站起来、富起来到强起来历史性跨越的新阶段。

于是就引出了一个问题：在高速增长阶段，我们根据增长速度研判经济形势，那么进入高质量发展阶段后，应该怎样分析经济形势呢？有一点可以肯定，那就是不能再用过去的老办法。因为无论GDP增速还是投资、消费、出口的增速，皆是数量指标，并不反映一个国家（地区）的经济发展质量。

深入分析，GDP增长率高低其实并不代表一个国家的经济实力。可对比下面两组数据，第一组数据：2010年，我国GDP增长率为10.3%，总产值为39.7万亿元，新增产值约4万亿元；第二组数据：2019年，我国GDP增长率为6.1%，总产值为99.1万亿元，新增产值近6万亿元。2019年GDP增长率虽比2010年低4.2%，可新增产值却多出2万亿元。

由此可见，GDP增长率与经济形势不可以画等号，不能说增长率高，形势就好；也不能说增长率低一些，形势就不好。事实上，进入工业化中后期，增长率放缓在所难免。如西方工业七国，他们在经济起飞、向成熟推进阶段，皆保持了较高增长率；而进入追求生活质量阶段后，增长率却明显放慢，且无一例外。

进一步分析，用"投资、消费、出口"的增长率判断经济形势其实也不可取。从经济学角度看，"投资、消费、出口"皆属于一定时期的支出。支出增加,并不保证收益就一定增加;有些时候,支出增加反而可能令收益下降。其中原因,是支出增加后收益能否增加,要受诸多条件的约束。关于这一点,让我分别解释:

关于投资与收益。经济学有一个基本规律:"投资边际收益递减。"意思是,如果其他条件不变而增加投资,新增投资与新增收益的比率会不断下降。举个例子:某企业大规模增加了投资,产出也会随之增加,可若市场需求未增加,或者产品销售不对路,结果形成大量库存,投资增加后利润不会增加,甚至可能亏损。

关于消费与收入。一般地讲,消费支出要由收入决定。这是说,一定时期消费支出增加,表明同期居民收入在增加。但这并非铁律。比如发生通胀后,消费支出增加也许是消费品涨价所致,而非收入增加;而有了消费信贷后,人们贷款买车买房,消费增加也不代表当期收入增加。

关于出口与进口。本国将商品出口到国外可以换回外汇,但换汇本身并不是目的,出口的目的是进口。说得更直白些,外汇的实质是外国对本国的欠债(或借条),若不用于进口,外汇就不过是一串数字或者一堆纸。也正因如此,故在大多数经济学家看来,外贸顺差和外汇储备并非越多越好,最佳状态是进出口平衡。

按照上述的分析,那么我国进入新发展阶段后,研判经济形势就不应再看支出，而应重点关注发展质量。怎样判断发展质量的优劣？我认为应从收益角度看，可具体分三个层面：

第一层面：看总收入。总收入包括居民收入、企业利润、政府收入。这三大主体的收入，加总起来就是国民收入。国民收入不同于GDP，是一个反映经济质量的指标，一定时期国民收入增加，说明经济发展质量在提升；国民收入减少，说明经济发展质量下降。

第二层面：看经济基本盘。所谓经济基本盘，是指失业率、通胀率、宏观债务率以及国际收支状况等。若失业率和通胀率适度，而宏观债务率可控，国际收支保持平衡，表明经济运行质量稳定；反之，如果失业率和通胀率大幅上升，宏观债务率超出警戒线、国际收支出现逆差，表明经济运行存在隐患，发展质量不佳。

第三层面：看收入结构。生产的目的是满足消费，既然如此，分析经济形势还应从收入结构看。若居民收入、企业利润、政府税收保持同步增长，说明投资与消费的比例协调；反之，若居民收入增长低于企业利润增长，意味着国内消费需求不足；而企业利润增长低于政府税收增长，说明税负偏重，经济发展缺乏后劲。

稳中求进：货币投放不能大水漫灌

扩大投资与消费，都要靠货币推动，马克思曾经有一句名言：在社会再生产中，货币"表现为发动整个过程的第一推动力"。在现代市场经济体制下，一切商品交换皆离不开货币，也正因如此，所以在经济下行压力大的情况下，人们往往会希望政府用"扩张性货币政策"刺激经济。

有这样的看法并不奇怪。20世纪30年代，西方世界发生经济大萧条。1936年，凯恩斯出版了《就业、利息和货币通论》（以下简称《通论》）。他所开出的药方，是国家干预经济：用扩张性财政政策与货币政策投资公共工程，扩大内需。此一主张，一度成为欧美国家的国策，凯恩斯也因此被誉为"战后繁荣之父"。然而到了20世纪70年代，西方世界却普遍陷入了滞胀。于是凯恩斯的理论遭到千夫所指，四面楚歌。

2007年，美国又发生了次贷危机。面对大规模失业，奥巴马政府再次采用凯恩斯的理论，一方面推行赤字预算（发国债）；另一方面，实施量化宽松的货币政策。可遗憾的是，奥巴马执政时期美国经济并无明显起色；特朗普上台后，改用供给学派的主张，大刀阔斧地减税，并将公司所得税率从35%降至21%，美国经济才开始逐步有所恢复。

再看中国，2008年，受美国次贷危机的冲击，国内不少中小企业停产歇业，当时约有2000万农民工提前下岗返乡。为了稳企业保就业，同年11月，国务院推出了4万亿扩需计划，重点投资铁路、公路、机场等基础设施。现在回过头看，4万亿扩需计划对缓解次贷危机冲击，效果的确立竿见影，但同时也让我们进入了漫长的"前期政策消化期"。

从上面的例子可见，货币既能推动经济发展，但也有副作用，甚至可能闯祸。若站在企业的角度，这样讲似乎不太好理解。对单个企业来说，货币作为商品的固定等价物，手里的货币越多，调动资源的能力就越强，货币当然越多越好。也正是从这个意义上，马克思说货币是企业的第一推动力和持续动力。

但若从宏观角度看，货币并非多多益善。何以见得？对此需要我们理解"货币"与"资本"的区别。马克思讲得清楚，资本是不断增值的价值，其"实物形态"是各种生产要素（商品）；"价值形态"则表现为一定数量的货币。这是说，货币本身并非资本，特别是当金银货币退出流通后，货币只是资本的纸制副本。

货币与资本不是一回事。我们去读《资本论》会发现，马克思说"货币是第一推动力"，那里的"货币"其实是指"货币资本"，而不是指纸币（钱）。当一国发行的货币等于商品流通所需要的货币量时，货币是资本。若货币超发，不仅不会增加资本，反而会导致货币贬值、引发通胀。

让我举个例子解释。根据货币流通公式：流通中所需要的货币量＝一定时期社会商品价格总额／同名货币流通速度。假定商品价格总额为50万亿元，货币流通速度为5次/年，则流通中所需要的货币量为10万亿元。假定央行发行了12万亿元的货币，那么这多发的2万亿元没有对应的商品，就只是钱，而不是资本。

由此可见，资本是不断增值的价值，而纸币发多了会贬值，不能将两者混为一谈。货币要发挥对经济的推动作用，至少应具备三大前提：

前提一：货币供求要保持总量平衡。在金银货币流通的前提下，货币是推动经济增长的动力；而当纸币替代金银货币流通后，若货币供给大于需求，必然导致通胀。一旦出现这种情况，则弊大于利，会给经济带来不利的后果。

前提二：商品供求要同时保持总量与结构平衡。经济理论与经济发展史皆表明，货币是中性的，货币调节属于总量调节，解决不了结构问题。当供给短缺时，增加货币投放只会拉动价格上涨；而当供给过剩时，多发货币也只会火上浇油，加剧生产过剩与结构失衡。

前提三：货币资源的分配应由市场起决定作用。有两个重点：一是要尊重市场"等价交换"规则，政府不能管价格；二是要放开市场利率。对某些需要扶持的企业，政府可用财政贴息的办法予以支持，不可用行政手段控制利率。只有让市场化利率引导资金流动，才能将好钢用在刀刃上，提高资金的配置效率。

结合当前的实际，提三点建议：第一，在经济下行压力较大的背景下，财政政策可靠前发力，重点减税；但货币政策则应继续保持稳健，不能搞大水漫灌。第二，为了保就业与民生，应坚持从供给侧发力扩内需。第三，应重视GDP增速，但不必纠结速度指标，坚持把高质量发展放在首位。

扩内需应坚持从供给侧发力

受国际环境不确定性因素和新冠疫情的影响，近年来我国经济一直面临较大的下行压力，2022年GDP增长仅3%。于是近年来学界扩大内需的呼声很高。扩内需当然必要，但必须坚持从供给侧发力。以往流行的观点，扩内需只能从需求侧发力。而我认为在目前结构失衡的背景下，扩内需的重点是改进供给；改进供给其实也是扩内需。

马克思曾经说过，社会再生产顺利进行有两个前提："价值补偿"与"实物补偿"。前者指总量平衡，后者指结构平衡。而且供求平衡的关键，是结构而不是总量。总量平衡不等于结构平衡，结构失衡则总量一定失衡。这是说，直接从需求侧扩投资和消费，虽有助总量平衡，但若不解决结构问题，最后总量不可能平衡。有前车之鉴，美国"罗斯福新政"时期政府曾大量举债扩需求，结果弄巧成拙，令经济陷入了滞胀。

事实上，扩需求不仅可从需求侧发力，也可从供给侧发力。早在19世纪初法国经济学家萨伊提出了"供给创造需求"原理（"萨伊定律"）。其论证逻辑是，当社会出现分工后，人们要通过交换互通有无。而从交换看，一个人卖自己的商品，是为了购买别人的商品。既然大家都为买而卖，有供给必有需求。换句话说，扩供给也就是扩需求。

萨伊的论证，应当说是无懈可击，可20世纪30年代西方国家却出现了普遍的生产过剩，"萨伊定律"遭到了广泛批评和质疑。1936年凯恩斯出版《通论》，掀起了一场对"萨伊定律"的革命。今天回头看，"萨伊定律"其实并无大错。要是说有错，那也是错在萨伊仅关注总量平衡而忽视了结构平衡。

是的，若仅就总量而论，"供给创造需求"的确是对的。但从结构看，若供给结构与需求结构不匹配，比如人们卖出商品后在国内买不到自己所需要的商品，他们就有可能转从境外购买。由于需求外溢，无疑会造成某时期国内需求不足。不过即便如此也不能推翻"萨伊定律"，若站在全球角度看，总供给仍然等于总需求。

有学者说，"萨伊定律"在物物交换时代成立，货币出现后便不再成立。理由是有了货币做交换媒介，人们卖出商品后不一定马上购买，而是将货币用于储蓄，这样也会造成需求不足。骤然听似乎有理，然而深想却似是而非。请问：人们将货币存入银行，银行会否将存款贷出去？若银行将存款转化成贷款，总需求怎会不足呢？

也许有人要问，既然"萨伊定律"没有错，可为何现实中会出现生产过剩？前面我说过，萨伊讲"供给创造需求"只是总量平衡，生产过剩虽表现为总量失衡，而深层则是结构失衡。"萨伊定律"之所以解释不了生产过剩，是因为萨伊将"结构平衡"假定成了既定的前提。

这里要指出的是，"萨伊定律"虽未研究结构问题，但对研究"结构平衡"仍有借鉴意义。"萨伊定律"讲"供给创造需求"，若将此反过来理解，带给我们的启示是：一个国家内需不足，症结其实不在需求侧而是在供给侧。道理很简单。若企业生产的产品或品质不适应国内消费者需求，需求外溢，国内购买力当然会不足。

据此分析，扩内需的着力点应放在供给侧。对此我们可从收入与消费关系的角度解释。想深一层，企业创造供给的过程，同时也是创造收入的过程，而收入水平又决定着消费水平。比如一个企业的"有效供给"（产销对路）增加，企业利润和员工收入皆会随之增加。利润增加能带动投资增加；员工收入增加能带动消费增加。由此可见，扩内需关键是要创造"有效供给"。

习近平总书记曾多次明确指出：当前我国结构性问题最突出，矛盾的主要方面在供给侧。习近平总书记为何强调重点从供给侧解决结构性问题？我们可从以下三方面看：

首先，改善供给结构可以扩大内需。2010年中国已是全球第二大经济体，随着城乡居民收入不断提高，消费在不断升级。可由于国内供给结构与供给质量跟不上消费升级的变化，导致国内需求大量转为进口，本土产品严重滞销。基于此，如果我们改善供给结构与供给质量，让供给更好适应需求，当然能够扩大内需。

其次，改进供给服务可以引导内需。事实表明，消费需求是可以引导的。以新能源汽车为例，早几年国内新能源汽车门庭冷落，是因为当时服务设施不配套。随着服务设施的完善，加上政府政策引导，近两年销售纪录不断刷新。再比如"网购"，由于"网购"打破了实体店的诸多局限，可为消费者提供全天候购物便利，故"网购"不仅风靡城市，时下在广大农村也风生水起。

最后，创造新的供给可以创造新的需求。当人们基本需求满足后，新的供给一旦出现，必能带动产生新的需求。习近平总书记几年前就讲："一个国家发展从根本上要靠供给侧推动。一次次科技和产业革命，带来一次次生产力提升，创造着难以想象的供给能力。当今时代，社会化大生产的突出特点,就是供给侧一旦实现了成功的颠覆性创新,市场就会以波澜壮阔的交易生成进行回应。"①

回溯历史。工业革命前,那时人们出行主要是坐马车,而今天不仅可以坐火车还可以坐飞机。30多年前,手机尚未问世,那时人们对手机并无需求。自从"大哥大"出现后,新的需求和产业链被创造出来,拥有智能手机的人越来越多。事实上,通过创造供给不断创造新的需求是发达国家的普遍做法,我们应该加以借鉴。

防止资本无序扩张应重点针对金融资本

为支持和引导资本规范发展,防止资本无序扩张,中央提出要为资本设置红绿灯。问题是,资本"无序扩张"的含义到底指什么?对此问题,若不从学理层面给出清晰的界定,也就无法为资本设置红绿灯。

查阅学术文献,西方学者这方面的著述并不多,而国内学者对资本"无序扩张"的解释,通常是举例说明,如某互联网企业或某房地产开发商采用欺诈手段"圈钱"等。当然也有学者试图给出定义,可大多都是将资本"无序扩张"等同于"垄断",即指大企业利用其市场支配地位操纵市场、

---

① 《习近平谈治国理政》第2卷,外文出版社2017年版,第255页。

牟取暴利的行为。

究竟该怎样给资本"无序扩张"下定义？我认为不能简单地根据企业资产规模和利润率判定。追求规模经济是资本的天性，无可指责。而且反垄断也并不等于"反大"。虽然《谢尔曼法》出台后，美国曾一度"反大"，可20世纪70年代以来却改弦更张，不仅不再"反大"，反而鼓励企业（合并）做大。

为何不能根据利润率判定呢？其中一个重要的原因，是对"暴利"下定义也同样困难。比如多高的利润是暴利？其实很难说得清。若将高于平均利润的"超额利润"视为暴利，那么"反暴利"其实就是反竞争。争取超额利润是企业展开竞争的原动力，若不允许企业获得超额利润，企业之间也就不会存在竞争。

也许有人说，企业可以有超额利润，但利润率不能太高。问题是"太高"到底是多高，是30%还是50%？比如对科技创新企业来说，创新有风险，创新失败企业可能血本无归；而一旦成功，则可掌握觅价权，利润率有可能达到50%，甚至更高。若利润率高于50%便打击，亏损却由企业自己兜底，对创新企业来说，当然不合理。

企业资产规模大或利润率高不过是一种结果。政府要不要反对，应看这种结果是否取之有道，不能一刀切。比如企业凭借自己的市场支配地位欺行霸市、坑蒙拐骗，政府当然要"亮红灯",予以打击;相反,若企业是通过诚实守信、合法经营做强做大,政府就应该"亮绿灯",并予以支持和保护。

由此来看,我们的确不能简单地将资产规模大和利润率高视为"无序扩张"。那么怎样判定才对呢?应从公平竞争的角度判定。马克思讲,商品是天生的平等派,市场交换必须等价交换。而要实现等价交换,前提是生产自由与交换自由。这是说,若资本(企业)违背"生产自由与交换自由"进行扩张,即为"无序扩张"。

这里的关键,是怎样理解"生产自由与交换自由"。经济学讲"生产自由",是指市场不存在准入限制,资本等要素可以自由进出;对价高利大的商品,无论企业大小都可以生产。而所谓"交换自由",有两层意思:一是交易双方不能用强制或欺骗手段达成交易;二是交易一方不能凭借市场支配地位,将自己的风险转嫁给交易对方。

若依照上面的两点,便可沿着这个思路对资本扩张作更深入的讨论。众所周知,资本按照不同职能可分为产业资本、商业资本、金融资本等三类。事实表明,这三类资本都有可能无序扩张,而可能性最大的则是金融资本。为什么这样说?让我从资本循环的角度分析,会看得很清楚:

先看产业资本。产业资本是投资于实体经济部门的资本。产业资本循环:是先从货币转换为商品(生产要素),

经过生产制造出新商品,然后再由商品转换为货币。由于生产规模要由"边际收入等于边际成本"决定,而且商品转化为货币是一次惊险跳跃,若不成功,摔坏的是商品生产者,故产业资本不容易"无序扩张"。

再看商业资本。顾名思义,商业资本是投入商品流通领域的资本。与产业资本不同,商业资本循环是将货币转换为商品,再将商品直接转换为货币。由于中间没有生产过程,商业资本便有可能无序扩张。比如商家将供应短缺的商品囤积、坐地起价;再比如曾经被处罚的某网络物流平台店大欺客,强制客户"二选一";等等。

再看金融资本。金融资本循环更简单,即从货币到货币,也就是人们所说的"以钱生钱",正因如此,金融资本往往容易脱离实体经济无序扩张。"安邦保险集团"是典型例子。据官方披露,该集团通过关联企业相互投资或以高利率吸收资金,从2004年到2018年资产规模膨胀到了2万亿元。"余额宝"也如此,2017年10月国家出手对其整顿之前,资产规模扩张到1.43万亿元。

需要解释的是,为何说上面两家公司是无序扩张?原因是他们从事金融业务得到了政府特许授权,具有一定的行政垄断权,而他们明知以高利率为诱饵吸收资金有很高的风险,也明知一旦出险将无力偿还本金,可却一意孤行,不惜将风险转嫁给大众投资者或者政府。

综上分析可见：第一，资本都有追求扩张的动机，要防止资本无序扩张，应重点管控金融资本；第二，金融机构由政府授权经营，政府应承担监管的主要责任，对失职渎职的相关人员要严肃追责；第三，产业资本与商业资本有可能借助融资平台无序扩张，对各种巧立名目违规融资的行为要坚决打击。

参与国际循环要防止"卡脖子"

西方国家贸易管制愈演愈烈，他们此举无非是想卡人脖子。受其影响，我国经济也的确出现了某些堵点，所以习近平总书记提出构建以国内大循环为主、国内国际双循环相互促进的新发展格局。构建新发展格局，有两个问题要讨论：第一，参与国际经济循环为何会被人"卡脖子"？第二，怎样防止被人"卡脖子"？

"卡脖子"是一个形象的说法，是指你需要购买别人的商品，而人家却不肯卖给你，使你的需求得不到满足。对一个国家来说，若某种商品之前一直是从国外进口，可突然有一天对方限制了该商品的出口，而进口国一时又找不到合适的替代品，这样就类似被人卡住了脖子。而供应链一旦中断，国内产业链也随之会有被中断的风险。

现在要研究的是，为何会出现这种"卡脖子"现象？最直接的原因当然是国际分工。亚当·斯密当年写《国富论》从分工下笔,指出分工能提高生产效率,并由此推出了一个重要结论:一个国家按"绝对优势"参与国际分工可以增进人类福利。后来英国经济学家大卫·李嘉图又作了进一步拓展,指出某些国家即便没有绝对优势,按各自"比较优势"分工也可以双赢。

举个例子。假定甲、乙两国皆生产白糖和酱油,但生产成本有差异:甲生产一吨白糖的成本100小时,生产一吨酱油的成本110小时;而乙生产一吨白糖的成本130小时,生产一吨酱油的成本120小时。自己与自己比,甲的比较优势显然是生产白糖,乙的比较优势是生产酱油。若按比较优势分工,甲生产2吨白糖而放弃生产酱油,乙生产2吨酱油而放弃生产白糖,然后彼此用白糖与酱油交换,双方皆能节约10小时成本。

斯密和李嘉图的分工理论无疑是对的,不过他们有一个共同的前提,那就是贸易自由。上面例子中,白糖和酱油都是生活必需品,要是甲、乙两国中有一个国家限制出口,彼此则无法形成分工。理由简单:假若分工后甲国的白糖不卖给乙,乙国人会吃不上白糖;乙国的酱油不卖给甲,甲国人会吃不上酱油。由此可见,在国际分工条件下,若贸易受到限制就可能被"卡脖子"。

当然,这仅仅是一种可能。我们以上分析的只是两个国家的分工。假若有甲、乙、丙等三个以上的国家参与分工，情形会不同。甲国的白糖不卖给乙国，乙国可以从丙国或丁国进口白糖，这样乙国也不会被"卡脖子"。然而令人不解的是，今天产业分工已经全球化，为何仍出现了被人"卡脖子"现象呢？经济学的解释是与产品的全球供求状况有关。

国际市场有供给过剩的商品，也有供给短缺的商品。一个国家对供给过剩的商品有需求，自然不会受制于人，但若对供给短缺的商品有需求，却容易被人"卡脖子"。以粮食为例。中央为何反复强调中国人的饭碗必须牢牢端在自己手里？因为世界上粮食供给严重短缺。据联合国粮农组织称，目前全球共有6.9亿人处于饥饿状态。中国是拥有14亿多人口的大国，若不守住18亿亩耕地红线或者放弃粮食生产，其后果不堪设想。

据此分析，国际分工其实是一把双刃剑。参与国际分工虽然可以共赢，但若某产品在国际市场供给短缺，而国内又对其存在"刚需"，那么就不能放弃此类产品的生产。原因很简单，国际分工格局形成后，贸易受到限制可能会被"卡脖子"。国际市场供给短缺的商品，要是一个国家放弃生产，则迟早会被人"卡脖子"，这一点确定无疑。

再想深一层：放弃全球短缺产品的生产会被人"卡脖子"，那么全球供求平衡的商品，自己能否放弃生产呢？对此不能一概而论。事实上，近年来西方国家主要是用关键核心技术产品（或零配件）卡别人的脖子。要知道，关键核心技术是稀缺性技术，但关键核心技术"产品"却可规模化生产，供给并不短缺。产品不短缺而人家为何不卖？目的昭然若揭，就是卡对方的脖子。

习近平总书记曾多次讲："关键核心技术是要不来、买不来、讨不来的。"[①]是的，一个国家若不重视关键核心技术的自主研发，高度依赖进口，被人"卡脖子"将势所难免。现在以美国为首的西方国家不卖给我们芯片、光刻机、数控机床等高科技产品，并不是因为这些产品供给短缺，而是他们要围堵我国经济，不希望我国成为经济强国。

由此可得三点结论：第一，"卡脖子"现象是国际分工格局形成后贸易受到限制的结果，因此我们要旗帜鲜明地反对贸易管制；第二，国际市场供给短缺的产品往往会被人"卡脖子"，所以在积极参与国际分工的同时，我们绝不能放弃此类产品的生产；第三，关键核心技术是具有觅价权的垄断性技术，为防止受制于人，我们必须坚持科技自立自强。

这里再提一点建议：关键核心技术包括基础性技术、杀手锏技术、颠覆性技术。中国从现在起追赶，不仅所需投入大，短期也不可能全面领先。可取的选择，是在颠覆性技术

---

① 习近平:《努力成为世界主要科学中心和创新高地》,《求是》2021年第6期。

领域超前部署,重点突破。当年我们搞出"两弹一星",争取到了几十年的和平。若发挥我们举国体制优势,在某项颠覆性技术上领先一招,以"卡"止"卡",方能扭转当下这种转被"卡"的局面。

推动共同富裕应重点做好三件事

中国是社会主义国家,要坚持走共同富裕的道路。但共同富裕不是"均贫富"。在现阶段,我们既不能无视收入差距,也不宜过度渲染收入差距,更不能夸大收入差距。

1992年经济学诺奖得主卡尼曼曾做过一项调查,美国的人均收入与二战前比增加了5倍,但今天美国人的幸福程度,却并不比战前高。于是他指出,人们的幸福感不仅取决于自己收入的高低,同时还取决于收入比较的参照。若自己与自己比,增加了收入会感觉幸福;但要是其他同事收入比他增加更多,而数他最低,他可能愤愤不平,之前的幸福感也会因此荡然无存。

据我所知,目前社会上有不少人对"共同富裕"存在误解,认为共同富裕就是同等富裕,不存在收入差距,并且认为缩小人们之间的收入差距,不仅要调节收入增量,同时要调节财产存量。所谓调节财产存量,说白了就是要与民营企业家"均贫富"。

从理论上追溯，此观念最早来自英国学者莫尔。1516年，莫尔出版了那本著名的《乌托邦》，指出人类理想社会，是消灭了财产私有、人人平等的社会。后来法国学者巴贝夫等人指出，人人平等的社会，收入应该平均分配。再后来，英国经济学家庇古提出了"收入均等化定理"，说收入分配越平均，社会福利就越接近最大化。

这当然是学者的看法。可普通民众并不知道莫尔、巴贝夫、庇古，人们"平均分配"的观念从何而来？对此，美国学者罗尔斯在《正义论》中作过讨论。他认为，"平均分配"是人类普遍的价值认同，或者说是人的天性。其实，中国民间也流行"不患寡而患不均"的说法，意思与罗尔斯的解释不谋而合。

有大量事实可以佐证。远的不说，以中国为例：改革开放前30年，国家实行的是按劳分配制度，可那时实际搞的是平均主义分配，吃"大锅饭"。改革开放后，国家鼓励一部分人先富起来，虽然人们的收入都有提高，可却出现了"端起碗来吃肉，放下筷子骂娘"的现象。究其原因，是有人对"收入差距"不满，产生了仇富心理。

目前社会上确实有人仍存在"平均主义"观念，而且根深蒂固，短期内不可能根除。也正因如此，对推动共同富裕，人们往往会想到"均贫富"。其实"均贫富"既不符合中央精神，也有悖于市场经济的分配原则，最终不仅不能实现共同富裕，反而会导致共同贫穷。

早在改革开放之初，邓小平就讲，我们坚持走社会主义道路，根本目标是实现共同富裕。而同时又说，平均发展是不可能的。按照他的构想，要鼓励一部分人先富起来，然后让先富带后富。邓小平的构想无疑是正确的。现在的问题是，经过40多年改革开放，已经有人先富起来了，中等收入群体超过了4亿人，那么怎样让先富带后富呢？中央明确讲，非公有制经济财产权不可侵犯；国家宪法也规定，公民的合法私有财产不受侵犯。这是说，先富带后富不能靠"均贫富"。

当然，政府可以鼓励富人捐助。富人愿意捐助固然好，可是低收入者多，捐助只是杯水车薪。可取的选择，是支持富人投资创业。事实上，支持富人投资就是先富带后富，而且可取长效。投资增加，生产的财富会增加，政府税收和就业岗位也会增加。社会财富越来越多，国家税收越来越多，政府就越可以更好地照顾穷人。

倘若不是这样，反过来让人们"均贫富"，效果必事与愿违。有一个真实的例子。张大爷有两个儿子，大儿子在城里打工多年，后来回乡办养鸡场，收入可观；小儿子一直在家种地，至今没娶上媳妇。于是张大爷让大儿子先富带后富，拿出10万元资助弟弟做生意。结果呢，弟弟不善经营，不到半年便血本无归；而哥哥资金周转不灵，收益也大不如前。

一个家庭如此,一个国家也一样,也不能简单"均贫富"。站在富人的角度:国家若不保护私人财产权,富人没有安全感,自然不会放手投资;站在穷人的角度:如果允许"均贫富",可以坐享其成,也不会勤劳致富。

因此在政策操作层面,政府推动共同富裕应重点做好三件事:第一,严格保护私人财产权,让企业家有安全感,支持他们放手投资,将财富蛋糕做大;第二,引导企业家合法经营,依法纳税,切实履行社会责任;第三,规范收入分配秩序和财富积累机制,并发挥好社会政策托底功能,为贫困群体提供基本生活保障。

延伸阅读

罗斯托:《经济成长的阶段》

《布登勃洛克一家》是德国作家托马斯·曼写的一部畅销小说,讲的是一个家族的故事。老布登勃洛克早年做粮食生意,奔走各地,拼命积攒财富,后来终于如愿以偿,成为富甲一方的豪门大户。他死后,家业留给儿子托马斯·布登勃洛克。托马斯过惯了锦衣玉食的生活,对金钱兴趣不大,倒是对社会地位情有独钟,最后当上了参议员。托马斯去世后,家业传到汉诺·布登勃洛克手中,汉诺出身于有钱有势的家庭，既没兴趣经商，也无心在官场发展，却沉迷于音乐及各种艺术活动。

作者托马斯·曼的本意，是想揭示"企业家精神"和"知识分子精神生活"之间的冲突，指出人们的心理需求不是一成不变的，一代一代人总是在不断寻求新的生活目标。比如，以前拥有一辆小汽车会令人羡慕，可一旦小汽车普及，人们就得陇望蜀，开始追求更高层次的东西。美国经济史学家罗斯托由此受到启发，并于1960年出版了《经济成长的阶段》一书。

在这本书中，罗斯托根据人们的需求变化，将人类社会划分为不断递进的五个阶段：

第一个阶段是传统社会。罗斯托从技术史观出发，把英国著名科学家牛顿以前的社会叫作传统社会。它实际上是指科学技术停滞不前、生产力落后的前资本主义阶段，不仅包括原始社会、封建社会和奴隶社会，还包括早期资本主义社会。古代埃及、地中海和中世纪的欧洲，都是传统社会的典型。

第二个阶段，是为起飞创造前提的阶段。它实际上是传统社会通往起飞阶段的"桥梁"。这个阶段的中心任务，是把以农业为主的社会，改造成以工业、交通、商业、服务业为主的社会。为筹集改造所需的巨额资本，罗斯托特别强调农业的重要性，认为农业一旦有了发展，就可以养活越来多的城市人口，为工业发展提供广阔的市场，并把农业剩余用于工业投资。

罗斯托同时认为，在这个阶段，有效的中央集权政府至关重要，它可以作为顶梁柱，担当许多义不容辞的责任：进行重大技术项目的研究和开发，推广先进技术；建立全国统一有序的大市场，促使物尽其流；投资于铁路、港口等基础设施，以解除起飞的瓶颈问题等。

第三个阶段，是起飞阶段，也是经济成长最为关键的阶段。所谓起飞，按罗斯托的解释，就是冲破经济停滞状态，带动经济快速发展，这好比飞机起飞，一旦升空，就可以展翅翱翔。它相当于一国工业化初期，经历时间虽不长，却可以使生产方法得到更新，经济结构脱胎换骨，社会面貌随之焕然一新，因而是"近代社会生活的分水岭"。

罗斯托指出，庞大的国民经济要顺利实现起飞，必须具备三个条件：首先，要有较高的积累率。罗斯托认为，要顺利起飞，积累应占到国民收入的 10% 以上。要做到这一点，可以通过私人积累，也可以借助国家的力量，例如发行公债、征税、出卖土地等。如本国力不从心，还可以依靠外国资本输入。美国、瑞典等国的历史经验表明，外国资本可以助起飞一臂之力。

其次，建立主导部门对起飞至关重要。主导部门发展快，既可以"牵一发而动全身"，带动其他部门发展，又能赚取外汇，以便引进技术，购买外国产品。从历史上看，棉纺织业曾是英国起飞阶段的主导部门。它的快速发展，增大了对煤、铁和机器的需求，如此一带十，十带百，撬动了整个经济的腾飞。

而且他指出，修建铁路也是起飞的巨大发动机。在美国、法国、德国和加拿大，它都起过决定性作用。军事扩张也可以起到主导作用，日本、德国就是典型的例子。当然，各国情况千差万别，不可能搞同一个模式。例如，瑞典的木材工业，日本的缫丝业，丹麦的肉乳制品加工业，都曾经作为主导部门，为起飞立下了汗马功劳。

最后，经济起飞还要有相应的制度保证。在英国，起飞所需的制度变革，是允许私人自由兴办企业，国家则凭借坚船利炮，到各大洲攻城略地，帮助私人开辟海外市场，占领原料产地。在德国和日本，则是由政府出面兴办国有企业，对私人企业的扶持，主要是通过补贴、技术支持以及政府下订单等措施。

在罗斯托看来，一个国家只要具备了上述三个条件，就可以起飞，走上工业化道路。而一旦起飞，经济就可以持续增长。他还认为，一些国家之所以发生革命，就是因为没有顺利起飞。例如，1919年俄国正处于起飞的前夜，若不是爆发第一次世界大战，就可以开始工业化。

第四个阶段，是向成熟推进的阶段。起飞一段时间后，国民经济各部门逐渐羽翼丰满，进而向成熟推进。在这个阶段，现代先进技术已经遍地开花，推广到各个经济领域；旧的主导部门渐次退出，新的主导部门粉墨登场；国民收入中有10%—20%用于投资，同时，农业人口急剧减少。

第五个阶段，是高额群众消费阶段。此时，高度发达的工业社会已经形成，产品极大丰富，人们收入丰厚，消费水平不断提高，社会注意力自然而然地由生产转向消费，主导部门随之转到耐用消费品行业和服务业。

罗斯托作为一名经济史学家，其《经济成长的阶段》一书让人读来眼前豁然一亮。此书一经出版，立刻轰动一时，成为战后非小说类最畅销著作，颇得肯尼迪和约翰逊总统赏识。他提出的"起飞""成熟"等术语，也于20世纪60年代融入发展中国家的实践，特别是对主导部门和科学技术的重视，为人们提供了重要的启迪。

第二讲
中国经济稳增长的关键要素

破解困局:既要见物也要见人

容错边界:区分风险与不确定性

稳定预期:适应性预期与理性预期的启示

集中采购:应保护竞争而不能限制竞争

行政问责:应慎用"一票否决"

第二讲
中国经济稳增长的关键要素

近几年我国经济下行压力大,人们容易想到的原因,是新冠疫情的冲击,再有就是美国等西方国家限制高科技产品出口中国,卡我们的脖子。这些当然是事实。但除了以上两方面因素,我认为还有一个重要原因,那就是人们干事创业的活力不足。马克思主义政治经济学告诉我们:在所有生产要素中,人(劳动力和管理者)是最能动的要素。根据这一基本原理,中国经济要稳增长,关键是要通过体制创新进一步激发人们干事创业的活力。

破解困局:既要见物也要见人

2021年中央经济工作会议就指出,当前我国经济面临需求收缩、供给冲击、预期转弱三重压力。而在以上三大压力中,"预期转弱"是决定性的因素。由于人们预期转弱,需求才逐步收缩,供给冲击效应才会放大。为了稳预期,按照中央的部署,国务院推出了一系列的宏观政策安排。

应该说,近些年我国财政政策与货币政策确实可圈可点。财政政策不断加力提效:一方面,适度发行国债,同时重点推行结构性减税,2022年退税减税总额达到了2.5万亿元;另一方面,货币政策则稳健灵活:在扩大新增贷款规模的同时,进一步疏通了货币政策传导机制,降低了综合融资成本,有力支持了实体经济发展。

不单是我这样看,最近读其他学者的文章,大多也认为2022年的宏观政策适时适度,一致予以肯定性评价。然而令人不解的是,当前经济形势似乎仍不太乐观。据官方的数据显示:2022年GDP增长率为3%,与年初提出的预期目标(GDP增长5.5%)存在一定的距离。

宏观政策对头,可为何经济活力仍显不足?再换个角度看,我国有14亿多人口,人均GDP达1.41万美元(2022),中等收入群体超过4亿人,是全球最大消费市场;而且我国已具有最完整、规模最大的工业供应体系,拥有39个工业大类、191个中类、525个小类,是唯一拥有联合国产业分类中全部工业门类的国家。照理讲,面对需求收缩和供给冲击我们有足够的回旋空间。问题到底出在哪里呢?

有学者分析说,是与2022年二季度后疫情多点散发有关。我不否认疫情对经济有影响，但影响有多大，则取决于如何防控。2020年2月，习近平总书记就强调要统筹疫情防控与经济社会秩序恢复，加快推动企业复工达产。国务院联防联控机制2022年已先后出台"九不准""优化疫情防控二十条""新十条"，明令不准层层加码或一刀切，"一封了之"的现象便很快刹住。

由此来看，疫情对经济的影响是短期的，而且会越来越小。那么导致我国经济下行压力大的另一原因究竟是什么？我认为，关键在做事的人。试想一下，要是参与经济活动的人都有干事创业的动力，敢担当作为，经济怎会没有活力呢？

是的，研究经济问题不能就事论事，不仅要见物，同时也要见人。2022年7月，中央政治局会议明确提出"让国企敢干、民企敢闯、外企敢投"。这绝不是无的放矢，其言下之意是目前有些国企的干劲还不足，有些民企的闯劲还不够，有些外企对是否来中国投资还在举棋不定，需要尽快扭转这个局面。

中央的研判无疑是对的。现在需要研究的是，为何会出现"三不敢"现象？只有先找到原因，才能对症下药。这几年，我对这个问题做过一些调研，曾与不少企业家交流过，据我了解，三类企业的性质虽不同，也各有各的难处，不过归结起来，症结皆在体制机制上。

有些国企为何不敢干？原因当然有多方面，但主要是对"三个区分开来"的理解不一致。比如对改革中的先行先试与明知故犯，探索性试验与我行我素，推动发展的无意过失与违纪违法等，它们之间的边界在操作层面究竟如何区分，至今有关部门尚未出台具体的实施细则。没有实施细则，国企（高管）心里没底，自然不敢放开手干。

有些民企为何不敢闯？我知道的原因，是民营企业家缺乏足够的安全感和公平感。毋庸讳言，现在社会上确实有人对民企抱有偏见，不仅错误解读中央精神，甚至利用个别民企出现的违法事件，整体否定民营经济，说民营经济已经完成使命，应退出历史舞台。对这些错误言论，习近平总书记曾严肃批评过，可到今天仍有不小的市场，民企总担心政策会变，顾虑重重。

最后再看外企。外企不敢投，原因不外有二：一是美国现在四处鼓动西方国家"与中国经济脱钩"，不确定因素增多，一些原本想来中国投资的外企，目前尚在等待观望；二是某些地区的投资环境还有待进一步改善，特别是在落实外企国民待遇和外企投资范围等方面，确实还有需要改进和提升的空间。

找到了原因，那么应该怎么办？我这里先提出政策建议，后面再分别作分析。

第一，鼓励国企（高管）敢干，当务之急是要抓紧研究制定落实"三个区分开来"的实施细则,并尽早颁布实施。有了实施细则,国企(高管)有章可循,自然不会再缩手缩脚。

第二,为支持民企敢闯,应继续加大依法纠正冤假错案的力度,为受到不公平对待的企业家撑腰,并在主流媒体公开发布典型案例,释放毫不动摇鼓励、支持、引导非公有制经济发展的强烈信号。

第三,为吸引外企投资,应不断改善投资环境。一方面,要坚定实施外资准入负面清单,落实好外企的国民待遇;另一方面,进一步扩大外企投资范围,支持外企加大在中高端制造、研发、现代服务等领域的投资,优化服务流程,向世界展示我国坚持扩大开放的决心与诚意。

容错边界:区分风险与不确定性

前面我说鼓励国企(高管)敢干,需尽快出台落实"三个区分开来"的实施细则,而制定具有操作性的实施细则,则必须在理论上讨论清楚"容错"的边界何在,或者说哪些失误可以容错而哪些失误不能容错。这当然不是一个简单的问题,让我先从三个真实案例说起:

案例一:5年前,某国企的供暖锅炉房需要改造,工程预算为300万元。按有关规定,该工程由谁承建,需在央企中经过招标决定。可由于工程量小、利润少，央企无意参与投标。后经多方动员，有三家央企答应投标，可递交的投标文件皆不规范，结果导致了流标。

这样问题就来了。当时已近11月中旬，若再次招标，至少需等2个月才出结果；如果不招标，由领导指定承建人，冬天取暖问题虽可解决，却违反了政策规定，将来有可能被问责。此事如何处理？是否应为那位敢拍板的领导容错？

案例二：某央企办公楼门锁年久失修，需要更换。按照规定，购买门锁应走"集中采购"程序，即从政府确定的"供应商目录库"中采购。而公司财务人员询价发现，市场上同类门锁，价格为500元/把；而通过"集采平台"购买，价格却为1000元/把。于是财务人员将此情况报告给了领导，让领导定夺。

假若你是该公司的领导，你会怎么做？事情明摆着：若直接从市场上采买，成本会低一半；可若不走集中采购程序，就得担风险，日后要是有人举报你无视政策规定，极有可能挨处分。面对这样的选择，你是否会心存顾虑？而我想问的是，倘若该公司领导真的选择了从市场上采购，上级或督查部门是否应该为他容错？

案例三：某地方国企生产的产品亟待升级换代，不然会失去市场竞争力。可产品升级在技术上遇到了瓶颈，需要投入1000万元进行技术研发，而且最后不一定能成功。此时，企业内部出现了两种完全相反的意见：一派不主张冒险，继续维持原来产品生产；另一派则主张冒险，拿出资金做技术研发攻关。

事实上，无论企业作何种选择，都有一定的代价。不投资技术研发，产品会滞销，并且会慢慢出现亏损；而投资技术研发，要是不成功，将直接损失1000万元。从长远看，企业要想立于不败之地，当然应该投资技术研发，可问题是，一旦研发失败，别人指责决策失误怎么办？是否应为支持研发的决策者容错？

对上面三个案例，不知读者怎么看。其实早在2016年初，习近平总书记就曾提到要为干事创业者容错，为敢于担当者担当。他强调，要把改革中的先行先试，同明知故犯区分开来；把探索性试验，同我行我素区分开来；把推动发展的无意过失，同违纪违法区分开来。

显然，"三个区分开来"划定了容错的底线。可是据我所知，在现实操作层面，人们对"三个区分开来"却往往难以达成一致的认识。比如案例一的锅炉房改造，最后未招标是否算"明知故犯"？案例二的门锁采购，不经过集中采购是否算"我行我素"？案例三的研发投资失败，是否算"无意过失"？

先不说我的观点。这里想问一个问题：时下某些官员为何"为官不为"？你可能会答：干事有出错的风险，为了不出事，宁肯不干事。是的，中央提出为干事创业者容错，正是为了鼓励官员大胆担当作为。可现在的难题是，具体应为哪些失误容错，而哪些失误不能容错呢？

既然"为官不为"与风险有关，我们不妨看看经济学是如何分析风险的。奈特在1921年出版的《风险、不确定性与利润》一书中，将风险分为两类：确定性风险与不确定性风险。顾名思义，前者是指"出险概率"可以量度，后者不可以量度。奈特指出，可以确定的风险不是风险，只有不确定性风险才是真正的风险。

举个例子解释：在市内驾车存在一定的风险。据统计，城市发生交通事故的概率为万分之三。奈特认为，只要事前知道了出险概率，便可通过购买"保险"规避损失，事实上也就没有风险；相反，技术创新失败的概率不确定，所以没有任何一家保险公司为创新提供保险，故创新失败的损失至今无法规避。

从这个角度看容错，我的观点：凡是可以预知的风险而未采取措施规避损失的，此类失误不能容错；而对不确定性造成的风险损失，应该容错。比如案例一，不招标虽然是事出有因，但若有人从中拿了回扣，就必须追责，因为拿回扣是明知故犯；再比如案例二，从市场采购门锁并无不妥，但若购买的是伪劣产品，则属我行我素，不能容错。

真正的困难，是案例三。众所周知，创新能否成功具有不确定性,无法规避失败的损失,对此类决策"失误",应该容错。但要指出的是,应同时防止有人钻容错的空子,比如打着技术创新的旗号套取国家财政资金,中饱私囊。国内芯片研发有前车之鉴,一旦发现这种违纪违法行为,必须严惩不贷!

总结以上分析,我们可得三点结论:第一,国家作出某些程序性规定,是为了避免风险损失。若不按程序办也可确保不出现损失,则不必拘泥于程序,上级部门应为敢于担当者担当。第二,明知存在潜在风险却不按程序办,造成了损失应对决策者问责。第三,对具有不确定性的创新作决策,只要不存在"利益输送"行为,即便失败了也应该为其容错。

我国改革开放的实践表明:任何政策规定都不是一成不变的。改革的任务之一,就是从实际出发对不合理的规定进行调整或创新。2022年9月国务院办公厅发文,明令"取消各地区违规设置的供应商预选库、资格库、名录库等"便是例证。

稳定预期:适应性预期与理性预期的启示

当前人们的预期转弱,特别是企业家预期转弱,确实是一个十分棘手的问题。从字面上理解,预期转弱是指人们对经济前景不如从前看好,普遍缺乏信心。可从两个角度观察：一是从消费者角度看。若消费者预感到自己未来的收入会下降，从现在起就可能缩减消费，导致消费需求不足。另一个是从企业家角度看。若企业家认为未来投资的风险在加大，会收缩投资，导致投资需求不足。

需要追问的是，人们的预期是由什么决定的呢？经济学历来重视研究"预期"，不过20世纪70年代前，经济学者关注的是"适应性预期"。所谓适应性预期，即人们根据以往经验，对未来的变化作试错性推测。比如历史上经济增长率较高的年份，失业率往往较低。根据这一经验，若今年经济增长加快，人们便会预期失业率下降。

到了20世纪70年代，以卢卡斯为代表的一批经济学家否定适应性预期，提出了"理性预期假说"。所谓理性预期，是指"逻辑推测"。换句话说，是人们利用已掌握的信息，根据逻辑对未来的变化作推测。举个例子，若政府实施扩张性货币政策，人们便可推测出现通胀；通胀出现后，则可推测央行可能加息；而央行一旦加息，又可推测股市会下挫。诸如此类预期，则为理性预期。

在我看来，以上两种预期并非完全对立，现实生活中可以同时采用。而且无论是适应性预期还是理性预期，都告诉我们同一个道理：存在决定预期。适应性预期需以经验事实为依据；而理性预期对未来变化作逻辑推测，其实也不能脱离经验事实。要知道，"逻辑"不过是对客观事物之间因果关系的理论提炼而已。

理解了"预期"的含义，再来讨论企业家预期。我这里所说的企业家，特指民营企业家。企业家作为理性人，推测未来当然要根据经验和逻辑。问题是：他们会依据哪些经验呢？为写这篇文章，我访问过20多位相熟的企业家，他们的回答大同小异，归纳起来：一是看个人财产是否安全；二是看营商环境是否有利于民营企业参与公平竞争；三是看国家方针政策是否稳定。

那么企业家作预期的逻辑是什么呢？当然是在特定约束条件下追求最大化利润。企业家在商言商，追求利润无可厚非。这是说，如果企业家相信自己的财产不会受到侵犯、市场竞争环境公平，而且也相信政府支持民营经济的政策不会改变，那么，他们对企业前景则会有乐观预期。否则，预期就会转弱，甚至丧失信心。

的确，企业家对企业前景是这样作预期的。有一个可以佐证的例子。1992年初，邓小平在南方谈话中讲："农村改革初期，安徽出了个'傻子瓜子'问题。当时许多人不舒服，说他赚了一百万，主张动他。我说不能动，一动人们就会说政策变了，得不偿失。"[1] 读者要仔细体会这段话，里面包含了三层意思：保护企业家（财产）；保护公平竞争；政

---

[1] 《邓小平文选》第3卷，人民出版社1993年版，第371页。

策不能变。

邓小平讲这番话，目的是给民营企业家吃定心丸，提振企业家的信心，果不其然，1992年后民营经济发展突飞猛进。有数据显示，民营企业对国家税收的贡献现已超过50%；国民生产总值、固定资产投资、对外直接投资均超过了60%；高新技术企业占比超过了70%；城镇就业超过了80%，而对新增就业的贡献达到了90%。

然而令人不解的是，目前民营企业家预期却有转弱的迹象。照道理讲，不应该出现这种情况。党的十八届三中全会已经明确："公有制经济财产权不可侵犯，非公有制经济财产权同样不可侵犯。"并指出："国家保护各种所有制经济产权和合法利益，保证各种所有制经济依法平等使用生产要素、公开公平公正参与市场竞争。"而且，国家支持引导非公有制经济发展的方针也没动摇过。

问题出在哪里呢？学界有一种解释，是受国际经济环境变化和新冠疫情影响。不可否认这是原因之一，但并非关键原因。关键原因是民营企业家缺乏安全感和公平感。毋庸讳言，现在确实还有一部分人存在仇富心理，对民营企业有偏见，不仅错误解读或曲解中央精神，甚至用个别企业出现的违法事件整体否定民营经济。危言耸听，企业家心里没底，当然要等待观望。

在2018年11月底召开的民营企业座谈会上，习近平总书记说:"一段时间以来,社会上有的人发表了一些否定、怀疑民营经济的言论。比如,有的人提出所谓'民营经济离场论',说民营经济已经完成使命,要退出历史舞台;有的人提出所谓'新公私合营论',把现在的混合所有制改革曲解为新一轮'公私合营';有的人说加强企业党建和工会工作是要对民营企业进行控制;等等。这些说法是完全错误的,不符合党的大政方针。"①

习近平总书记讲话掷地有声,可至今否定民营经济的言论仍有不小的市场。当年邓小平力排众议,保护一个年广久,带动了民营企业异军突起。由此来看,当前要稳定企业家预期,必须给企业家足够的安全感和公平感。这也是我在前面建议政府要公开为受到不公平对待的企业家撑腰的原因。一方面,要依法纠正冤假错案;另一方面,要通过典型案例,在主流媒体释放毫不动摇鼓励、支持、引导非公有制经济发展的政策信号。

集中采购:应保护竞争而不能限制竞争

10多年前,我曾撰文呼吁政府集中采购不能限制竞争,此文发表后应者寥寥。因为在很多人的观念里,政府集中采

---

① 《十九大以来重要文献选编》(上),中央文献出版社2019年版,第674页。

购是为了预防腐败，投鼠忌器，所以不愿参与讨论。事实上这是一种误解，政府集中采购并不是预防腐败的制度安排。

从历史上追溯，政府集中采购最初起源于欧洲。1782年，英国就成立了文具公用局，专门负责采购政府办公用品；德国、法国也是较早实行政府集中采购的国家。1861年，美国国会通过法案，明令联邦政府采购必须履行招标程序。而我要指出的是，当初欧美国家推行政府集中采购，目的并不是预防官员腐败，而是节省财政开支，支持科技创新和扶持中小企业。

毫无疑问，相对于分散采购，集中采购可以增加政府参与市场议价的筹码。政府采买的数量越大，供应商的销售费用会越低，这样，供应商当然要给政府一定的价格优惠。读者想想，市场何以存在批发价与零售价？明白了其中的道理，也就理解了政府为何要集中采购。

节省财政开支是一方面，政府集中采购还有一个更重要目的，即支持科技创新与扶持中小企业。欧美国家的政府采购法皆明文规定，在同等条件下，政府应优先采买本国科技企业和中小企业的产品。亚洲的日本、韩国也如此，如日本为扶持中小科技企业推出了三大举措：一是政府在采购报价、信息披露和社会服务方面提供便利；二是分拆合同，降低采购项目的标的；三是制定面向中小科技企业的采购目标。

有个问题我至今不清楚：20世纪末我国引入政府集中采购后，人们为何会认为集中采购可以防止官员腐败？而大量的事实却并不支持这一看法。不能否认，以往政府分散采购出现过腐败，可集中采购也同样出现过腐败。曾经轰动一时的"刘志军案"，工程采购皆集中招标，可贪腐数额却令人触目惊心。

再看近年来被查处的贪腐官员，但凡贪官插手的工程采购大多都是集中采购，手续一应俱全、程序上无懈可击。你知道为什么吗？因为贪官们不蠢，他们越是心中有鬼，就越是需要掩人耳目，绝不会在程序上留下纰漏而授人以柄，他们会将程序搞得天衣无缝。

往深处想，政府采购会否出现腐败，其实与分散采购还是集中采购无关。经济学逻辑说，花自己的钱办自己的事，既讲节约又讲效果；花公家的钱办公家的事，既不讲节约又不讲效果。政府采购显然属于后者。这是说，防止腐败的关键，是要靠强有力的监督。集中采购不能代替监督，政府采购的集中度越高，就越需要监督。

时下有一令人费解的现象，那就是政府集中采购商品的价格往往普遍偏高，有的甚至高于市场同类商品的零售价格。举一个我知道的例子，前几年某机关办公楼更换电脑，同一品牌的电脑市场价格是4000元，结果通过采购平台集中采购，价格却高达5500多元。购买数量越多，价格却反而越高，岂非怪哉！

另一个例子。福建寿宁县龚先生的堂嫂因喉咙长瘤住进县医院，医院开出硫酸软骨素注射液，价格每支28.92元。可龚先生发现县医药超市的零售价每支0.45元，同一品牌的药品，医院价格高出超市63.3倍。于是他一状告到县医药局，可经查证，医院使用的是省集中采购药品，价格被认定合法，此事最后也就不了了之。

何以出现这样的怪象？思来想去，原因不外有二：一是有人从中吃了回扣；二是集中采购制度存在缺陷。若第一种情况不存在，则一定是第二个原因。那么集中采购到底有何缺陷？我的看法是现行采购制度限制了竞争。我们知道，同质商品竞争主要是价格竞争，优质优价的商品可以先卖出。试想，若放手让供应商竞争，政府集中采购的价格怎可能高于市场零售价格呢？

我说集中采购限制竞争，是指政府编制供应商目录不利于竞争。应该说，政府最初选择供应商时是有竞争的。问题在于，企业一旦进入供应商目录，产品就会"皇帝的女儿不愁嫁"，可高枕无忧。相反，那些未进入供应商目录的新兴科技企业，哪怕产品质量更好或者价格更低，政府也不能采买。如此，对那些新兴科技企业或中小企业显然有失公平。

也许有人说，编制供应商目录是为了降低政府采购的交易成本。这样说当然没错，但我认为，此举却弊大于利。之前我在南方调研时曾听到不少企业主抱怨：政府是大买家，而中小科技企业尤其需要政府的扶持，可政府编制的供应商目录一定几年不变，他们很难进入。进不了供应商目录，当然也就得不到政府的扶持。

这确实是一个难题，不过要想解决并不难。既然政府集中采购价格偏高或中小科技企业得不到政府扶持，原因是限制了竞争，那么解决这个问题的办法是：第一，政府集中采购要有面向中小创新企业采买的刚性规定；第二，明确供应商目录是指导性的而非指令性的，若目录内供应商报价过高，应允许向目录外的供应商采购；第三，政府集中采购的价格若明显高于市场价，要对相关责任人追责。

行政问责：应慎用"一票否决"

在讨论容错边界时，我提出对具有确定性的风险，若没有采取必要措施规避可能发生的损失，要予以问责。但问责也应区分责任的大小，不能简单地搞"一票否决"。作为一种制度安排，"一票否决"在某些特定场合是必要的，可要是被滥用，效果往往会适得其反。这些年我在各地调研，耳闻目睹，知道不少基层官员对此颇有微词却敢怒不敢言。

有一位相熟的县委书记曾告诉我，他们县有一公务员退休，希望儿子顶职，结果他儿子却未能通过公务员招录考试。

于是他跟县委书记讲，若他儿子当不了公务员，就要在两会期间去北京上访。按照有关规定，一个地区若出现越级上访，地方主官的政绩将被"一票否决"。于是县里只好派专人看住他。据说该县每年用于截访的费用要高达百万元。

上面这个案例，至少有两个问题值得我们思考：

第一，问责的对象应该是谁？从道理上讲，是谁的过失导致了不良后果的产生，就应对谁问责。比如有人越级上访，是因为地方政府该办的事而未办，或者没办好，当然要追究政府的责任；但若非如此，越级上访是因为某些人不合理的诉求未得到满足，追究政府责任无疑会推波助澜，令越级上访愈演愈烈。

现实中确实有这样的情况。某人本来没打算越级上访，可当他知道领导害怕群众越级上访后，为达到某种私人目的就以越级上访相要挟，使得地方主官左右为难：要是不答应他，他真的就会去越级上访；要是答应了他，又会带动更多人仿而效之。请别误会，我不是说以往所有越级上访皆如此，但不能否认，时下越级上访者中这样的人也为数不少。

第二，追究责任是否应该分主次？有果必有因，比如某企业发生了生产安全事故，一定是管理上存在重大疏漏。惩前毖后，当然要对相关责任人问责。可如果不分青红皂白，将主要责任归于一把手，而且是"一票否决"，那样显然有失偏颇。我的看法：地方一把手对此负有责任，但责任应分大小。若动辄"一票否决",换位思考,假如你是地方主官,你觉得合理吗?

我曾看到一份调研报告,说一个乡党委书记需与上级部门同时签20多份"责任状",且全都"一票否决",读者想想,上级部门千条线,基层一根针。一个上级部门"一票否决",到了基层便是票票否决,基层干部压力有多大可想而知。其实,不同时期的工作是有轻重缓急的,若凡事皆重点,也就没有了重点。基层干部并无三头六臂,要求事事都是重点,岂不是强人所难?

再从经济学角度看,"一票否决"不过是投票选择的规则之一。事实上,投票选择有两种规则:一种是"一致同意"规则,另一种是"多数同意"规则。所谓"一致同意",其实也就是"一票否决"。问题是:当人们用投票作选择时,规则应该怎样制定?或者问:在何种条件下可以采用"一致同意"规则,而在何种条件下应该采用"多数同意"规则?

对这个问题,经济学的答案是,投票规则决定于产权安排。具体地讲:私权领域的选择,需采用"一致同意"规则。比如你和朋友去商场购物,大家使用货币"投票",买什么或买多少皆各自作主,谁也不能强迫谁。而公权领域的选择,由于达成"一致同意"的成本太高,通常只能采用"多数同意"规则。比如民选乡长,要是采用"一致同意"规则,怕是很难选出乡长来的。于是只好退而求其次,尊重多数人选择的结果。

公权领域既然不宜采用"一致同意"规则，而对干部的考核（上级部门给下级投票）则明显属公权范畴，那么也就不宜搞"一票否决"。有人也许会问：中央不也对某些官员就地免职吗？对此我的解释是，中央作为最广大人民利益的代表，行使否决权看似是"一票否决"，而其实不是，中央代表的是多数人意志。

很显然，政府各部门并不具有这种广泛的代表性，所以除非中央授权，否则任何部门都是无权搞"一票否决"的。读者如若不信，可去看看2018年10月中办印发的《关于统筹规范督查检查考核工作的通知》。中央明确要求："不能简单以问责代替整改，也不能简单搞终身问责"，而且规定，"部门督查检查考核不能打着中央的旗号，日常调研指导工作不能随意冠以督查、检查、巡查、督察、督导等名义"。

现在需要讨论的是，如何划分主次责任。一个事故发生造成了损失，相关的责任人可能很多，那么应由谁承担主要责任呢？20世纪50年代美国的汉德法官曾对此作过研究，他认为有三个要件：（1）避免发生事故的成本；（2）发生事故的概率；（3）事故造成的损失。汉德的结论是：谁避免发生事故的成本小于发生事故的概率与事故损失的乘积，就由让谁承担主要责任。

还是让我用例子解释：张三花20万元从古玩市场买回

一只清代瓷碗,然后去参加朋友聚会。可装瓷碗的木箱并未上锁,朋友好奇而争相欣赏,结果掉在地上摔碎了。请问谁应承担主要责任?按照汉德的观点:张三自己应承担主要责任。因为只要给木箱加锁,则可避免事故发生;而且只要事故发生概率有百分之一,加锁的成本都会低于发生事故的概率与损失(20万元)的乘积。

由此引申到行政问责,对我们有两点启示:第一,对造成事故的相关责任人皆应问责,但同时应区分主次责任;第二,划分主次责任,关键要看避免事故发生的成本,谁的成本最低,谁就应承担主要责任。若按照这一原则,上级部门对基层主官显然不能"一票否决"。

延伸阅读

熊彼特:《经济发展理论》

1950年的一个深夜,美籍奥地利经济学家熊彼特因病与世长辞,享年67岁。噩耗传来,人们皆为痛失英才而扼腕叹息。在当代西方经济学界,熊彼特素来享有盛誉,他一生勤于笔耕,著述颇丰,给后人留下15部著作和200多篇论文。在1912年出版的《经济发展理论》一书中,他特别强调要重视企业家的作用,并首次提出了经济学的一个全新概念——创新。

熊彼特把社会经济活动分为两种类型：经济循环和经济发展。经济循环是一种静态均衡，在这种情况下，不存在企业家，不存在创新，企业收入等于支出，因而没有利润和利息，生产管理者不思进取，每天按部就班，得到的也仅仅是工资，生产过程只是循环往复周而复始。熊彼特这里所说的，实际上是简单再生产。

但他认为，资本主义不是一潭死水，而是动态变化的，因而，他转而研究动态的经济发展。经济发展不断改变传统生产方式，打破原有的均衡状态，与经济循环不同的是，它不是因袭以往，而是另辟蹊径，不是循序渐进，而是跳跃突变。在熊彼特看来，经济发展含义广泛，它既包括经济结构的演变、人们生活水平的提高，也包括社会制度的进步。

推动经济发展的主要力量是什么呢？熊彼特指出，不是天时地利，也不是战争和国家政策，而是创新。创新是资本主义的本质特征，在资本主义发展中，它的作用至高无上。没有创新，就没有资本主义的产生，更没有资本主义的发展。

作为经济发展的决定因素，创新究竟指的是什么呢？熊彼特认为，它是企业家对生产要素和生产条件进行新的组合。用专业术语说，就是建立一种新的生产函数，它包括以下五种情况：生产新产品，使用新技术，发现新市场，发现原材料新的供应来源，实行新的企业组织形式。显然，创新不是墨守成规地例行工作，而是企业家大胆开拓，不断适应新的环境。

显然，他所说的创新不同于技术上的新发明，一项新发明，只有被用于经济活动时，才能叫创新。在熊彼特眼中，企业家的职能就是实现创新，引进"新组合"，而所谓的"经济发展"，也就是不断实现这种"新组合"。熊彼特所说的企业家，与人们通常所理解的不同。未来变幻难测，破旧立新首先要冒很大风险。其次，人们都有安于现状的心理，对标新立异总有排斥感，"枪打出头鸟"，谁敢为人先就可能遭到冷嘲热讽。而且，即使创新者排除种种阻力，获得成功，也可能被讥笑为暴发户，得不到社会的认可。

因此，在熊彼特看来，只有意志坚强、才华出众的人，才能担当"企业家"这一角色，他们是资本主义的灵魂人物。一般的企业经营者，过惯了四平八稳的日子，唯恐出半点差错，所以，他们循规蹈矩，一切都按老传统来办，所做的一切，都只不过是例行公事，根本算不上创新。

企业家为什么要从事不仅风险大，而且常常徒劳无功的创新呢？在熊彼特充满浪漫色彩的笔下，企业家成了资本主义社会的游侠骑士，他们不甘平庸，心中充满豪情壮志。他们努力奋斗，不全是"为稻粱谋"，而是要建立自己的"独立王国"，证明自己出类拔萃，不同凡响。他们追求成功，不是为了享受，而是为了成功本身。另外，通过自己的努力，把脑海中看不见的构想变成看得见的现实，对他们来说，也是其乐融融。

熊彼特指出，正是这种非物质的"企业家精神"，激励着人们不断创新，推动资本主义发展。进行创新，绝非纸上谈兵的事，必须有物质做基础，这就需要投资，需要资本。在熊彼特看来，资本是企业家重新组合生产要素的一种"杠杆"，它架起了企业家和商品世界之间的"桥梁"，为创新提供了必备的条件。

一般来讲，企业家既不是腰缠万贯的阔佬，也不是资本家，而是来自各行各业的能人，他们腰包里的钱未必很多。那么，他们的资本来自何方？熊彼特认为来自银行贷款。因为在正常情况下，个人积攒资本比较缓慢，用它来投资创新，十有八九指望不上，所以，只有向银行伸手。银行贷款不仅要还，而且要付息，所以创新必须有利可图。企业家才识卓越，目光长远，通常能够抓住机会，使创新马到成功，所得利润除了还本付息外，还大有赚头。

有付出就有收益。企业家为了创新，不辞劳苦，呕心沥血，但同时也得到了利润。在熊彼特看来，利润是企业家从事创新活动的报酬。只有实现了创新，才会产生利润，这时企业收大于支，原来的经济均衡状态被打破。企业收大于支的"余额"，就是"企业家利润"。而企业家付给银行的利息，就是从"企业家利润"中切出的一块，相当于对利润"课税"。

对于经济周期形成的根源，经济学家一向见仁见智，众说纷纭。有人认为是因为投资过度，有人认为是消费不足，有人认为是人们的心理预期在起作用，甚至还有人认为是太阳黑子活动，使得农业减产，并波及整个经济体系。但熊彼特认为，创新才是经济周期性波动的根源。由于经济活动丰富多彩，生产部门千差万别，创新不可能千篇一律，而是千姿百态、形式各异。有的影响大，有的影响小，有的时间长，有的时间短，所以，形成的经济周期也就有时间长短、波动陡缓之分。

《经济发展理论》出版后，轰动一时，被翻译成多种文字，熊彼特由此声名鹊起，成为西方经济学界知名人士，时年不过29岁。在他身上，人们同时看到了青年的朝气和老人的成熟。熊彼特在书中提出的创新理论，影响颇为深远，不仅许多流派受其启发，如罗斯托的经济成长阶段论、加尔布雷斯的新工业国论等，而且经过其追随者的不断发展，"创新"理论后来又形成了两个重要分支：技术创新经济学和制度创新经济学，尤其是制度创新经济学，在今天已是炙手可热，备受人们关注。

第三讲
坚持以供给侧结构性改革为主线

从"萨伊定律"到"供给学派"

供给侧改革:三个关键词及其逻辑机理

供给管理与需求管理:案例讨论

四点重要结论

第三讲
坚持以供给侧结构性改革为主线

"供给侧结构性改革",是解决结构问题的中国方案。可令人遗憾的是,迄今人们对此还存在诸多误解:有人将供给侧结构性改革等同于西方供给学派;有人将供给侧结构性改革与政府调结构混为一谈,甚至认为保持经济均衡增长的重点在需求侧。事实上,供给侧结构性改革不仅不同于供给学派,也不同于政府调结构,而且保持经济均衡增长的重点在供给侧,而不在需求侧。

从"萨伊定律"到"供给学派"

经济学发展200多年来,不同时期的经济学家对保持供给与需求平衡有不同的观点。19世纪初,法国经济学家萨伊提出的"供给自动创造需求"("萨伊定律"),指出"一个产品一经产出,即在它自己的全部价值的限度以内为另一个产品提供了市场,是生产开辟了对产品的需求",并认为"市场具有自我调节作用,不会出现国民经济所有部门普遍性生产过剩,若出现过剩也只是个别部门供需失衡现象"。

显然,在萨伊看来,保持经济均衡增长的关键在于供给。在此后的100多年里,萨伊定律受到了众多经济学家的推崇,并引申出了五大命题:(1)供给可以创造需求;(2)市场是一部可以自我修复的灵巧机器;(3)资本主义经济不会出现普遍的生产过剩;(4)资本主义不存在普遍的失业;(5)国家不能用财政政策干预经济,而只能用货币政策适当调节。

20世纪30年代之前,人们对萨伊定律深信不疑。可1929年以美国纽约股市崩盘为导火索,引发了西方经济大萧条,到1933年,美、德、英、法等国相继有29万家企业破产,国内生产总值减少了一半,国民收入减少了1/3,失业率高达25%以上。经济大危机的现实,令萨伊定律不攻自破。

也是时势造英雄,1936年凯恩斯出版了《通论》,全面否定萨伊定律,史称"凯恩斯革命"。主要观点是:第一,总供给与总需求不能自动平衡;第二,受边际消费倾向递减、资本边际效率下降和流动性偏好三大心理规律的影响,会导致社会有效需求不足,进而会导致普遍失业;第三,既然有效需求决定就业量，国家应采用扩张性财政政策刺激投资与消费。可见，凯恩斯理论的重心从萨伊的"供给侧"转到了"需求侧"。

凯恩斯的需求管理理论，一度被西方国家奉为国策，而且创造了资本主义发展史上的第二个黄金期，有学者将二战后经济繁荣的20年称为"凯恩斯时代"。可不幸的是，到20世纪70年代前后，西方国家纷纷陷入了经济滞胀，而凯恩斯理论却对此束手无策，于是需求管理受到广泛质疑，有不少学者将滞胀直接归咎于凯恩斯理论。以弗里德曼为代表的货币学派宣称要对"凯恩斯革命"再革命；以卢卡斯为代表的理性预期学派断言，政府刺激需求对稳定经济无效。

萨缪尔森曾直言不讳地承认：迄今为止，世界上没有一个由经济学家组成的顾问团为滞胀找到满意的药方，如果有哪位年轻学者在理论研究和实证研究的基础上，为混合经济解除这一令人头痛的病症，那么可以获得诺贝尔奖。正是在对凯恩斯的一片责难声中，供给学派脱颖而出。

其实，供给学派并无有影响力的代表作，只有拉弗当年画的那条"拉弗曲线"。此曲线的意思是，如果政府税率过高会令税基缩小，而税基缩小反而会让政府税收减少；反过来，当税率过高时，政府减税则可刺激经济增长，令税基扩大，政府税收会增加。拉弗指出，美国经济之所以陷入滞胀不能自拔，是因为当时政府的税率过高，只要将过高的税率降下来，美国经济便可走出滞胀。1981年，里根出任总统后立即采纳了拉弗的建议，在美国推行全面减税，这样，政府管理的重心从凯恩斯的需求侧又回到了供给侧。

综上分析可见，西方学者关于经济均衡重心的看法经过了"供给侧—需求侧—供给侧"的演变。客观地讲，无论是萨伊定律、凯恩斯学派还是供给学派，他们在理论上都有自己的建树，但也都存在着缺陷：萨伊从商品生产者为买而卖的动机推导出了"供给会自行创造需求"的命题，可是他却忽视了当货币作为储藏手段时，买卖之间可能会存在时滞，生产者卖出产品不一定立即购买别人的产品，而且由于供求结构的原因，即便想买也未必能买到所需要的商品。1929—1933年爆发经济大萧条，实际上是结构性原因引起的全面生产过剩。

我们知道，凯恩斯强调的是从需求侧推动"总量平衡"。事实上，经济均衡需要总量与结构同时平衡，而总量平衡不代表结构平衡；结构均衡则可实现总量平衡。这里要指出的是，自20世纪50年代起，特别是人类进入21世纪以来，消费信贷已风靡全球，动摇了凯恩斯理论的立论基础。有数据说，20世纪40—80年代美国居民储蓄率保持在7%—11%之间；1990—2000年则降至5.12%；2001年首次出现-0.2%；2005年再次降至-2.7%。储蓄负增长说明了什么？说明消费增长已快于收入增长，边际消费倾向递减规律和流动偏好已不再成立。

供给学派主张减税无疑可以推进供给，这一点不能否认，但该学派同样也忽视了结构性问题。事实上，美国经济今天出现的制造业萎缩、产业空心化等，主要是结构性问题，而当一个国家经济存在结构性矛盾时，全面减税不仅不能缓解结构性矛盾，反而会加剧这种结构性失衡。比如有些企业生产已经过剩，照理应该减产或者停产，可此时政府一旦减税，这些企业便会继续生产甚至扩大生产，如此一来，无疑会给原本已经过剩的产业火上浇油。

供给侧改革：三个关键词及其逻辑机理

供给侧结构性改革有三个关键词：一是"结构性"；二是"供给侧"；三是"改革"。前面已经分析过，萨伊定律和供给学派皆重视供给侧管理，而凯恩斯却强调需求侧管理，但他们都忽视了结构性问题。我认为，"供给侧结构性改革"对经济理论发展的原创性贡献，在于此理论明确提出了经济均衡要以"结构均衡"为关键，以"供给侧"为着力点，以"改革"（市场机制）为手段。

（一）经济均衡的关键在于"结构均衡"

经济均衡有两重含义：一是总量均衡；二是结构均衡。总量均衡是指总供给与总需求的数量相等，即一定时期内社会总产值与有货币支付能力的总购买力相符。"萨伊定律"就是从总量的角度研究供求关系的,但萨伊认为供给可以自动创造需求,所以供求总量平衡失衡。

也有学者提出,在早期物物交换时代,甚至是金银货币时代,经济运行的确能自动实现总量平衡,但纸币出现后情况就不同了。由于货币可以储藏,当人们卖出商品后却不马上买,货币被储藏,商品就会过剩。对此观点,笔者认为要具体情况具体分析。如果货币是金银,并且有人预计未来金银会升值而将金银储藏,所对应的商品可能会因为缺少货币而滞销。但如果货币是纸币,由于纸币不能储藏,只能在银行储蓄,而银行又是靠存贷利差赚钱,吸储后一定会千方百计贷出资金,所以一个人的储蓄终究会变成另一个人的需求,这样看来,市场需求总量并不会改变。

而所谓结构均衡,是指供给结构与需求结构相匹配,若供求结构不匹配,必然会影响经济的正常运行。举个例子,市场需要500套住房和5000斤大米,可厂商供给的却是600套住房和4000斤大米,显然供需结构不匹配,市场上房产会过剩,而大米供给不足。在现代经济条件下,结构失衡有诸多表现,例如投资过多而消费不足,部分行业产能过剩而部分产业发展不能满足市场所需,经济脱实向虚,等等。

如何实现经济均衡?马克思对此作过深入分析。他在《资本论》第二卷中指出,社会总生产分为两个部类:一是生产资料，二是消费资料；社会再生产的进行必须实现"实物补偿"和"价值补偿"，即社会生产两个部类之间必须保持适当的比例关系。

价值补偿和实物补偿表现在市场上，就是要求所有生产部门满足两个条件：一是要卖得出去，卖掉全部产品收回价值，实现价值相互补偿；二是要买得进来，通过购买把已消耗掉的各种物质资料买回来，实现物质相互替换。正如马克思所指出的："这个运动不仅是价值补偿，而且是物质补偿，因而既要受社会产品的价值组成部分相互之间的比例的制约，又要受它们的使用价值，它们的物质形态的制约。"①

为了解释再生产中的结构失衡，马克思以19世纪英国棉纺织业中棉布生产过剩为例，说明某些社会主要产品部门的生产过剩最终会导致其他行业的生产过剩，引发结构性矛盾。他说："它们现在突然发生相对的生产过剩，因为用来购买它们的钱减少了，从而对于它们的需求减少了。即使这些生产领域生产的东西并没有过多，现在也要发生生产过剩。"②同时他还强调，社会再生产实现的核心问题，归根到底是按比例问题。这表明，要实现社会再生产顺利进行，重点是结构均衡，而不是总量均衡。

---

① 《马克思恩格斯文集》第6卷，人民出版社2009年版，第438页。
② 《马克思恩格斯文集》第8卷，人民出版社2009年版，第262页。

事实上，社会再生产本身就潜藏着供给与需求在总量与结构上不均衡的两种可能性。总量均衡不等于结构均衡，结构均衡比总量均衡更为重要。因为经济总量均衡主要是价值均衡，包括财政收支、信贷收支、货币供求、国际收支等；而结构均衡则要求实物上的均衡，即投资品供需的均衡、消费品供需的均衡以及中间产品供需的均衡。换句话说，经济结构反映的是经济总量的内部比例关系，而经济总量是经济结构在数量上的总和。当供求总量均衡时，其结构仍然可能不均衡；而如果结构均衡，其本身就包含供给与需求在数量上的一一对应，因而总量上也必然是均衡的。

在实际经济运行中大致会呈现三种情况：一是供需总量平衡，供需结构也平衡，总量平衡建立在结构平衡基础之上；二是供需总量基本平衡，但供需结构不平衡，这种情况虽然经济不会出现大起大落，但是经济效益差，财政状况可能恶化，如果持续得不到改善，供需总量平衡也难以持续保持；三是总量失衡与结构失衡并存，比如当社会总需求大于总供给，市场就表现为产品供不应求，价格上升，造成通货膨胀。

由此可见，总量均衡不等于结构均衡，总量均衡时结构可能均衡，也可能不均衡；总量均衡必须建立在结构均衡的基础上，结构均衡有助于推动总量平衡。

（二）结构均衡：从需求管理到供给管理的转换逻辑

一直以来，学界比较重视供求总量均衡的研究，其中最有代表性的是凯恩斯的国民收入决定模型。凯恩斯在《通论》中提出，国民收入的决定可以从供给和需求两个角度来看。在企业与居民两部门经济社会中，从需求方面看，一国的国民收入（Y）是一定时期内用于消费支出（C）与投资支出（I）的总和，也称总支出（Y=C+I）。

从供给方面看，国民收入是各种生产要素相应得到的收入总和，包括工资、利润、利息和地租等，其中除了用于消费的部分收入外，剩余的构成储蓄（S），于是Y=C+S。在两部门模型中，经济总量处于均衡的条件是总支出等于总收入C+I=C+S，减去等式两边的C即I=S，意味着"储蓄等于投资"。但如果储蓄不能全部转化为投资，说明社会总产品价值无法在市场上得到充分实现，这时就会出现生产过剩，需求不足。

为解决这一难题，凯恩斯将两部门扩展到企业、居民、政府三部门，国民收入的构成相应发生了变化。从供给方面看，增加了政府供给，即政府为整个社会提供的国防、立法、基础设施等公共产品，由于提供了这些公共产品，政府得到相应的税收（T），所以Y=C+S+T。

从需求方面看，在消费需求与投资需求之外增加了政府需求，而政府需求可以用政府的购买支出（G）来代表，这样总需求 Y=C+I+G。于是在三部门经济中，国民收入的均衡条件变成 S+T=I+G。这表明，如果两部门经济存在生产过剩，通过增加政府支出可以扩大需求，消化过剩。

但问题是，当市场投资需求不足时，扩大政府支出不一定能保证经济总量均衡。政府支出不是无源之水，要受到政府收入的制约。在既定的经济发展条件下，政府想增加收入通常有两种办法：一是加税；二是发债。加税增加的是企业和居民的负担，不仅会抑制企业投资，还会挤压居民消费。

发债会怎样？发债吸纳的是闲置资金，从短期看对民间投资与消费影响不大，但从长远看，发债过多日后也会挤占企业投资，对此"李嘉图—巴罗等价定理"概括为：政府今天的债等于明天企业的税。这样看来，无论加税还是发债，政府投资都具有"挤出效应"。也就是说，即使扩大政府支出，政府投资需求增加而企业投资需求会减少，社会总需求未必会增加，总供给与总需求仍然会出现失衡。

如何解决这一问题呢？后来凯恩斯的追随者提出，可以通过扩大出口来转移国内过剩。如果把所有的外国也视为一个经济部门（外国部门），这样三部门就被扩展为四部门。由此国民收入恒等式中增加了出口（X）和进口（M）两个变量。从供给的角度看，Y=C+S+T+M；而从需求的角度看，Y=C+I+G+X。这样一来，如果国内商品出现过剩，就可以通过出口消化过剩，实现等式两边的总量平衡。

基于以上分析，凯恩斯认为经济失衡的主要原因是有效需求不足，于是他主张政府要立足需求侧，重点刺激需求。具体来说，当总供给大于总需求时，意味着总投资小于总储蓄，这时政府可以直接进行投资，以弥补需求不足的缺陷，使经济恢复增长；如果政府投资也不足以扩大需求，那就通过增加出口，起到异曲同工的作用。根据这一思想，后来的学者把有效需求分为投资、消费和出口三个组成部分，并提出经济增长主要依靠这三个方面发力，而投资、消费和出口也被称之为拉动经济的"三驾马车"。

从逻辑推导看，凯恩斯的需求管理理论似乎可以自圆其说，但往深里想，这一理论如果成立必须包含一个重要前提：经济结构本来就是平衡的。如果不满足这个条件，国民收入决定模型就很难成立，需求管理理论也就成了空中楼阁。为何得出这一判断？我们就以两部门国民收入决定模型为例来作说明。

很显然，在两部门国民收入决定模型中，等式两边的经济变量相等，实际上是就总量而言的，与结构无关。从供求总量上看，$C+I=C+S$，但假设此时供求结构并不平衡，比如由于结构性原因已经造成生产过剩，如果再将储蓄转化为投资，必然加重生产过剩，导致结构性问题更为严重。也就是说，如果经济运行中已经出现结构性矛盾，储蓄就不能全部转化为投资。

不仅如此，凯恩斯关于出口可以扩大需求的观点也是一种误导。如果一个国家商品过剩，通过扩大出口的确可以消化国内过剩，但问题在于，出口不可能扩大需求。在国际分工条件下，一个国家要分享国际分工的利益，必须通过交换，把自己生产率高的产品卖给别人，同时买进对方生产率高的产品。

的确是如此：出口不是为了出口而出口，而是为了进口。如果一个国家只出口不进口，说明该国主动放弃了分享国际分工收益的机会；如果多出口少进口，意味着这个国家没能对等地分享国际分工收益。所以一个国家要平等地分享国际分工收益，就必须在扩大出口的同时积极进口。从这个角度看，进出口说到底是国与国之间通过交换满足自己的内需，是一种需求的互换。既然是需求的互换，那么出口也就不可能扩大内需。

因此归根结底，无论两部门、三部门还是四部门经济，国民收入决定模型考虑的只是国民经济总量均衡，并不涉及部门结构和产业比例。从现实看，一个国家要实现经济稳定增长，关键在结构平衡；而要解决结构问题，就不能依赖需求管理，而应该对症下药，从供给侧发力。供给侧瞄准的是生产，从供给侧解决结构问题，其实质就是从生产端解决供给与需求结构错配的矛盾。

具体到我国，当前我国社会主要矛盾已经发生变化，从过去落后的生产不能满足人民的需要,转变为人民日益增长的美好生活需要和不平衡不充分的发展之间的矛盾。从供给的视角看,不平衡不充分的发展,其实就是不平衡不充分的供给。比如煤炭、钢铁、汽车、电解铝等行业出现产能过剩,而大量关键装备、核心技术、高端产品还依赖进口,人们对高品质、环保、个性化产品的需求得不到满足。

前些年的"马桶盖事件"及海外代购热潮等大量事实证明,中国不是需求不足或没有需求,而是需求变了,供给的产品却没有变,质量、服务跟不上。这种供求错位的现实表明,我国经济运行的主要矛盾是结构性的,矛盾的主要方面在供给侧。在这种情况下,单纯扩需对经济进行强刺激已难以为继,只有从生产端调整供给结构,才能实现经济均衡。

(三)结构调整:从政府主导到市场主导的转换逻辑

从供给侧解决经济失衡问题,关键在调整供求结构,那么结构由谁来调?近30年来,国内学界对此问题一直存在争论,主要有两种观点。一种认为,政府是调整结构的主体,因为政府可以通过实施产业政策引导产业结构调整;而另一种观点则认为,经济活动的主体是企业不是政府,所以调结构的主体只能是企业而不能是政府。

我的观点:由于市场瞬息万变,政府并无先知先觉,不可能提前知道未来什么样的结构是合理的结构。结构是否合理,其实只有市场知道,所以调结构要让市场起决定作用。

可市场怎样实现结构均衡呢？对此，需借助经济均衡原理来解释。关于经济均衡，马歇尔和瓦尔拉斯分别提出了局部均衡理论和一般均衡理论。

所谓局部均衡，是假定在其他条件不变时，某一种商品或生产要素供给与需求的平衡。正是利用局部均衡分析，马歇尔揭示了某种商品的价格要由市场供求决定。

举个例子，假定市场上只有大米一种商品，价格怎么定？马歇尔说，商品的价格与需求量呈反向变动趋势，即价格越高，需求量越少，价格越低则需求量越多。比如大米每斤价格30元，市场需求10000斤；价格20元，需求15000斤；价格10元，需求25000斤。大米的生产者正相反，价格越高，生产大米越多，价格越低生产越少。

假定变动数量如下：每斤价格10元，生产10000斤；价格20元，生产15000斤；价格30元，生产20000斤。若将上面两组数据放在一起比对，会发现当大米价格为20元时，生产者愿生产15000斤，消费者也愿购买15000斤。这时供求相等，市场可以出清，这种能使供求相等的均衡价格就是市场价格。

所谓一般均衡，则是指各种商品与生产要素在相互影响下供求同时达到均衡。瓦尔拉斯用生产要素的供给与需求、商品的供给与需求以及均衡条件等五个方程式进行推导，证明市场存在一组价格，可以让所有商品的供给与需求相等。

从分析方法上看，瓦尔拉斯和马歇尔对经济均衡的阐释有所区别，但他们得出了一个相同的推论：经济能否均衡关键在价格怎么定。从局部均衡看，某种商品要想实现供求平衡，价格要由供求双方定；从一般均衡看，市场上存在一组价格让所有商品出清，而这一组价格又是以各种商品价格为基础。所以归根结底，经济均衡的条件是价格由供求决定。

事实证明，在市场经济条件下，价格不仅是风向标，也是引导资源配置的信号。当某种商品的价格上升，就会刺激市场增加这种商品的供给；相反，如果价格下降，则会抑制商品供给。可见价格变化可以直接引导资源配置，而价格引导资源配置的过程，实际上就是调结构的过程。

由此可以推断：只要价格能真实地反映市场供求，价格信号就能引导生产资源按照供求规律自动配置到市场最需要的产品生产和消费上，所以市场配置资源是最有效率的形式。这样看，调结构的关键就是调价格，让价格回归市场价，由市场供求决定。为此，调结构就应该让政府放开价格，把凡是能由市场形成价格的都交给市场，使市场在配置资源中起决定性作用。

但要注意的是，让企业作为主体通过市场调结构，并不是要排斥政府的作用，而应该更好发挥政府的作用。在一些特殊的领域，如国家安全、自然垄断以及水电气、公共交通、基本医疗、社会保障等公共产品和公共服务领域，市场机制是失灵的，就需要由政府定价来配置资源。与此同时，还需要政府推动破除不利于市场发挥作用的体制机制，比如政府要完善产权保护制度，清除市场壁垒，破除地方保护主义，加强市场监管，建立更加公平合理的市场规则，打击各种不正当竞争行为等。

供给管理与需求管理：案例讨论

观察不同国家经济发展的事实我们不难发现，需求侧管理虽然在短期内可以刺激经济增长，但从长期看，并不能解决经济运行中的结构性矛盾；如果立足供给侧管理经济，实行普惠性减税，虽然有利于经济走出萧条，但对解决结构性矛盾无济于事；解决结构问题依靠政府行政手段往往很难成功，只有充分发挥市场在资源配置中的决定性作用，同时更好发挥政府作用，才能实现经济均衡。

（一）管理经济要以结构均衡为重点

凯恩斯《通论》出版后，西方国家纷纷将凯恩斯的需求管理理论奉为国策。1946年美国国会通过《就业法》，宣布以实行充分就业为指导思想，从此凯恩斯主义被历届政府采纳。为刺激投资和消费，美国政府大量采购商品和劳务，财政支出不断扩大，财政赤字大规模增加。

虽然凯恩斯的需求管理理论促进了战后美国经济增长，

但并没有解决美国经济运行的根本矛盾,反而将这些矛盾累积下来,引发了一系列严重后果。首先是通胀严重,1950—1978年美国工业生产总值增长2倍,但货币供应量增长了7.5倍,通胀率逐年上升,从50年代的2%飙升到70年代的7.1%,70年代末增加到8%。

由于政府债台高筑,利率持续上扬。战前美国国债规模仅为420亿美元,而1981年联邦政府债务已突破1万亿美元,加上地方政府债务总共高达13600多亿美元;国债利息支出从1950年的57亿美元增加到1981年的960亿美元。再次是经济陷入滞胀。在高通胀的同时,美国年均经济增长率却从4.2%下降到3%以下,1977年美国经济首次出现负增长。对此,推崇需求管理的凯恩斯主义者既无法从理论上给出合理的解释,从政策层面也提不出有效的解决方案。

再以日本为例。20世纪90年代,日本经济泡沫破裂后,日本政府也试图通过大规模政府投资来刺激经济,前后共实施了9次大规模投资计划,但每次刺激政策一退出,经济就下滑。并且由于长期举债投资,日本政府财政赤字节节攀升,背上了沉重的债务负担。日本的实践同样证明,投资需求如果不能转化为消费需求,就不能促使经济走出萧条,也难以从根本上解决经济增长问题。

从我国的实践看,需求管理政策对保持经济持续增长也无济于事。2008年国际金融危机爆发后,为了保增长,我们采取了一系列需求管理政策，在政策实行初期也取得了明显效果，比如4万亿投资计划推出后，GDP增速从2009年一季度的6.5%快速上升到2010年一季度的12.1%，此后3年间平均经济增长率超过了9%，避免了经济萧条，可之后经济增长一直在震荡下行。

更为严重的是，短期刺激政策在带来经济增长的同时，也产生了不少负面影响。如投资驱动使得很多行业本该下马的产能又重新上马，导致产能过剩现象更加突出，2014年钢铁、水泥、电解铝、建材等行业的产能利用率已下降到70%左右；累积了大量的地方债务，我国债务占GDP的比重达到了235.7%；银行杠杆作用过大，个别银行的不良贷款率已超过2%的警戒线。这表明，大规模投资对经济增长只能短期奏效，并且还存在结构性隐患。

高投资为何不能从根本上促进经济增长？原因就在于投资需求没有真正转化为消费需求。2008年我国4万亿元（人民币）投资计划出台后，地方政府配套资金高达10万亿元，这些政府动用的资金挤压了银行信贷，许多真正需要资金的中小企业得不到银行的信贷支持，制约了企业发展与创新。

2014年前后，我国中小企业大量倒闭，与政府投资的"挤出效应"有较大关系。而中小企业承担了全国90%的就业，大量倒闭对就业造成了不利影响，因此也限制了居民收入的增加。政府大规模投资必然导致收入分配向政府倾斜。

以2011年为例，全国财政收入103740亿元，比上一年增长24.8%；而城市居民收入增长率为8.4%，农村居民收入增长率为11.4%，显然政府收入增长幅度远高于居民收入增长幅度，这对于居民消费增长和经济发展都是不利的。

（二）实现结构均衡需从供给侧调结构

与需求管理相对，供给学派主张从供给侧管理经济，美国历史上里根总统的经济实验就是对供给学派理论的实践。1981年2月里根当选总统后，为了应对经济滞胀，向美国国会提交了题为"美国经济的新开端"的"经济复兴计划"，声明这一计划与过去美国政府以需求学派为指导思想的政策彻底决裂，转向以供给学派理论为依据。

该计划的主要内容包括：（1）降低个人所得税率，减免企业税。个人所得税率从1981年10月开始降低5%，1982年7月、1983年7月再分别降低10%，1980—1988年间，美国个人所得税的最高累进税率从70%下降到28%。公司所得税也从过去的最高税率46%降到34%。（2）削减社会福利支出，增加国防支出。（3）取消或放宽管理企业的法令规章，鼓励企业投资。（4）紧缩货币供应量，以抑制通货膨胀。不难看出，里根的"经济复兴计划"全面反映了供给学派的基本政策主张，其中的减税理论则是里根经济学中极为重要的理论支柱。

可问题是，里根的经济实验虽然一度推动了经济复苏，最终却并未解决结构性矛盾，相反还进一步加剧了结构失衡，出现了所谓的"四高"与"四低"。

"四高"分别是：

财政赤字高，1981年政府赤字规模为579亿美元，1983年猛增到1954亿美元，到1986年已高达2207亿美元，比此前历届美国总统所累积的财政赤字总额还要多。

政府债务高，1980年美国政府债务率为26%，而1988年美国政府债务率高达41%，美国国债规模上涨了2倍。

失业率高，1981—1986年失业率一直居高不下，保持在7%左右。

贸易逆差高，里根第一个任期内的贸易逆差总额增长到2597亿美元，其中1984年比上一年增加了1倍，高达1224亿美元，1986年攀升到1700亿美元；第二个任期内逆差总额高达5962亿美元，是第一任期的2.3倍。

所谓"四低"，一是指低利率。1986年贴现率为5.5%。二是低汇率。到1986年5月美元对日元汇价下跌29%，对西德（联邦德国）马克下跌20%。三是低通胀率。1982—1984年平均年通胀率只有3.9%。大大低于1981年两位数的水平，是17年来的最低值。四是低增长率。1979—1990年美国经济增长率平均为2.3%，而1973—1979年的经济增长率为2.4%，1969—1979年为2.8%。

实践表明，美国经济并没能如预期的那样顺利发展，"经济复兴计划"实施不久,美国就陷入了二战后最严重的一次经济危机,制造业萎缩、产业空心化等问题至今未能解决。

还需指出的是,供给学派主张的减税是全面减税,而实行全面减税在操作层面有两个问题难以破解:一是最佳税率如何确定;二是税率高过最佳税率后,减税是否一定能增加税收。现实中,我国实行的供给侧结构性改革不是只有减税,即使减税也并非简单地全面减税。

2015年中央经济工作会议将减税表达为"降成本"与"减负担",明确应针对不同类型的企业,根据税收边际成本及税收弹性的不同,制定不同的税率。2019年1月国务院出台了专门针对小微企业的减税措施,涉及企业1798万户,其中包括三项具体举措:

一是对小微企业年应纳税所得额不超过100万元、100万—300万元的部分,分别减按25%、50%计入应纳税所得额,使税负降至5%和10%,调整后优惠政策将覆盖95%以上的纳税企业,其中98%为民营企业。

二是对主要包括小微企业、个体工商户和其他个人的小规模纳税人,将增值税起征点由月销售额3万元提高到10万元。

三是允许各省(区、市)政府对增值税小规模纳税人,在50%幅度内减征资源税、城市维护建设税、印花税、城镇土地使用税、耕地占用税等地方税种等。

2019年初,国务院公布了新的减税方案,其中制造业等行业的增值税税率从16%降至13%;交通运输业、建筑业的增值税税率从10%降至9%;而金融保险、增值电信服务、咨询审计、酒店餐饮、旅游等生活服务业保持6%的税率不变。可见此次减税对同一行业是普惠性的;可对不同行业,减税却又是结构性的,比如制造业等行业税率降幅较大,就反映了减税向制造业倾斜的导向。

(三)从供给侧调结构应由市场主导资源配置

从全球经验看,政府作为调结构的主体,通常从两个方面对地区产业结构进行调整。

一方面是实施产业政策,扶持某些特定产业的发展。以我国为例,为鼓励汽车产业发展,2009年3月国务院公布《汽车产业调整和振兴规划》,地方政府相继从土地、税收、财政补贴等各方面提供支持,一些汽车工业发达省市还安排了专项资金、制定了大量优惠政策扶持当地汽车工业发展。

《河北省汽车工业发展"十二五规划"》提出,对汽车建设项目给予用地指标、环保审批、设备减免税等方面的优先安排;江苏省把发展汽车及零部件工业作为"十二五"期间招商引资的重点;湖北省也提出要整合各项支持汽车产业发展的专项资金,加大对汽车模具、汽车铸锻件等产品和工艺的扶持力度。但是这种调结构的模式往往导致各地产业发展一哄而起,形成行业产能过剩。

数据显示,近年来我国汽车行业重复建设严重,市场需求疲软,产能过剩问题日渐浮现。根据乘联会发布的统计数据,2012年中国乘用车产能利用率为66.39%,2018年中国汽车实际产能利用率不到45%,与2017年相比,国内乘用车销量减少了140万辆,意味着至少新增了140万辆的闲置产能。

具体到汽车企业,2018年北京现代实现79万辆销量,但其5家工厂的产能却已高达165万辆,产能是销量的2倍以上;长安福特2018年完成销量37.8万辆,但其5家工厂总产能达到160万辆,产能是销量的4倍以上。据统计,22家主流车企的最低产能利用率不到25%。

另一方面,政府主导调结构就是采用行政关停等方式对落后产能进行淘汰。在这方面,日本历史上曾有过教训。1971—1976年,日本钢铁生产迅速扩张,而在1978—1987年,由于第二次石油危机导致海外需求萎缩,加之国内建筑业低迷,日本钢铁行业出现了严重的产能过剩现象。为了去产能,日本政府在1978—1983年间推行了《特定萧条产业安定临时措施法》(以下简称《特安法》),试图通过行政手段处理过剩设备、控制新增设备,以及建立萧条卡特尔等手段化解过剩产能。

可是从现实结果看,在《特安法》推行期间,日本政府去产能的一系列行政手段并未收到预期成效。根据《日本通商产业政策史》记载,到《特安法》废止时,钢铁生产能力不仅没被遏制反而提升了。更为严重的是,由于强行限制钢铁产能导致建筑业、公共事业停滞,电力成本上升,不少企业倒闭,很多企业财务状况变得更为脆弱。

在我国也有用行政手段调结构产生消极后果的案例。比如前几年某省将电石、铁合金、钢铁、有色金属等列入淘汰关停计划,对这些行业的企业实行"五停""三不",即采取"停电、停水、停气、停运、停贷"等强制措施,对不按期淘汰的企业或设备依法吊销排污许可证、生产许可证、安全生产许可证;同时,投资管理部门不予审批和核准新项目,国土资源管理部门不予批准新增用地,环保部门不予审批建设项目环境影响评价。

客观地讲,通过这些行政手段和措施,该省虽然在一定程度上遏制了落后产能的蔓延,但同时也出现了一些难以避免的问题,如财政收入减少、工人下岗失业增多等。进入这些行业受到管制,市场竞争缺乏导致低效企业大行其道,产业结构升级进展缓慢。可见政府直接调结构并不成功。实施产业政策往往容易造成产能过剩,而通过行政手段强制"关停并转"淘汰落后产能也只是权宜之计,很可能导致极高的交易成本。

四点重要结论

通过对供给侧结构性改革的理论分析与实证，可以得出以下四点结论：

第一，供给侧结构性改革不同于萨伊定律。萨伊定律认为需求能自动创造供给，只要对生产不加干涉，就不会出现普遍的生产过剩，因此并不强调结构性改革。而供给侧结构性改革着眼于建立供需相匹配的经济结构，目的在于提高供给体系质量和效率，增强经济持续增长动力。

第二，供给侧结构性改革不同于凯恩斯主义。凯恩斯主义认为经济衰退缘于需求不足，主张政府从需求侧刺激经济，强调总量均衡而非结构均衡；供给侧结构性改革则主张立足供给侧发力，从生产端入手解决供求结构矛盾，强调以结构均衡促进总量均衡。

第三，供给侧结构性改革不同于供给学派。供给学派虽然强调供给侧管理，但重心也不是解决结构问题而是减税，正如保罗·罗伯茨所说："供给学派经济学的实质是把税率看作相对价格的变化，这些变化影响劳动、储蓄、投资以及看得见的经济活动的供给和形式。"而供给侧结构性改革不仅把管理经济的主攻点放到供给侧，并且强调从供给侧调结构。

第四，供给侧结构性改革既是实现经济持续稳定增长的中国方案,也是对经济学的原创性贡献。自2007年开始,世界经济总体陷入长期增长乏力的境况,而原有的经济理论又提不出有效解决办法。习近平总书记提出供给侧结构性改革方案后,国内外学界公认这是一项重大理论创新,是解决经济结构问题的全球方案。世界银行首席前执行官、现国际货币基金组织总裁克里斯塔利娜·格奥尔基耶娃在中国发展高层论坛2017年年会上充分肯定了供给侧结构性改革,并且说"从更广层面来看,对中国有利的结构性改革,对世界经济也会有所裨益"。

> 延伸阅读

哈伯勒:《繁荣与萧条》

人类无时无刻不在幻想,有的幻想能变成现实,而有些却好梦难圆。拿发展经济来说,人们总是希望一帆风顺,欣欣向荣。可不幸的是,经济像个调皮的顽童,总是在繁荣与萧条之间荡秋千。为治愈这一怪疾,经济学家一个个呕心沥血,殚精竭虑。

1937年,美国经济学家哈伯勒,集西方经济周期理论之大成,出版了《繁荣与萧条》一书,对经济波动进行了全方位剖析。哈伯勒认为,经济的发展之所以波澜起伏,外因只是引信，根子在经济体系本身。这就好比摇椅，如果没人去动，它会静静地躺在那里；但只要轻推一把，它就会摇摆个不停。经济体系积蓄着一种能量，并且越来越强烈，越来越敏感，一有风吹草动立即会释放出来，使经济从高涨转向低落，从萧条走向繁荣。如气候变化、技术发明、人们兴趣的转变等，一些局部的行为，足以导致整个经济的扩张或收缩。

为什么经济发展到一定程度，就变得如此脆弱，以致最后不堪一击？因为无论繁荣还是萧条，都是累积性的，自行加强的。也就是说，繁荣或萧条一经启动，就会在向前的路上越跑越快，越滑越远。比如在扩张时期，起初，可能只是某一行业出现亮点，有了新投资。企业主开始雇用工人，购买原材料和设备。于是，就业人数增加，收入增加，拉动了需求，消费品生产受到刺激。原材料、设备的生产也有了起色。一花引来百花开，各个行业活跃起来，沉寂的资产盘活了。

随着需求增长，价格和利润攀升，企业界信心倍增。他们拿出闲置资金，或在金融市场大胆地融资，添置设备，更新机器，进行庞大的长期投资。金融机构受到感染，不再谨小慎微，而是放手扩大信用。公众的灵活偏好减弱，纷纷将手头资金投入资本市场。一切可用的资源都被动员起来，整个经济就会出奇地火爆。尤其是加速原理的作用，使得生产品生产，与消费品生产相比，波动更为强烈，来势更为凶猛。

比如，年产量为 1 万双鞋的鞋厂，需要 5 万元的机器设备，若年折旧率为 10%，则每年需要 5000 元用于机器更新。现在假定行情变好，鞋子订货增加了 1000 双，即消费品需求增加了 10%，为了满足这一需要，鞋厂必须相应地扩大规模，增添 5000 元的设备。这样，连同固定资产更新，就要求社会提供 1 万元的机器设备。也就是说，消费品扩大 10%，生产品就扩大 100%。经济的气球，就这样越吹越大，以致后来到了一触即破的地步。

收缩的过程也大致相仿。比如，由于央行收紧银根，或者金融机构压缩信贷，或者其他种种原因，导致某项大型建设因缺乏资金半途而废，于是，原材料或机器设备行业被迫削减产量。如果这种收缩限制在少数行业、几种商品上，只要有其他利好因素，颓势还可扭转。但实际上，往往是墙倒众人推。本来是几个行业不景气，投资需求减少，但很快会因失业增加而波及消费需求。

消费需求的减少，反过来又会变本加厉地影响生产品行业。结果，收缩从一个行业蔓延到另一个行业，就像瘟疫一样，迅速地传播开来。至此，人们已是无力回天，只能眼睁睁地看着经济崩溃。

之所以产生这种多米诺骨牌效应，是因为有其他力量落井下石。首先是需求萎缩引起价格下降，而工资和其他成本却有一定刚性，于是到处发生亏损。这时，人们为保险起见，会减少存货，降低订货量和储备。这种市场行为，把萎缩成倍地放大，远远超过实际程度。

其次，由于需求和价格走低，引起业界对前景悲观，预期形势会进一步恶化，所以，不是十拿九稳，不会轻易进行大规模投资，有的甚至连设备更新都给省掉。这使得收缩被强化，衰退的速度大大加快。而这时候，银行为保全自己，不再轻易放贷，并加紧催收贷款；个人也出于谨慎动机，增加了灵活性偏好，纷纷撤走资金，从而使趋冷的经济雪上加霜。

在收缩过程中，生产品和奢侈品需求下降的幅度特别大。这是因为收缩时，设备闲置，新投资减少了。经济低落，人们压缩开支，小车、住宅等奢侈品首当其冲。更重要的是，生产品的投资，主要是依靠对未来的预期。按照目前的经济走势，投资者普遍感到前途渺茫，不敢贸然投资。结果，经济跌入了收缩的旋涡。

在探讨完扩张和收缩的累积性后，哈伯勒接着分析，为什么繁荣和萧条会有尽头？是什么终结了扩张或收缩？哈伯勒认为，无论扩张从哪里开始，其实质都是投资的迅速增长。因此，要想扩张能持续，就必须有源源不断的资金和资源，也就是说，必须有弹性的货币供给和弹性的生产资源供应。当经济摆脱萧条后,信用会急剧膨胀,闲置的设备、原料和劳动力比比皆是,投资者要风得风,要雨有雨,因此扩张初期,产量和就业会大幅度提高。

但随着扩张的继续,投资者发现资金和资源不再是唾手可得。为筹集资金,寻找资源,他们不得不四处奔波。这时,产量和就业增势锐减,价格和成本却直线上升。而到扩张极点,各种资源已近枯竭,一个行业的发展,必须靠挤占其他行业的资源为代价,整个经济开始在钢丝绳上行走。

当人们有了某种不祥之兆,便形成了一种将经济推下钢丝绳的力量。中央银行为了减少国际收支赤字,或者补充准备金,或者防止资本外逃,或者遏制通货膨胀,决定收缩通货;某些行业因节节升高的成本而难以为继,局部出现衰退,甚至是一场洪水,会让灾难就此发生,令经济掉头而下。

当然,收缩也并非无穷无尽。由于萧条,大量企业破产,设备原料闲置,失业大军充满街头,于是,生产因素的供给恢复了弹性。信贷收缩到了一定限度,为了利润,资金也要寻找去处,货币供给也恢复了弹性。随着企业不再倒闭,价格止跌趋稳,人们信心慢慢恢复。这时,一批企业家预感物价将要回升,抓住机会投资。

此时若有冒险家进行逆向操作,在别人退缩时,注入大量资本以抢占市场。尤其是房地产商，对长期信贷利率特别敏感，萧条时的低利率，成了他们投资的最佳时机。所有这些，使投资渐有起色。再加上政府扩张性的财政货币政策，经济终于从萧条的泥潭挣扎出来，于是拐点又出现了。

第四讲
国际经济循环需澄清的认识误区

政府为何鼓励出口

如何看待国际收支平衡

高关税能否保护国内产业

国际贸易是否对发展中国家不利

人民币是否应该对外贬值

第四讲
国际经济循环需澄清的认识误区

进入经济全球化时代，国际贸易在国民经济中地位越来越重要。美国次贷危机引发国际金融危机以来，特别是2010年中国成为全球第二大经济体后，欧美国家贸易保护主义重新抬头，受贸易保护主义的影响，中国的出口增长明显放缓，于是有人忧心忡忡。怎样看待这一挑战？对参与国际经济循环，我认为有几个认识误区需要澄清。

政府为何鼓励出口

中国经济40多年的高增长，论贡献，出口居功至伟；然而面对今天巨额的外储，不少人对政府以往鼓励出口的政策提出了质疑。其实这质疑并非始于今日，早在1997年外储不足1400亿美元时就有过争论。而今天外储突破了3万亿美元,相当于国内一年的财政收入,学界对出口有非议也就可想而知了。

政府为何鼓励出口?骤然听是浅问题,其实似浅实深。从浅的方面答,拉动经济有"三驾马车",而出口是其一。这是说,扩大出口可带动经济增长保就业。列宁曾说发达国家输出商品是为了转嫁国内过剩,这分析是对的。国内需求不足当然要从国外找市场,不然产品积压失业会增多。中国亦如是,生产过剩也得出口。可见,保就业是扩大出口的重要原因。

这是浅的方面。从深的方面看呢?经济学说,出口的初始动机并非转移过剩产品,而是分享国际分工的利益。的确是这样。试想一下,新中国成立之初政府为何要鼓励出口,是因为经济过剩吗?显然不是。恰恰相反,那时物质非常匮乏,出口不过是为了创汇,增加进口。说白了,政府是希望通过对外贸易享受国际分工的好处。这么说,非经济学专业的同志未必能明白,让我做点解释吧。

先从国内贸易说起:

众所周知,亚当·斯密当年写《国富论》是从分工下笔,指出分工可提高效率。而且他有个重要观点:认为(产业)分工是由绝对成本(优势)决定。举例说。比如我和你,我种粮的成本比你低,织布的成本却比你高;而你呢,种粮的成本比我高,织布的成本却比我低。这样比较起来,我的绝对优势是种粮，你的绝对优势是织布。斯密说，只要按各自绝对优势分工，我种粮你织布，然后彼此用粮与布交换，双方皆可节省成本。

后来李嘉图对斯密的这一观点作了拓展，指出决定分工的不只是绝对成本优势，还有比较成本优势。不过那只是成本比较的参照不同，这里不细说。要提点的是，无论斯密还是李嘉图，他们讲分工都有个前提，那就是自由交换。若无自由交换，即便存在绝对优势（或比较优势）也不可能有分工。还是举前面的例子，我专种粮而你专织布，但若我不能用粮食换你的布或者你不能用布换我的粮食，不能互通有无，我和你怎可能分工呢？

请注意，这例子暗含着一个重要推论，即商家生产商品是为了卖（满足别人的需求），而卖则是为了买（满足自己的需求）。简言之，是"为买而卖"。之所以这么说，是因为对商家来讲不卖就无法买，不买也就不需要卖。事实确亦如此，在早期物物交换中我们可以看得更清楚，只是由于货币的出现，商家这种"为买而卖"的动机才渐渐被漠视了。

或许有人问，现实中很多商家卖了之后并没买，怎可说是"为买而卖"呢？不错，生活中是有这种现象，有人卖后并不马上买，而是将换来的货币存进了银行。不过，这现象也并未改变商家"为买而卖"的动机。商家选择储蓄是为了获得利息，不是最终目的，最终目的还是更多地买。也就是说,储蓄只是购买的延迟而非购买的放弃。

让我们再看出口。往深处想,国际贸易其实与国内贸易无异,出口也是为了进口。这推断我认为不会错,要不然你告诉我,一个国家若不想进口,那出口的目的是什么?经济学讲参与国际贸易可享受国际分工的利益,是说出口自己生产率高的产品而进口对方生产率高的产品可以双赢。若只出口不进口,别人享受了你价廉物美的商品,而你却不去分享他国高生产率的利益,若这样你岂不是赔本赚吆喝?

这正是当下中国的难题。不管怎么说,外储过多一定是外贸"出多进少"的结果。不过,此局面的形成并非我们不进口,政府曾多次表态要进口,我们想进口可人家不肯卖。问题就在这里,既然人家不卖,那我们还有何必要用政策优惠鼓励出口呢?经验说,一国外储能应付半年进口足够,而3.3万亿美元明显多了,出口政策不变将来会更多。

由此来看,我们的政策的确应该调,而且刻不容缓。可眼下不少人担心,认为这样做会增加国内失业。不敢说没这种可能,但也未必一定如此。事实上,目前我们的出口商品并不全是"过剩产品",国内也有潜在需求,只是老百姓没钱买而已。若能少出口而增加国内供应,物价必降;若能大幅提高城乡居民收入,14亿多人口何患没内需!

我说过,中国经济跃升全球第二位后,未来出口会阻力重重。未雨绸缪,我们不妨重点扩内需。扩内需当然不是不出口，出口还得出，但不必再刻意创外汇。要知道，外储不过是人家买我们商品后给打的借条，不用于进口就是一堆"纸"。明知想买的商品人家不卖，我们要那么多"纸"有何用？

如何看待国际收支平衡

若将国际收支平衡等同于国际贸易平衡，无疑是一种误解。为何说是误解？只要我们看看国际收支平衡表就清楚了。众所周知，国际收支包括经常项目、资本项目、外汇储备三个项目，而经常项目（国际贸易）只是其中一项。从逻辑上讲，一国对外贸易不平衡对国际收支会有影响，但不能因此就推定该国的国际收支不平衡。

要理解这个问题，需先弄清经常项目、资本项目、外汇储备间的关系。经常项目下的进口，是指将外国商品买入国境内；出口则是指将本国商品卖出国境外。资本项目虽不同于贸易项目，但无实质区别。事实上，对外投资也是购买国外商品，只是未将外国商品买入国境内；引进外资也是出口商品，不过未将本国商品卖到国境外。

若这样理解，贸易项目与资本项目的关系便一目了然。简单说，在国际收支表中，贸易项目与资本项目互为消长。比如中国将100亿元商品出口到国外，商品离开了国境，在贸易项目的贷方记"100亿元";同时出口换取外汇100亿元,于是在资本项目的借方也记"100亿元"。反过来,中国将50亿元外国商品进口到国内,在贸易项目的借方记"50亿元",同时由于资本流出50亿元,于是在资本项目的贷方也记"50亿元"。

上面例子中,中国出口商品100亿元,进口商品50亿元,贸易项目有50亿元顺差;再从资本项目看,资本流出100亿元,流进50亿元,于是资本项目便有50亿元逆差。由此可见,一个国家贸易项目有顺差,资本项目就会有逆差;反之,一个国家贸易项目有逆差,则资本项目就会有顺差。将两个项目综合起来,该国的国际收支却是平衡的。

问题在于,当一个国家贸易项目与资本项目同时出现顺差或者逆差怎么办?这种情况虽不多见,但确实存在。如我国的经常项目与资本项目就曾出现过双顺差。在此情况下,国际收支能否平衡呢?回答这个问题,让我们再分析国际收支平衡表。

前面说过,国际收支包括经常项目、资本项目、外汇储备三个项目,一个国家经常项目与资本项目同时出现顺差,外汇储备必然增加。要知道,外汇储备通常用于国外存款,购买外国国债或者公司股票,而购买境外银行存单、国债、股票皆可取得收益,这样看,外汇储备就相当于对外投资。将三个项目结合起来,国际收支也是平衡的。

"双逆差"的情形正相反。一个国家经常项目逆差，表明该国进口大于出口，购买了较多的外国商品；资本项目逆差，表明该国资本流出大于资本流入，购买了较多的外国资产。而经常项目与资本项目同时出现逆差，则外汇储备减少。这样将三个项目综合起来看，该国国际收支也是平衡的。可见，无论一个国家出现双顺差还是双逆差，皆不会影响该国的国际收支平衡。

再想深一层，将国际贸易平衡等同于双边贸易平衡，其实也是一个认识误区。长期以来有一种流行观点，认为一个国家对另一国家有贸易逆差，逆差国就吃了亏，顺差国占了便宜。实则不然，经济学证明：国家间开展自由贸易是双赢，而且国际贸易平衡并不要求两国之间的双边贸易平衡。

为何说国际贸易并不要求双边贸易平衡呢？经济学的解释是，随着经济发展和分工的深化，国际贸易不单是双边贸易，更是多个国家一起进行的多边贸易。特别是人类进入21世纪后，产业分工已经全球化，如果两个国家分别处于产业分工的上下游，两国间的双边贸易就不可能平衡，而且也无须平衡。何以如此？让我们看下面的例子：

假定有甲、乙、丙三个国家，它们分别生产棉花、纱锭、布匹。甲将棉花卖给乙，而甲却不购买乙的纱锭，那么甲是贸易顺差，乙是贸易逆差；乙将纱锭卖给丙，而乙却不购买丙的布匹，则乙是贸易顺差，丙是贸易逆差；丙将布匹卖给甲，而丙却不购买甲的棉花，于是丙是贸易顺差，甲是贸易逆差。若仅从两个国家看，双边贸易皆不平衡，可从多边贸易看，整体却又是平衡的。

懂得了上面的道理，就不难明白美国为何对全球100多个国家会有贸易逆差。其中一个主要原因，是美国处于国际分工的最高端，而广大发展中国家处于相对底端；同时，也与美元作为国际中心货币有关。读者想想，在当今国际货币体系下，美国只要印出美元就可在全球采购商品；而其他国家要进口美国商品，首先得出口商品换回美元，这样美国当然容易出现贸易逆差了。

事实上，双边贸易是否平衡并不重要，重要的是贸易是否自由。只要贸易自由，全球贸易最终一定会自动平衡。对任何一个国家来说，出口都是为了换取外汇用于进口，并通过进口分享国际分工的收益。如果一个国家只出口而不从国外进口等额的商品，就等于自己主动放弃了分享国际分工收益的机会，请问世上有哪个国家愿意赔本赚吆喝呢？

高关税能否保护国内产业

假若我要问大家两个问题，第一道题：你是否赞成自由贸易？另一道题：你认为国内产业是否需要关税保护？不知你们会怎么答。多年前曾就这两个问题问过我自己的研究生，他们一方面赞成自由贸易，另一方面又认为国内产业也需要关税保护。显然，这两个答案自相矛盾。

其实不只是我的研究生这么看，时下学界也有不少学者持这样的看法。顾名思义，贸易自由不单指出口自由，也包括进口自由。一国的出口是他国的进口，一国的进口则是他国出口。古语云："己所不欲，勿施于人。"一个国家若希望别人尊重自己的出口自由，那么你就不能限制进口，妨碍别人的出口自由。

这道理说来大家都懂，可在对待进出口问题上人们为何会持双重标准？追根溯源，我认为是受早期重商主义的影响，而且其影响根深蒂固。在重商主义者看来，世上唯有金银才是财富，一个国家要增加财富，必须多出口少进口。而要"奖出限入"，政府的手段之一就是对进口征高关税。今天的关税壁垒，或多或少应与重商主义的财富观念有关。

时过境迁，重商主义早已不复存在，特别是20世纪70年代布雷顿森林货币体系解体后，金银与货币脱钩，没人再相信"唯有金银是财富"的神话。问题就在这里，既然不再迷信金银，至今为何还有人对高关税推崇备至，甚至连美国这样的发达国家也乐此不疲？几年前赴美参加"中美欧学术论坛"，在会上我曾提出过质疑，美国学者回应：高关税是为了保护他们国内就业。

这理由你们相信吗？反正我不信。举大家熟知的例子。

多年前美国曾针对中国轮胎进口专门开征"特保关税",并声称此举是迫于美国钢铁工业协会的压力。奇哉怪哉!进口中国轮胎与钢铁工业有何相干?再说,美国本来就需要进口轮胎,不从中国进口也得从别的国家进口。请问,从别国进口而不从中国进口怎么就能保护美国就业?

所以在我看来,所谓"保护国内就业"不过是美国的一个借口,醉翁之意不在酒,目的是要打击中国的出口。这里要讨论的是,在经济全球化背景下,发展中国家的产业是否需要关税保护?或者对发展中国家来讲,高关税能否保护本国就业?

先说我的观点,"高关税保护就业"不过是人们的错觉。表面看,高关税短期内确实可限制进口,保护国内企业或就业;但想深一层,这样做不过是让本国消费者补贴生产者。算大账,是损人不利己,也得不偿失,并不可取。

用不着讲高深的理论,让我用实例解释吧。假如意大利的皮鞋出口到中国,每双售价1000元,而中国国内生产的皮鞋每双售价为1500元。显然,国产皮鞋价格明显高于进口皮鞋,于是国内厂家可能会去游说政府,要求政府多征进口皮鞋的关税500元。理由是,进口关税若不提高,国内厂家可能被挤垮,企业一旦倒闭工人会失业。

骤然听,国内厂家说的不无道理。但如果我们从国内消费者角度看,结论却不尽然。比如,政府不多征500元的关税，消费者花1000元便可买一双皮鞋；政府加征关税后，却需1500元才能买到。如此一来，意味着消费者购买力下降，实际生活水平降低。由此来看，提高关税会损害国内消费者利益，说白了是让消费者拿钱维持皮鞋厂的生存。

这是一方面。转从机会成本看，消费者花钱支持皮鞋厂工人就业，其机会成本是放弃购买其他厂家商品可能创造的就业。设想一下，假如消费者不多花500元买皮鞋，而用这500元去买衬衣，衬衣厂的销售会扩大，就业也会增加。就扩大就业而言，两者并无分别，只是人们重视看得见的就业而忽视看不见的就业而已。

是的，在国家层面，增加皮鞋产业就业与增加衬衣产业就业是一回事。区别在于，提高皮鞋的进口关税，在保护皮鞋产业的同时，其他产业的发展却会受限制。在一定时期资源是有限的，而那些需要关税保护的企业，恰恰是生产率较低的企业，而生产效率低的企业被保护，资源会向这类企业流动，这对高生产率企业显然不公平，长此必降低整个社会的生产率。

事实上，政府鼓励对外贸易，目的是希望分享国际分工的好处，即出口自己高生产率的商品赚取外汇，然后用外汇进口他国物美价廉的商品。如果用高关税挡住进口，无疑是对国际分工利益的主动放弃。要知道，出口的商品是国内实实在在的资源，而外汇则是进口国所开具的借条，若不用于进口，外汇就是一堆"纸"，毫无用处。再说，如果一个国家总"奖出限入"，对方换不来外汇进口，总有一天自己也无法出口。

由此我想到了出口补贴。不论补贴方式为何，最终都是为了低价出口商品。但要指出的是，补贴出口其实是在用国内财政补贴国外消费者，其补贴部分等于白送。既如此，政府与其补贴出口，倒不如补贴国内技术创新。只要企业有竞争力，出口用不着补贴。古往今来，靠给人送"补贴"而致富的国家一个也不曾出现过。

我要再强调一遍：国际贸易能令贸易双方获益，但重点不在出口而在进口，只有进口才能让国内消费者买到国内不生产的商品或国外更便宜的商品。所以出口并不是最终目的，一个国家出口的理由就一个：赚取外汇用于进口。我想这也是党的十八届五中全会提出"实行积极进口政策"的原因吧。

国际贸易是否对发展中国家不利

目前有一流行说法，认为穷国与富国进行贸易是穷国吃亏，富国占便宜；或者说是发展中国家受发达国家的剥削。据说这看法的依据是经济学家普雷维什提出的著名的"中心—外围理论"。普雷维什的确曾经这样说过：国际贸易的利益大多被位于经济中心地位的发达国家享有；外围的落后国家利益很少，甚至为负数。

1950年，普雷维什根据英国60多年的进出口数据，推算了初级品与工业制成品的比价变动。外围国主要出口初级品，进口制成品，故两者比价实际就是外围国的贸易条件。普雷维什通过计算发现，到1938年，过去60年外围国贸易条件下降了36%。这是说，当初一定数量的初级产品可换100个工业品，而现在只能换64个。于是他判定国际贸易明显对穷国不利。

如果普雷维什的上述结论成立，那么穷国要避免吃亏就只能与穷国做贸易，而不应与富国做贸易。而我观察到的事实是，战后迅速致富的国家（地区），几乎都得益于与发达国家的贸易。韩国、新加坡等亚洲"四小龙"如此，中国也如此。改革开放30多年后，中国就一跃成为全球第二大经济体，论贡献，出口当居功至伟。而中国的出口市场，大头则在欧美国家。

问题出在哪里呢？为此我查对过相关资料，普雷维什的数据与计算都没错。可这现象怎么解释？我想还是应回到斯密与李嘉图的分工理论上来，正本清源，也许能从中受到启发。

前面说，斯密是从绝对优势角度研究分工；李嘉图则从比较优势角度研究。虽然角度不同，但他们都主张国际分工要扬长避短、发挥自己的优势。不过，研究穷国与富国之间的贸易，恰好与李嘉图的比较优势原理吻合。为方便起见，就让我们直接用李嘉图举的例子展开讨论吧。

李嘉图的例子是：英国与葡萄牙均生产毛呢与葡萄酒，英国生产10尺毛呢需要100小时，酿一桶葡萄酒需120小时；而葡萄牙生产同量的毛呢与葡萄酒，分别只需90小时与80小时。由此来看，这两种商品的生产率英国皆不及葡萄牙，两国似乎没有贸易的可能。然而李嘉图指出，只要两国按各自的比较优势分工，贸易仍能让双方获益。

上例中，英国的比较优势显然是生产毛呢，葡萄牙的比较优势是生产葡萄酒。假如10尺毛呢可换一桶葡萄酒，这样英国用100小时生产的毛呢，便可换得自己需要120小时才能生产出的葡萄酒，可节约20小时成本；葡萄牙用80小时生产的葡萄酒，可换到自己需要90小时才能生产出的毛呢，也节约了10小时成本。

大家也许会问，英国生产率低于葡萄牙，但在贸易中英国得到的好处反而更多，这是否意味着国际贸易对低生产率国家更有利？当然不是。试想，如果葡萄牙生产10尺毛呢的成本不是90小时而是100小时，葡萄牙用一桶葡萄酒换10尺毛呢不也是节约20小时成本吗？

事实上，决定贸易利益分配的是商品的交换比价。贸易双方生产成本的相对差距，只决定分工的选择；而分工格局一旦形成，贸易利益怎样分配就取决于贸易商品的比价。如上例中商品比价如果不是10尺毛呢等于一桶葡萄酒，而是15尺毛呢等于一桶葡萄酒，英国肯定吃亏；反之，若比价为10尺毛呢等于1.5桶葡萄酒，则吃亏的就是葡萄牙。

那么商品比价如何确定呢？对此李嘉图本人并未提供答案，倒是他的学生约翰·穆勒作了弥补。穆勒的观点：商品的比价由贸易双方对进口商品的需求决定，若一方对另一方商品的需求强度更大，对方的商品比价会相对高。穆勒这一解释有说服力，不过我认为用商品"稀缺度"解释更准确。因为国际贸易并不只在两个国家进行，如果英国毛呢涨价，葡萄牙可转从别国进口。但要是全球毛呢都稀缺，价格就必涨无疑。

我这看法与穆勒的区别在于，穆勒是从贸易双方的相互需求看，而我是从全球市场需求看。但无论从哪个角度看，只要认同价格由需求决定，都可得到如下推论：商品比价与生产国的成本无关，也与贸易双方的经济发展水平没有关系。正因如此，所以不能简单地讲：发展中国家与发达国家进行贸易就一定吃亏或者占便宜。

仅举一例。沙特阿拉伯并非工业发达国家，出口的原油属初级产品，但由于原油稀缺，1973年每桶不到3美元，到2008年曾涨到每桶100美元。35年上涨近40倍，超过了同期大多数制成品的价格涨幅。而近几年欧美经济衰退，原油需求减少，价格大跌，这也证明了价格由"稀缺度"决定。

讲到这里再作三点澄清：第一，20世纪30年代前初级品与制成品的比价之所以下降，是由于当时初级品供应相对充足，制成品相对稀缺；第二，由于农机工具的应用与种植技术的改进，农产品产出率提高，单位商品价格下降；第三，欠发达国家为了出口创汇，控制了出口品价格。

人民币是否应该对外贬值

人民币持续升值多年，前几年也曾一度贬值，出人意料，国际社会一片哗然。有人揣测：中国此举是先发制人，对美联储意欲加息提前作出的反应；也有人预言人民币若持续贬值将可能引发货币战争。而李克强曾在夏季达沃斯论坛上表态，人民币目前已保持稳定，不存在持续贬值的基础。

很明显，以上表态是在传递一个信息：人民币不会持续贬值。长期不贬可为何这次要贬？央行的解释，是顺应汇率形成机制的市场化改革。而国际货币基金组织（IMF）则称中国的新做法是"可喜的一步"，表明"市场力量在确定汇率方面发挥更大的作用"。我的观点：汇率市场化乃大势所趋；但长远看，维持人民币币值稳定是大局。

人民币当时贬值，其实也是事出有因。过去我们人民币一直盯美元，近几年美元升值，人民币也跟着升；加上美元兑人民币单边贬值，2008年以来人民币实际升值33%。问题在于，人民币对外升值，对内却有贬值压力。这压力主要来自外汇盈余，由于有强制结汇安排，外汇有盈余央行就得对应投放人民币（外汇占款）。而人民币投放多了，对内当然要贬值。

这正是今天人民币的纠结所在。一方面，中美贸易中国长期顺差，美国咄咄逼人要求人民币升值；另一方面人民币对内却需要贬值。左右为难怎么办？我曾说过，所谓"贸易平衡"其实只是美国的一个借口。事情明摆着，中国出口美国的商品美国自己并不生产；而中国希望进口的高科技产品，美国又不卖。这样人民币升值怎可能有助中美贸易平衡？

由此来看，美国逼人民币升值，目的不过是打压中国的出口。中国经济过去40多年高增长，出口的贡献居功至伟。而今天中国已成为全球第二大经济体，树大招风，美国更不会无动于衷。事实上，由美国发动的"跨太平洋战略经济伙伴协定"（TTP）与"跨大西洋贸易与投资伙伴关系协定"（TTIP）谈判，用意昭然若揭，就是要围堵中国的出口。

是的，人民币升值对中国的出口不利。既然不能升值，那么人民币可否贬值呢？我认为贬值也不可取。尽人皆知，中国目前是世界最大的出口国，也是贸易顺差国，有近四万亿美元的外储，在此情况下人民币贬值理由不足。再说，别人也不蠢，若我们人民币贬值，人家也会跟着贬。大家一起贬的结果必是多败俱伤，这种损人不利己的事，当然不做为妙。

想想亚洲金融危机吧。当年危机爆发后周边国家货币纷纷贬值，人民币照说也可跟着贬，可朱镕基总理代表中国政府承诺人民币三年不贬值，三年后不用贬值。起初国内很多人忧心忡忡，担心会重创中国的出口。而朱镕基总理回应说，人民币不贬值对出口有影响，但不会伤筋动骨，因为中国出口的商品与周边国家不同，别人出口的商品我们不出口。果不其然，1998年后人民币一直未贬值，出口却大有可观。

回头看，朱镕基总理确有先见之明。不过想深一层，当年他作此承诺还有一个原因，那就是人民币贬值对中国利弊参半。教科书讲一国货币对外贬值有利出口，是指贬值能降低商品在国际市场的价格；但另一方面，贬值也会提高进口商品的价格。中国不单是第一大出口国，同时也是第二大进口国，若进口原材料价格上涨，国内生产成本会上升，这样再将制成品出口，国际市场价格未必会低。

基于以上分析，目前人民币既不宜升值，也不宜贬值。事实上，货币的功能就是计价、结算与储备。形象地说，货币就如同衡量长度的标尺，若计量刻度朝定夕改，变化不定，谁会用这样的标尺？同理，若一个国家的货币不稳定，谁也不会用它计价，更不会用于储备。学界正在热议人民币国际化，我认为人民币要国际化，关键是币值要稳定。

若大家同意我的分析，接下来要讨论的是：怎样维持人民币币值稳定？据蒙代尔"不可能三角"定理，一个国家在货币发行权、资本自由流动、汇率稳定三个选项中，只能三选二，不可能三者同时兼得。显然，中国作为主权国家，货币发行权不能放弃，而随着人民币国际化，汇管得放开，资本也会自由流动，这样汇率就难以稳定了。倘如此，人民币币值怎么稳定？

无须怀疑，蒙代尔说的肯定没错。但这里要提点的是，一个国家的币值稳定与汇率稳定有关，但不完全是一回事。在早年金本位时代，币值稳定是指单位货币代表的金量恒定；而今天讲币值稳定，则是指单位货币的购买力不变。汇率稳定呢？顾名思义，是指一国货币与他国货币的交换比值稳定（固定汇率）。当两种货币币值皆稳定，汇率会稳定；但若其中一种货币不稳定，汇率也就不稳定了。

综观全球，迄今坚守固定汇率的国家（地区）已经凤毛麟角，固定汇率实际上已成明日黄花。所以我主张人民币币值稳定，并非要稳定人民币兑美元的比价，而是稳定人民币的购买力。其操作重点，是人民币不再盯美元，而以一篮子商品为锚。若篮子商品价格指数下降，央行放出人民币增外储；反之则减外储收回人民币。如此一来人民币币值当可稳定。

问题是人民币不再盯美元,汇率就会自由浮动。这一点央行不必担心,也不必去管;同时汇管也可逐步放开,利率也让市场决定。只要人民币币值稳定,没有谁会去炒人民币,即便有人炒也绝不可能从中渔利。这样稳坐钓鱼台,以静制动岂非善哉!

延伸阅读

米德:《国际收支》

1951年,诺贝尔经济学奖得主、英国经济学家米德的成名作《国际经济政策的理论》第一卷——《国际收支》问世,使焦头烂额的各国政府如获至宝,该书也成为国际经济学的"圣经"。

米德认为,当一国不是闭关自守,而是对外开放时,其经济政策必须内外兼顾,同时做好两大平衡。对内,要维护物价稳定,保证充分就业,促使国民收入不断增长;对外,要保持汇率基本稳定,使国际收支既无大亏,也无大盈。那么,如何实现两大平衡呢?米德想出了两招:金融政策和价格调整。

所谓"金融政策",含义非同一般,既包括财政政策,也包括货币政策。政府为影响总支出水平增减税收或开支,就是财政政策。通过控制货币供给，收紧或放松借贷条件，以调节利率，影响投资和消费，则是货币政策。财政政策和货币政策，尽管运行机制不一样，但殊途同归，最终都影响到总需求水平。比如，实行扩张性财政政策和货币政策，可以提高总需求水平，这一方面会使本国生产扩大，就业机会增多；另一方面，由于提高了进口需求，进出口差额将会扩大，可能导致国际收支失衡。

价格调整，是实现经济内外平衡的另一法宝，它也有两个杠杆：工资和汇率。在商品成本中，工资占了相当大的份额，一旦工资降低，商品价格就会下降，出口更具竞争力。调整汇率，则是国际上更为常用的方法。比如，一个茶杯在美国卖2美元，而美元对英镑的汇率是2:1，这个茶杯在英国的售价就是1英镑。如果美元升值到1:1，这个茶杯在英国就得卖2英镑。价格提高一倍，购买者就会减少，结果出口锐减，国际收支状况恶化；反之，如果美元相对英镑贬值，出口竞争力就会增强，由亏转盈。

金融政策和价格调整，倘若只用其中一招，单兵出击，能否使经济达到内外平衡呢？米德的答案虽非确定，但也充满智慧。他对这个问题的分析，逻辑井然，足见他深厚的经济学功力，同时也能给我们一些启发。

他首先假定：美、英两国经济往来频繁，而国际收支则是美国盈余，英国赤字。再假定美国经济此时萧条，英国经济却一路高涨。那么,美国为了走出萧条,增加就业,应该扩大国内支出,实行扩张的金融政策,以便增加进口,减少国际收支顺差。至于英国,缩减国内支出,既可消除通货膨胀,又能减少进口,压缩国际收支逆差。所以在这种情况下,无论美、英,都可以"一石二鸟"。

可这样两全其美的事,毕竟少之又少。假如美国存在高通胀,英国处于萧条期,美国为了消除通胀,紧缩国内开支无疑是一剂良药,但同时它又会抑制进口,导致国际收支失衡。而对英国来讲,扩张的金融政策虽可刺激经济,但按下葫芦浮起瓢,这头失业率下去了,那头国际收支逆差却又被拉大了。看来,仅靠金融政策,难免力不从心。

那么,由价格调整单打独斗,效果又当如何呢?假如美国经济繁荣,通货膨胀压力逼人,而英国经济陷入萧条,那么美国应该提升汇率或工资率,英国则因降低汇率或工资率,以使英国的产品价格相对美国降低,扩大英国的出口,由此不仅可以使两国国际收支达到平衡,内部平衡也将同时得以实现。

但是,对以下三种情况,价格调整同样会顾此失彼。假如美、英两国都处于萧条之中,美国为了实现内部平衡,需要汇率贬值或降低工资率,然而这会增加出口,使国际收支盈余更多,并且这也意味着向英国输出失业。因为美国商品降价后,会对英国市场产生冲击,造成一些企业破产,英国自是苦不堪言。但若英国也汇率贬值或降低工资率，虽可使本国出口品价格相对降低，有益于消除国际收支赤字，而美国定会叫苦不迭。因为英国商品降价，对美国来说，无疑是往伤口上撒盐，出口必然受阻，经济萧条将进一步加重。如果两国经济都同时高涨，情况则正好与此相反。

由上可见，当两国经济一冷一热时，使用金融政策或价格调整中的一招，就可以同时兼顾内外平衡，但要是两国经济同冷同热，那么无论金融政策还是价格调整，都难免顾此失彼。看来，就像打拳需要左右手配合一样，调整一国经济，也要根据情况，左右开弓，双手并用。

如果美、英两国都处于萧条期，美国实行膨胀性金融政策既可刺激经济增长，又有助于减少国际收支顺差，而英国要是采纳同样的政策，虽可使经济有所起色，但国际收支赤字会雪上加霜，此时，如果转而通过汇率贬值来刺激出口需求，则可内外兼顾：对内可促使经济走出低谷，对外能压缩国际收支缺口。

同样，如果两国都经济过热，那美国将汇率升值，英国减少国内支出，就都能实现内外平衡，双方皆大欢喜。米德指出，以上两种调整方法必须在各国之间配合使用，否则，即便能勉强维持两大平衡，也会引发同他国的矛盾，招致对方的不满和报复，结果必然是两败俱伤。

事实上，由于利益冲突，西方各国经常你争我吵，闹得不可开交。米德关于各国政策应该相互配合的理论，算是对大家的提醒和忠告。此后，各国首脑开始频频聚首，共商协调大计，尽管根本矛盾难以调和，但米德的主张，无疑已引起各国政府的重视。

第五讲
经济全球化与中国的结构调整

"配第—克拉克定理"与结构演进趋势

李嘉图定理与结构调整通则

按比较优势调结构不会落入"陷阱"

调结构的主体是企业而不是政府

第五讲
经济全球化与中国的结构调整

经济全球化已使结构调整成为当今世界各国共同面临的问题，而中国经济进入新发展阶段，其中一个重要特征就是推动产业结构从中低端向高中端转型升级。在这里和大家讨论结构调整问题，我想从两个角度谈：一是从学理层面探讨结构调整的一般规律；二是结合实际对中国的结构调整提几点建议。

"配第—克拉克定理"与结构演进趋势

我们只要谈论到产业结构，总也绕不开"配第—克拉克定理"。该定理说：一个国家随着经济发展，第一产业比重会下降；第二产业比重会上升，跟着第三产业比重也随之上升。作为一个学术观点，当然可以讨论；但值得注意的是，现在不少地方政府已将此作为衡量结构是否合理的标志，以为第三产业比重越高结构就越合理。我认为这是个天大的误会，若不澄清会贻害无穷。

顾名思义，"配第—克拉克定理"与两位学者有关。一位是英国古典经济学家威廉·配第，1672年他在《政治算术》中比较了英国农民和船员的收入后发现：以盈利多少论，从事农业不如从事工业，从事工业则不如从事商业。于是他预言说：随着经济发展，产业重心将逐渐由有形产品生产转向无形服务的生产；当工业收益超过农业时，劳动力必然由农业转向工业；当商业收益超过工业时，劳动力会再由工业转向商业。

1940年，同是英国人的克拉克出版了《经济进步的条件》，他按照配第的指引，对40多个国家（地区）不同时期三次产业的劳动投入和产出作了实证研究，所得结论与配第的预想完全吻合，于是学界将其合二为一，统称为"配第—克拉克定理"。之后，库兹涅茨、埃·索维等西方学者纷纷鼎力支持，众星捧月，使该定理在国际上得以广泛传播。

有众多著名学者的支持，照理这定理毋庸置疑。事实上，我也不怀疑该定理。既然不怀疑，可为何我说将此作为衡量结构是否合理的标志是个误区呢？之所以这么讲，是因为该定理其实并非"定理"，而是"定律"。大家知道，科学上的定理是指用逻辑演绎证明的命题，通常表述为"若条件，则结论"（如勾股定理）；而定律则是对经验事实的描述，即归纳特定时空下大量事实所得的结论（如牛顿力学定律）。一言以蔽之，定理不受时空约束，定律要受时空约束。

显然，"配第—克拉克定理"属于后者，严格地讲不是"定理"。问题就在这里，若它不是"定理"是"定律"，那么就同样要受时空约束。这是说，与其他定律一样，一旦时空改变就会失灵。正是从这个意义上，所以我说一个地区调结构不必刻意迎合该定律。否则东施效颦，到头来只会弄巧成拙。不是吗？近些年国内实体经济逐步虚脱，其实就与各地盲目发展"三产"不无关系。有前车之鉴，我们怎可重蹈覆辙呢？

不要误会，我并不是说"配第—克拉克定律"不可借鉴，能借鉴当然要借鉴。但要指出的是，该定律可否借鉴得首先弄清它的时空条件，若条件不清，我们也就无从作出判断。可令人遗憾的是，该定律的时空条件为何不仅配第与克拉克本人未作说明，学界也似乎无人研究。之前曾担心自己孤陋寡闻，最近又翻阅了大量文献，反复查找还是找不见。也好，别人没说我来说，不肯定对，但应该不会错，就当是抛砖引玉吧。

在我看来，"配第—克拉克定律"的约束条件主要有两个：一是发展阶段（时间）约束；二是分工范围（空间）约束。所谓发展阶段约束，是指该定律只存在于特定的发展阶段,在别的阶段不存在。我想到的最极端的例证是农耕社会,那时虽有手工业,但并未出现机器大工业与服务业,"配第—克拉克定律"在农耕社会显然不成立。既然农耕社会不成立,当然就是阶段性的规律。而且我认为,此定律只存在于工业化初期到中期阶段,工业化后期,特别是后工业社会,该定律也不成立。

为何作此判断?我的分析是这样:

刚才说过了,"配第—克拉克定律"是对经验事实的描述。不过配第的这一思想并非直接来自经验事实,那时尚处在工业革命前夜,工业化要等100年(1776年瓦特发明改良蒸汽机)后才起步。真正根据事实归纳此定律的是克拉克,而克拉克所依据的事实则是工业化初期到中期的事实。换句话说,克拉克只验证了工业化初期至中期的结构演进,而工业化后期会怎样他并未验证。而我们今天所看到的事实是,欧美制造业正在回归,从证伪角度看,此定律恐怕也不存在于工业化后期。

转谈分工约束吧。此约束有两层含义:一是结构演进要以分工为前提,即没有分工就没有结构演进;二是分工范围决定结构演进的主体范围。具体讲,在工业化初期到中期,分工范围若只局限于某地区,"配第—克拉克定律"会适用于该地区;但若分工范围扩大,当一个国家形成了地区间的分工,则"配第—克拉克定律"就只适用于这个国家而不再适用于某个地区；同理，当分工范围扩大到全球，那么"配第—克拉克定律"反映的是全球趋势，也就不再适用于某个国家。

用不着讲复杂的道理，让我用一个例子来解释。假定一个国家有甲、乙、丙三个地区，甲地比较优势是农业，乙地比较优势是工业，丙地比较优势是"三产"。设若这个国家已经形成了地区间分工，这样甲、乙、丙三地则大可不必拘泥于"配第—克拉克定律"。从单个地区看，虽然每个地区都不符合此定律，但只要这个国家没有深度加入国际分工，那么整体结构演进仍会与定律一致。

根据上面的分析，我们似可得出以下结论：第一，"配第—克拉克定律"是阶段性规律，绝非永恒不变；第二，此定律适用范围由分工范围决定，故也并非放之四海而皆准；第三，基于以上两点，一个国家的产业定位应立足自身比较优势，断不可削足适履、生搬硬套。

李嘉图定理与结构调整通则

前面我说"配第—克拉克定理"在工业化后期不成立，大家可能注意到了，我举证的是今天欧美国家回归制造业的事实。问题是，欧美回归制造业是不是长期趋势？倘若只是昙花一现，怎可证明"配第—克拉克定理"在工业化后期不成立呢？从证伪的角度讲，要推翻某个命题只需举证一个相反的事实，但前提是这事实必须真实可靠。问题是，欧美国家回归制造业是真实可靠的事实吗？真实性毋庸置疑，但这趋势日后是否再逆转却不敢肯定。由此来看，用一个尚不确定的事实判定理论不成立确实欠严密，至少不是无懈可击的。

该怎样补救呢？我认为还是应回到理论上来。未来虽无法预知，但却可按逻辑作推测。配第当年提出结构演进的思想，他的依据是"从业之利，农不如工，工不如商"。人们要追求高收入，劳动力才会从农业依次向工业与商业转移。要追问的是，农业收益低于工业或工业收益低于商业是不是永恒的铁律？假若是，"配第—克拉克定理"当然成立；假若不是，那就得另当别论了。在我看来，农业收益低于工业、工业收益低于商业并非铁律。

理论上，一个产业收益高低其实与产业的性质无关，只与稀缺程度有关。供求原理说：供不应求价高利大，供过于求价低利小。所谓物以稀为贵，讲的就是这道理。工业化初期农业收益之所以低于工业，那是因为工业品相对稀缺；而工业化后服务业收益高于工业，也是服务品相对稀缺。问题在于，服务业发展不可能长期脱离实体经济，一旦服务品不稀缺，收益当然就不会高过别的产业了。好了，就说这些。下面言归正传，讨论结构调整的通则。

所谓结构调整，是指一个国家的产业如何定位，归根到底是指全球化背景下怎样参与国际分工。从这个角度看，可借鉴的理论框架很多：影响较大的有斯密的绝对优势原理，李嘉图的比较优势原理，赫克歇尔和俄林的"赫俄模型"，波特的"钻石模型"，等等。就我个人而言，所推崇的还是斯密与李嘉图，因为别的分工理论并无突破性贡献，只是对斯密与李嘉图理论的发挥而已。我一直有个想法，认为可以将李嘉图的分工原理作为结构调整的通则，也可称作"李嘉图定理"。完整表述是："假如国际贸易自由，一个国家按绝对（或比较）优势参与分工，结果不仅对这个国家有利，而且可增进社会整体福利。"

其实，此定理的结论李嘉图早有论证，学界也有共识，可为何要把"贸易自由"作为假设前提呢？已经说过了，定理是一个"假言判断"，能满足假设（约束）条件，定理成立，否则就不成立。试想一下，若存在贸易壁垒，一个国家想出口的商品出不去，需进口的商品进不来，它怎可能按自己优势参与分工？举国内分工的例子，目前各地结构趋同，其实与地区封锁有关。商务部曾对22个省、市做过调查，发现其中有20个搞贸易保护，这样地区间很难分工，只能"大而全""小而全"。国内分工如此，国际分工也一样，贸易不自由也是目前不少国家未按自己优势参与国际分工的原因。是的，国际分工要以贸易自由为前提，此点容易理解，真正的困难，是要解释"李嘉图定理"为何可作为结构调整的通则？这是说，只要国际贸易自由，一个国家无论处于哪个发展阶段都应按自己的优势参与分工。对此，可分两种情况分析。

第一种情况：一个国家处于工业化初期到中期阶段，为何要按"斯密—李嘉图定理"参与分工？答案是为了扬长避短。韩国是成功的例子。20世纪60年代，韩国利用廉价劳动力发展劳动密集型产业，一举打入国际市场，为日后的"汉江奇迹"奠定了基础。相反的例子是巴西。近百年巴西经历了从经济崛起、后步入衰退的过程。论资源优势，巴西得天独厚，拥有世界上最多的可耕地和先进的农业科技，可它没利用好自己的优势（耕地利用率仅7.5%），试图搞超越式发展，结果由于过度依赖国际资本，令经济长期陷入低谷。

第二种情况：一个国家到了工业化后期为何还要按"斯密—李嘉图定理"参与分工？理由同样是扬长避短。这方面成功例子多，美、英、德、日是举世公认的发达国家，但其产业定位却各不相同：美国以IT高科技为主导；英国以金融服务业为主导；德国以制造业为主导；日本则以终端消费品生产为主导。不成功的例子是冰岛，冰岛拥有丰富的海洋资源，本应重点发展相关产业，但冰岛认为搞金融才能暴富，于是一时间各类银行、信托、保险机构如过江之鲫，哪承想2008年一场金融危机，冰岛金融业全线坍塌，国民经济几近崩溃。

中国进行结构调整应遵循的规则，当然也是"李嘉图定理"，但操作上应有区分：一是国内分工要打破地区封锁，鼓励各地根据本地优势调结构；二是国家层面参与国际分工，既要立足本国优势，但也要顾及"贸易保护"盛行的现实。这样看，还得审时度势、相机抉择才是。

按比较优势调结构不会落入"陷阱"

近几年学界有一流行观点，认为李嘉图当年提出的"比较优势分工"理论已经过时。早在10多年前的一次学术会议上就曾听人这样讲过，不过当时我以为只是那位教授的一家之言，没有特别在意。现在发现国内持这看法的学者不少，甚至有人危言耸听，称李嘉图的分工理论是"比较优势陷阱"。

"陷阱论"的理由，大同小异，皆说发展中国家的比较优势是劳动力成本低，若按比较优势参与国际分工，发展中国家应生产并出口劳动密集型产品，这样在与发达国家贸易中虽能获益，但由于发达国家生产的技术与资本密集型产品附加值更高，发展中国家实则处于不利地位。长此以往，发展中国家与发达国家的差距会越拉越大。

骤然听似乎不无道理，可我却不同意这分析。正本清源,我们不妨先来看看李嘉图自己到底怎样讲。李嘉图指出,比较优势不同于斯密所说的绝对优势,绝对优势是指自己与别人比的优势;比较优势则是指自己与自己比的相对优势。国际分工之所以要按比较优势进行,是因为这样分工可以互利。何以如此?李嘉图用下面的例子作了论证:

结合前面所举的例子,英国与葡萄牙均生产毛呢与葡萄酒,英国生产10尺毛呢需要100小时,酿一桶葡萄酒需120小时;而葡萄牙生产同量的毛呢与葡萄酒,分别只需90小时与80小时。显然,生产两种商品英国皆不占优势。然而李嘉图说,如果两国各自与自己比,英国的比较优势是生产毛呢,葡萄牙的比较优势是生产葡萄酒。假如10尺毛呢可换一桶葡萄酒,英国用100小时生产的毛呢,便可换得自己需要120小时才能生产出的葡萄酒;葡萄牙用80小时生产的葡萄酒,可换到自己需要90小时才能生产出的毛呢。

仔细琢磨,这个例子其实包含了李嘉图分工理论的三个要点:第一,一个国家与其他国家比若不存在绝对优势,但自己与自己比必有比较优势;第二,分工要以交换为前提,没有自由的交换则不可能有产业分工;第三,按比较优势参与分工,分工各方皆可节约成本,是多赢。归总起来说,李嘉图认为由于比较优势无处不在,只要不对贸易设限,按比较优势分工一定能增进社会福利。

应该说,李嘉图以上论证无懈可击,可为何学界有人将此视为发展中国家的陷阱呢？我的看法，是这些学者误读了李嘉图的"比较优势"。"陷阱论"者说，劳动力成本低是发展中国家的比较优势，发展中国家若按比较优势分工只能生产劳动密集型产品。显然这一推论的前提是错的。要知道，发展中国家劳动力成本低，那是与发达国家相比。李嘉图说得清楚，与别人比的优势是绝对优势，不是比较优势。

事实上，不同的发展中国家国情不同，各自的比较优势也各不相同，不能笼统说发展中国家的比较优势就是劳动力成本低。比如印度，作为发展中国家，印度不仅有劳动力成本低的优势，同时也有软件研发的优势，可自己与自己比，软件研发的优势更大，故印度的比较优势是软件研发。中国也如是。中国和发达国家比，资本并不占绝对优势，但和自己比资本却是比较优势，不然就解释不了国内企业为何会向资本密集产业转型。

再往深处想，参与国际分工的主体是企业而非国家。李嘉图举英国与葡萄牙分工的例子，那是个理论分析模型，他的本意并不是让两个国家分别生产毛呢和葡萄酒，而是让两个国家的企业作这样的分工。这就是了，既然企业是参与分工的主体，那么比较优势就应从企业角度权衡。一个国家有众多企业，有的企业劳动力占优势，有的资本占优势，有的技术占优势，怎可武断对一个国家的比较优势下定判呢？

这是一方面。另外，"陷阱论"还有一个隐含的假设，那就是"比较优势"恒定不变。可事实也并非如此。举我自己的例子。上大学前我种过地，也当过会计。两相比较，当会计是我的比较优势，于是考大学时我选择了学经济。在大学里（本科、硕士、博士）学习了10年，毕业时我既能当会计，也能做理论研究，但比较起来我认为自己的优势是理论研究。比较优势变了，所以我没有去当会计而选择做了教师。

是的，一个人的比较优势会变；其实企业也一样，比较优势也会变。改革开放前，国内大多企业从事的是初级产品加工，技术含量低。改革开放后，通过引资、合资和进出口贸易，国内企业不仅积累了资本，也学得了技术。到今天，许多企业的比较优势已不再是低成本劳动力，反而是资本或技术。去企业看看吧，你会发现大量企业都在用机器替代人工。这一事实，已让"发展中国家比较优势是低成本劳动力"的观点不攻自破。

"陷阱论"者也许会说，国内企业向资本密集型与技术密集型转型，不正好证明李嘉图的分工理论失灵吗？我可不这样看。巧妇难为无米之炊，而且企业家不蠢，要是资本或技术不是比较优势，企业怎可能转型？不然我问你：企业为何30年前不转型而现在转型？合理的解释，当然是企业的比较优势变了。比较优势变了，投资方向才会变。

所以我的结论是：企业分工的变化决定于比较优势的变

化。而这种变化，是对李嘉图分工理论的印证而不是否定。由此给了我们一个重要启示：一个企业要改变自己的分工定位，必须先让自己具备相应的比较优势，否则只能是空谈。

调结构的主体是企业而不是政府

我想大家对这个问题应该有了答案。结构调整的过程，实际是企业分工调整的过程。在经济全球化背景下，也是企业参与国际分工调整的过程。李嘉图说，企业应按各自的比较优势参与国际分工，并适时调整自己的分工定位。这样看，调结构的主体当然是企业而不是政府。

党的十八大报告指出，推进经济结构战略性调整是加快转变经济发展方式的主攻方向。其实这个话题已经讨论30年了，当年我上大学的时候就在讨论结构调整。为什么到今天还要调结构？我们可反思一下，这是否与过去由政府主导调结构有关系？我的观点：政府是不应成为调结构的主体的。如果政府要作为调结构的主体，理论上至少有三个前提要成立。

第一个前提，政府要事先清楚什么样的结构是一个好结构。既然政府要主导调整结构，那么事先必须知道什么样的结构是合理的结构。政府对这个问题清楚吗？我认为并不是很清楚。因为市场瞬息万变，而政府并不是神仙，不会先知先觉，不可能提前知道市场将来的变化，所以这个前提不成立。

第二个前提，政府要作为调结构的主体，政府官员要比企业家更清楚企业的比较优势所在，而且更关注市场。这个前提成立吗？恐怕也不成立。企业的情况千差万别，政府官员不可能了解所有企业的比较优势，即使了解也不会比企业家自己清楚。何况政府官员和企业家的约束不同，企业家是拿自己的钱投资，要自负盈亏，他们一定会更关注市场。而政府官员通常坐在办公室里面听汇报，当然也会去做调研，但通常是走马观花。关键在于政府官员不是硬约束，赚了赔了，跟他个人的切身利益没有直接关系。所以相比而言，企业家比政府官员更懂得市场。

第三个前提，政府要作为经济结构调整的主体，就说明行政手段要比市场手段更有效。是这样吗？未必。如果在公共产品、公共服务领域、国家安全领域或者自然垄断领域，行政手段肯定比市场手段有效。如非典时期，我们的政府调控非常有效。但是在一般竞争性行业，行政手段是不是也比市场手段有效？答案是否定的。所以中央强调要发挥市场的基础性调节作用。

既然这三个前提都不成立，那么，政府就不能主导调结构，问题是政府不主导谁来主导？企业家主导行不行？同样，也可以问三个问题，第一，企业家事先知道什么样的结构是好结构吗？企业家也不知道。第二，企业家比政府官员更清楚自己的比较优势而且更关注市场吗？这个可以肯定。第三，在一般竞争性行业，市场手段比行政手段有效吗？这也成立。问题是如果由企业家来调结构，他们不知道什么样的结构是好结构怎么办？

其实我们都知道，价格是反映市场供求变化的晴雨表。当某种商品要素短缺的时候，它一定会涨价，市场要素过剩的时候，它一定会降价。所以党的十八大报告提出，要完善需求结构，优化产业结构。那么如何改善需求结构呢？其实就是一条，政府不要去直接管制价格，让价格体系真实地反映需求结构。价格体系合理，这样企业家就可按照价格体系的指引去调产业结构了。

由此我有三点建议：

第一，如果让企业家主导调结构，政府就得放开一般竞争性商品的价格，让价格反映需求。理论上，对放开价格我想不会有人反对，但现实中政府很难这么做，因为总有人担心政府不管价格就会出现通胀。如前些年我们的消费者物价指数（CPI）接近5%，就有人说通胀是农产品涨价带动的。他们的理由是农产品先涨价然后工业品才涨价，而且农产品涨价的幅度也高于工业品涨价的幅度。

很多专家学者也附和这种声音，说通货膨胀是农产品涨价带动的。其实这判断是错的，通胀只有一个原因，由央行推动。举一个简单的例子，假如一个国家只生产两种产品，一种是农产品（生产一吨粮食），价格是1000元；一种是工业产品（生产一台冰箱），价格也是1000元。那么，整个社会商品价格总额就2000元。如果央行只发行2000元人民币，1000元买粮食，1000元买冰箱，那么，这个国家是绝对不会通胀的。如果粮食涨价，从1000元涨到了1200元，那老百姓用了1200元买粮食，那么剩下只有800元买冰箱，冰箱自然会降价，否则就卖不出去，就要积压，冰箱厂就得停产甚至破产。所以冰箱不可能不降价。

可现在出现了一个很奇怪的现象，就是粮食涨价了，从1000元涨到1200元以后，冰箱也涨价了，从1000元涨到1100元，而且也卖出去了，这就是奇怪之处。如果只是粮食涨，冰箱不涨，不叫通胀。一个物价涨了，另一个物价降了，总物价水平不变，不叫通胀。通胀就是农产品（粮食）也涨，工业品（冰箱）也涨，都涨了。这是什么原因呢？按现在统计局的解释是农产品带动的，说农产品涨了20%，工业品涨10%，农产品是3月份涨价，工业品是7月份才涨。这解释是不对的。真正的原因，是央行多发了300元钞票，不然不可能两种商品同时涨价都能卖出去。所以弗里德曼讲，通货膨胀始终都是货币现象。

第二，既然要让企业家作为调结构的主体，那么就要尽量压缩政府投资，增加企业投资。这里的关键，简单说就是发国债和减税的关系。发国债是用于政府投资；而减税是把利润留给企业，形成企业投资。这是说，发国债支持的是政府投资，减税支持的是企业投资。李嘉图—巴罗等价定理说，今天的国债就是明天企业的税。即国债发债越多，企业未来的税负就越重。这个道理很简单，大家想想，政府的国债最后是谁来还？它并不是由财政部门还的，一定是由税务部门向纳税人收税来还，政府国债发多了企业缴税就得多，企业税缴多了利润就少了，企业投资就少了，所以国债发多了会挤占企业投资。政府投资可以保就业，而企业投资也一样可创造税收、创造就业。

第三，让企业作为调结构的主体，我们就必须要明确界定政府投资的领域。政府投资什么、不投资什么，应该严格按政府的职能来确定。政府在经济中应担任的角色是什么呢？200多年前亚当·斯密说政府是守夜人，而今天的经济学家说现代市场经济的政府是仆人（也就是服务型政府），从亚当·斯密时期的守夜人到今天的仆人，政府职能其实就四项，一是保卫国家安全，二是维护社会公正，三是提供公共产品和公共服务，四是扶贫助弱。

按照政府这四项职能，政府投资的领域很清楚，而且党的十五届四中全会通过的《中共中央关于国有企业改革和发展若干重大问题的决定》也早就说了，是三大行业、两类企业。一是涉及国家安全的行业，二是自然垄断的行业，三是提供重要公共产品和服务的行业。另外还有两类产业中的重要骨干企业政府要投资，一是高新技术产业，二是支柱产业。除此之外都叫一般竞争性行业，政府统统都要放开，要允许民间资本（包括外国资本）来投资。只有让民间资本进入这些一般竞争性行业，让企业家按照市场信号，也就是按照市场价格来配置资源，才有可能让产业结构与需求结构相吻合。

第六讲
正确认识政府与市场的作用

公有制与市场经济怎样结合

让市场在资源配置中起决定性作用

更好发挥政府作用

发挥政府作用要尊重市场规律

中央政府与地方政府的分工

第六讲
正确认识政府与市场的作用

关于政府与市场的关系，国内一直有争论。早期争论的焦点是公有制与市场经济能否兼容，后来又争论资源配置是以政府调节为主还是以市场调节为主。不过争论归争论，中央高层推动市场化改革的取向从未改变。党的十八届三中全会强调，要使市场在资源配置中起决定性作用和更好发挥政府作用。那么公有制与市场经济怎样结合？如何看待政府与市场的作用？这里我谈几点认识和大家交流。

公有制与市场经济怎样结合

今天美西方国家仍不承认中国的市场经济地位，理由是中国经济以公有制为主体。这一偏见来自西方经济理论，西方主流经济学认为，商品交换有两大前提：一是社会分工；

二是财产私有且受法律保护。没有分工，大家生产的产品相同当然用不着交换；若财产不是私有且不受法律保护，将别人产品无偿占为己有不受惩罚，这样弱肉强食也不会有交换。正因为如此，所以西方主流经济学将"财产私有"作为商品交换或者市场经济的前提性假设。

说分工决定交换是对的。可亚当·斯密的观点却相反，认为是交换决定分工。在他看来，交换的范围多大，分工才能在多大范围进行。斯密这样讲也不算错。然而从人类历史看，则是先有分工后有交换。原始社会末期就是先有部落内部分工，之后才出现部落间的零星交换；封建社会男耕女织（分工）已很普遍，可那时也没有普遍的交换。所以准确讲：分工决定交换，交换促进分工。

其实这道理好理解，无须多解释。我想和大家重点讨论的是：第一，交换的前提到底是财产私有权还是产品私有权？第二，公有制基础上何以产生商品交换？第三，产品私有是否就是指某个人独自占有？

先说第一个问题。早在20多年前邓小平在南方谈话中就指出："市场经济不等于资本主义，社会主义也有市场。"可当时就有人质疑，说马克思明确讲"私有权是流通的前提"，中国以公有制为主体怎能产生商品交换？这一质疑显然与欧美国家不承认我国实行的是市场经济异曲同工，还是让我从马克思说起吧：

不错，马克思在《政治经济学批判（1857—1858年手稿）》中确实讲过"私有权是流通的前提"；在《资本论》第一卷中马克思还说，交换双方"必须彼此承认对方是私有者"。有人推定马克思认为交换的前提是私有制大概就是根据以上论述，不过我要指出的是，此推定其实是对马克思的误读，并不符合马克思的原意。

何以见得？我的依据有二：首先，马克思从未说过交换产生于私有制，相反他认为是产生于公有制。他在《政治经济学批判》第一分册中写道："商品交换过程最初不是在原始公社内部出现的，而是在它的尽头，在它的边界上，在它和其他公社接触的少数地点出现的。"[1] 在《资本论》中他也表达过相同的观点。原始社会是公有制，这一点马克思怎会不清楚呢？

其次，马克思讲作为流通前提的"私有权"，也不是指生产资料私有权。比如他在《资本论》第一卷中说："商品不能自己到市场去，不能自己去交换。因此，我们必须找寻它的监护人，商品占有者。"而且还说："商品是物……为了使这些物作为商品彼此发生关系……必须彼此承认对方是私有者。"[2] 显然，马克思这里讲的"私有"并非生产资料私

---

[1] 《政治经济学批判》，人民出版社1976年版，第34页。
[2] 《资本论》第1卷，人民出版社2004年版，第103页。

有，而是产品私有。

想深一层，生产资料私有与产品私有的确不是一回事。以英国的土地为例。土地作为重要的生产资料，英国法律规定土地归皇家所有，但土地上的房屋（产品）却可归居民私有。正因如此，所以房屋才可作为商品用于交换。这是说，产品能否交换与生产资料所有权无关，关键在产品是否私有。只要产品私有，生产资料无论归谁产品皆可交换。

以上分析成立，我们便可讨论第二个问题：公有制基础上何以产生交换？前面说，商品交换的前提是产品私有。照此推理，公有制基础上的商品交换也同样要求产品私有。困难在于，生产资料公有，产品怎样才能私有呢？要说清这个问题，我们需要引入经济学的"产权"概念。

经济学说：产权不同于所有权，所有权是指财产的法定归属权；产权则是指财产的使用权、收益权与转让权。所有权与产权分离的典型例子是银行。银行的信贷资金来自储户，从所有权看，信贷资金归储户所有；可银行通过支付利息从储户那里取得信贷资金产权后，资金如何使用，收益如何分享以及呆坏账如何处置，银行皆可独自决定。可见，信贷资金的所有权与产权是可以分离的。

也许有人问，所有权与产权分离怎能证明生产资料公有而产品可以私有呢？我的回答：产权的最终体现是产品占有权。所谓界定产权，说到底就是界定产品所有权。以农村改革为例，当初将集体土地的产权承包给了农民，于是交足国家的、留足集体的，剩下的就是农民的。再比如国企，国企的厂房、设备等生产资料归国家所有，而企业之所以能将产品用于交换，也是因为国家将产权委托给了企业，让企业拥有了产品的所有权。

也许有人会问，农村土地承包后产品归农民私有，可国有企业产品归全体职工所有怎能说是私有呢？这正是我们要讨论的第三个问题。事实上，当年马克思讲"产品私有"并非指某人独自占有，而是说产品要有不同占有主体。占有主体可以是一个人，也可以是一群人。比如原始社会部落间的交换，占有主体就不是部落首领，而是部落的全体成员；合伙制企业的产品私有，也非某人独自占有，而是合伙人一起占有。

讲到这里，让我总结一下要点：第一，商品交换的前提不是生产资料私有，而是产品私有；第二，所有权不同于产权，两者可以分离；第三，产品是否私有与生产资料所有权无关，关键在产权如何界定。基于此，我的结论是：只要明确界定产权，公有制与市场经济可以结合。

让市场在资源配置中起决定性作用

众所周知，对市场的作用中央之前的提法是发挥"基础性调节作用"。顾名思义,所谓"基础性调节"是一种"覆盖性"调节,当年亚当·斯密有个形象的比喻,说资源配置有两只手:政府有形的手与市场无形的手。而且亚当·斯密认为,资源配置应首先用无形的手,只有那些市场覆盖不到的地方才需政府拾遗补阙,用有形的手去调节。

亚当·斯密讲得明白,可20世纪30年代国际上还是发生了一场大论战。当苏联第一个计划经济国家建成后,许多学者为计划经济大唱赞歌,可奥地利经济学家米塞斯1920年发表了《论社会主义计算经济》一文,指出资源的优化配置不可能通过"计划"实现。他的观点后来遭到兰格等人的批评,而哈耶克却是坚定的捍卫者,并直言不讳地宣称,计划经济是一条通往奴役之路。

1937年是一个重要节点。美国经济学家科斯发表那篇大名的《企业的性质》,其分析独具匠心。科斯说:资源配置在企业内部是计划;在企业外部是市场。于是科斯问:如果计划一定比市场有效,可为何没有哪家企业扩张成一个国家?相反,若市场一定比计划有效,那人类为何会有企业存在?由此科斯得出结论:计划与市场各有所长,互不替代,两者的分工决定于交易费用。

"交易费用",人们今天耳熟能详,这里无须再解释。科斯的意思是,资源配置用"计划"还是用"市场",就看何者交易费用低。若计划配置比市场配置交易费用低,就用计划；否则就用市场。逻辑上，科斯这样讲应该没错。可困难在于，交易费用是事后才知道的结果，事前难以预知计划与市场谁的交易费用低，既然不知，我们又如何在两者间作选择呢？

骤然听是棘手的问题，不过仔细想，我们对交易费用并非全然无知。至少有一点可肯定，但凡市场失灵的领域，计划配置的交易费用就要比市场配置低。比如公共品，由于公共品消费不排他，供求起不了作用。经验说，此时公共品若由市场配置，交易费用会远比计划配置高。让我举灯塔的例子解释吧。

灯塔属典型的公共品，显然，灯塔若由市场配置会有两个困难：一是难定价。由于灯塔消费不排他（你享用不妨碍我享用），且不论多少人同时享用也不改变建造灯塔的成本，故市场无法给灯塔服务定价。另一个困难，也是由于灯塔消费不排他，过往船只中谁享用或谁没享用灯塔服务无法辨别，于是给灯塔的主人收费造成了困难，若是强收，势必引发冲突。

可见，无论是定价还是收费，由市场配置灯塔皆会产生额外的交易费用，这也是古今中外灯塔要由政府提供的原因。与灯塔类似，诸如国家安全、社会公正、助弱扶贫等也都具有公共品属性，为节省交易费用计，此类项目也应由政府配置。中央强调"更好发挥政府作用"，我理解，就是指在上述领域政府应当仁不让,承担起自己的责任。

是的,由于公共品(服务)不同于一般竞争品,它只能由政府配置。反过来,非公共品即一般竞争性资源的配置,就要交给市场,政府必须走开。当然,这么做并不是市场配置无交易费用,交易费用仍然有,但相对政府配置会低很多。用不着多举例,想想从前的计划分房吧,今天为何要用货币购房取代计划分房?很重要的一点,就是以往计划分房的交易费用太高。

回头再说"市场决定",对此学界有多种解释,而我认为最关键的是市场决定价格,准确讲是供求决定价格。不然价格脱离了供求,资源配置必方寸大乱。可令人遗憾的是,时下却有不少人坚持政府管价格,认为不如此就无法照顾穷人。其实这看法似是而非,政府照顾穷人可给穷人补贴而未必要管价格;管价格只会适得其反,令短缺商品更短缺。

我所想到的第二个重点,是由价格调节供求。事实上,价格调节供求的过程就是结构调整的过程。比如某商品价格上涨,表明供应短缺,受价格指引企业会多生产;某商品价格下跌,表明供应过剩,企业会少生产。这样看,生产什么或生产多少要由企业作主,政府不能指手画脚。要知道,政府并不知未来怎样的结构是好结构,官员也不会比企业家更懂市场。

另外一个重点,是要素市场的开放。让价格引导资源配置，生产要素当然要能自由流动。试想，假若要素市场被固化，资本不能在行业间流动，价格又何以引导资源配置？那样市场的决定性作用岂不被架空了？近几年企业界呼声四起，纷纷要求放宽行业准入，中央也曾三令五申，可惜至今仍未能落实到位。我的建议是政府与其反复发文还不如明确规定，就一条：今后除了国家安全与自然垄断行业，其他行业进入一律无须报批。

更好发挥政府作用

中央为何强调要更好发挥政府作用？用一句话回答，是因为市场会失灵。自亚当·斯密1776年出版《国富论》后的100多年里，人们对自由市场一直推崇备至。可不承想，20世纪初地球上出现了第一个计划经济体，跟着20世纪30年代西方又发生了经济大萧条，这两件事不得不让人们对市场进行反思。1936年凯恩斯《通论》的出版，更是彻底动摇了人们的"市场信念"，很少再有人相信"市场万能"的神话。

市场并非万能，这一点今天经济学家大多都认同。目前大家的分歧是，市场为何会失灵？我所看到的教科书对此有三点解释：一是信息不充分；二是经济活动有外部性；三是社会需要提供公共品（服务）。实话说，我不完全同意以上解释，至少我认为信息不充分与外部性不是市场失灵的原因，公共品会令市场失灵，但除了公共品，市场失灵还有更深层的原因。

学界今天大费周章地证明市场失灵，其实是想说明政府的存在不可或缺，或政府可以弥补市场缺陷。也正因如此，所以我不赞成将信息不充分作为市场失灵的原因。理由简单，因为信息不充分政府也会失灵。我是经历过计划经济的，大学时期总听教授讲"计划经济是全国一盘棋"，可那时的重复建设却触目惊心。何故？请教过教授，教授说是由于政府信息不充分。

这就是了，既然信息不充分政府也失灵，我们怎能指望政府为市场纠错呢？事实上，在信息不充分的情况下，资源由市场配置比计划配置的代价要小得多。恰恰是由于信息不充分，资源配置才需要通过市场（试错），若信息是充分（或者对称）的，资源就可由政府配置，用不着市场。从这个角度看，我们不能把市场失灵归咎于信息不充分。

再看经济的外部性。不能否认，许多经济活动会有外部性，造纸工厂排放废水废气给周边造成污染，就是经济的负外部性。问题是，经济有负外部性，市场就一定失灵吗？20世纪60年代前经济学家大多是这样看的，其中最具代表性的经济学家是庇古，他对解决负外部性提出的方案是，先由政府向排污企业征税，然后补偿给居民。此主张曾一度成为政府解决负外部性的经典方案。

当然也有学者不赞成庇古的观点。1960年,科斯发表了《社会成本问题》一文,他在该文中指出,只要产权能够明确界定,市场就能解决负外部性问题。以上面的企业污染为例,科斯说:政府若对企业的排放权予以限制,或者明确赋予企业排放权,通过排放权交易一样可解决污染,市场不会失灵。

让我们再看第三个原因,即公共品。经济学说,公共品有两个显著特点:一是消费不排他,二是公共品的消费增加而成本却不增加。我们知道,灯塔是典型的公共品,1848年穆勒在《政治经济学原理》中就是以灯塔为例解释市场失灵。他写道:"虽然海中船只都能从灯塔的指引中获益,但要向他们收费却办不到。除非政府强制收税,否则灯塔会因无利可图而无人建造。"

穆勒之后,公共品会导致市场失灵已成共识。可1974年科斯针对穆勒发表了《经济学中的灯塔》,于是争论再起。科斯说,只要授权灯塔提供者可以向过往船只收费,市场就会有人提供灯塔。不过他的这一观点并未得到学界认同。萨缪尔森曾坦言,即便给灯塔提供者授权,收费也照样困难:由于对灯塔消费增加而成本不增加,灯塔服务无法定价;同时由于消费不排他,过往船只是否消费了灯塔难以判别,因而也无法收费。

萨缪尔森的分析是对的。想深一层,政府若授权灯塔提供者收费,可正如萨缪尔森所说,灯塔服务没有边际成本,怎么保证灯塔提供者不漫天要价?此其一。其二,退一步讲,即使灯塔服务能够合理定价,但如果有船主说他凭借经验就可安全通行,用不着看灯塔,灯塔提供者凭什么向他收费?这样看,有公共品存在市场必失灵无疑。

前面我说,市场失灵不单因为存在公共品,除了公共品还有更深层的原因。这原因是什么呢?我认为是市场的分配机制。这并非我的新发现,当年马克思在分析资本积累趋势时就讲过。马克思说,资本主义市场分配呈现为两极:一极是财富积累,一极是贫困积累。而且马克思断定,这种两极分化的结果必发展为阶级冲突,最后剥夺者要被剥夺。读者想想,这不是市场失灵是什么?

也许有人会说,马克思分析的是资本主义的市场分配,社会主义的市场分配不会两极分化。我可不赞成这看法。众所周知,市场分配的基本规则是"按要素分配",只要要素占有或人们禀赋存在差别,收入分配就一定会出现差距,若差距过大就一定会产生社会矛盾。这是说,社会主义与资本主义的不同并不在于市场会否失灵,而在于政府能否主动调节并缩小收入差距。

将市场分配形成的过大收入差距看作市场失灵,理论上不应该错。今天中国政府提出实施扶贫攻坚战略,目的其实就是要弥补市场分配缺陷。有一个事实值得我们思考,以往计划经济时期人们的收入差距并不大,可为何搞市场经济后收入差距就拉大了?原因有多方面,但主要是与市场分配机制有关。

市场失灵需要政府发挥作用,那么政府的作用具体有哪些呢?弗里德曼讲有四项:国家安全、社会公正、公共品与助弱扶贫。若从弥补市场失灵看,我认为政府的职能就两个:前三项为公共服务,第四项为调节分配。简言之:政府的作用一是提供公共服务,二是调节收入差距。

发挥政府作用要尊重市场规律

我们知道,政府对资源配置发挥作用通常是利用产业政策,产业政策在欧美国家已广泛采用,日本曾被认为是世界上实施产业政策最为成功的国家。20世纪90年代,我国也开始制定产业政策。平心而论,产业政策对经济发展有利也有弊。然而令人不解的是,学界对产业政策之"利"讨论非常多,对"弊"却很少提及。可不提不等于不存在,这里就来说说"弊"吧。

从现象观察,有一点可以肯定,时下产能过剩与之前的产业政策有关。请大家注意两个时间节点:一个节点是"九五"时期,国务院最早于1989年颁布《中国产业政策大纲》，1994年国家又颁布《90年代国家产业政策纲要》，而产业政策列入"五年规划"则是从"九五"开始。"九五"时期，当时产业规划提出要振兴煤炭、钢铁、汽车、建材等产业，可出人意料的是，到"十五"（2001—2005年）就出现过剩。有据可查，2005年商务部的数据显示，当年工业品库存同比增长19%，而其中以钢铁、汽车、电解铝等尤甚。

另一个节点是"十一五"。2009年，国家颁布《十大重点产业调整和振兴规划》，旨在支持钢铁、汽车、船舶、石化、纺织、轻工、有色金属、装备制造、电子信息以及物流业。结果呢，到2012年钢铁产能过剩很快扩散为整个制造业过剩。据官方数据，目前能源、化工、橡塑、有色、钢铁、纺织、建材等500多个产品，有九成销售率低于80%，超过一半销售率低于70%。更让人深思的是，2013年国务院发布的《关于化解产能严重过剩矛盾的指导意见》中，所涉产业几乎都在2009年欲振兴的范围之内。

有一种观点说产业政策虽会导致产能过剩，但对调结构却立竿见影。理论上应是这样，可事实却不是。由于"九五"支持的产业在"十五"出现过剩，为了调结构从"十五"开始国家出台一系列产业抑制政策。令行禁止，照理过剩产能应有所收缩，可实际情况则百上加斤，不仅原有过剩没消化，而且越抑制越过剩。让我们再看三个节点：

第一个节点是"十五"。早在2001年国家就开始对钢铁"总量控制",但2002年底,钢铁投资总额达710亿元,比上年增长45.9%;2004年投资增幅高达107%;到2005年底,我国炼钢生产能力已达4.7亿吨,另外在建和拟建产能约1.5亿吨,而市场需求只有3亿吨。

第二个节点是"十一五"。2005年底,针对"十五"产能过剩,国务院常务会议专题部署,并于2006年初发布了《关于加快推进产能过剩行业结构调整的通知》,要求要通过提高准入门槛、严格审批等控制新上项目,然而这一时期新增投资重点依然是有色金属、煤炭、化工、水泥等。2005—2008年,这些行业投资的平均增速在30%以上,其中煤炭与电气超过40%,相当同期GDP增速的3倍。

第三个节点是"十二五"。到"十一五"末,由于国内产能过剩愈加严重,于是国家发改委联合十部门制定了《关于抑制部分行业产能过剩和重复建设,引导产业健康发展的若干意见》,手段之严厉前所未有。可到2012年,钢铁产能超过了10亿吨;水泥从18万吨增至29亿吨,平板玻璃从6.5亿重量箱增至9.9亿重量箱,多晶硅从2万吨增至15万吨,电解铝从1800万吨增至2600万吨。

这些奇怪的现象,想想其实也不怪。产业政策之所以难达目标,一是全球化后市场需求瞬息万变,产业政策跟不上市场变化;二是受利益驱动,地方政府对国家产业政策鼓励的行业纷纷给予优惠，而对要抑制的产业却消极应付，甚至暗里予以保护。有地方政府庇护，产业政策当然会失灵。

由此来看，要提升产业政策效果，我们得对症下药，我想到的建议有三条：

建议一：严格限定产业政策的调控范围。经验说，市场离不开政府调控，而政府要发挥作用，产业政策不可或缺。但要注意的是，产业政策不能太泛。具体讲，今后政府应重点针对国家安全、自然垄断、公共品（服务）以及高新技术四大领域制定产业政策，对一般竞争性行业，应放手让市场调节，国家无须再搞产业政策。

建议二：产业政策既要体现政府的导向，但同时要限制政策优惠。是的，产业政策体现的是中央政府的意图，但中央政府的意图应主要通过财政投资去实现，而不是让企业吃偏饭。优惠政策不仅会妨碍公平竞争，而且地方政府为争取中央政府的优惠往往会鼓动当地企业一哄而起。

建议三：产业政策实施要充分尊重市场规律，尽可能少用或不用行政手段。比如对高能耗、高污染企业关停并转虽然见效快，但行政调控一刀切，无论投资者蚀本还是职工下岗皆会对政府产生对抗情绪，处置不当还会引发社会震动。若改用市场机制，如通过碳排权交易也一样减排。效果异曲同工，可成本却大不同。

另外，为了抑制地方政府投资冲动，有个釜底抽薪的办法，就是将消费税作为地方主体税。消费税在消费地征收，今后地方要增加税收重点在培育消费力而不是上项目，另外为理顺产业结构，中央政府应对价格管制作清理。要知道，价格是市场供求信号，能放开的价格不放开，信号失真，调结构难免南辕北辙。

中央政府与地方政府的分工

更好地发挥政府的作用，还有一个问题要研究，那就是如何处理中央政府与地方政府的分工，或者说怎样界定顶层设计与地方试验的边界。"顶层设计"虽然是近几年才流行的说法，但这并不是说以往改革就无顶层设计。邓小平是中国改革开放的总设计师，表明我们的改革开放早有顶层设计，不仅从前有，而且一直有。

既然如此，可为何今天要突出强调顶层设计呢？用不着去猜背后的原因，我的解释是今天改革已进入深水区，我们不可能也不应该再像以往那样摸着石头过河。风险在加大，若无顶层设计，零敲碎打，改革将难以向纵深展开。

中国的改革一直有顶层设计，不过客观地看，过去的诸多改革主要还是靠"地方试验"。所谓"突破在地方，规范在中央"，是对以往40多年改革路径的基本总结。典型的例子是农村改革，当年的家庭联产承包责任制可不是由顶层设计出来的,而是地道的农民创造。国企改革也如是,政府最初的思路是复制农村承包,以为"包"字进城,一"包"就灵,可实际做起来却事与愿违,企业出现了普遍的短视行为。国企改革真正取得突破,是山东诸城的"股份合作制"试验。

是的,中国的改革能取得骄人的成绩,与地方试验密不可分。换句话说,若没有这些年地方改革的各显神通,就不会有今天的局面。

于是人们要问:现在强调顶层设计是否意味着我们的改革已经到了"主要由地方试验"向"主要靠顶层设计"的转折点呢?如果是,那么促成这一转换的约束条件是什么?再有,如果说未来改革主要靠顶层设计,那么哪些方面的改革由顶层设计,而哪些方面的改革仍应鼓励地方试验?

这是亟待回答的问题。我的看法:顶层设计与地方试验两者并无冲突,可以并行不悖。改革需要顶层设计,但同时也需要地方试验。理由很简单,顶层设计不是拍脑袋,要以地方试验作支撑,若无地方试验,顶层设计则无异于空中建塔,没有根基的设计是难以落地的。同理,地方试验也不可包打天下,有些改革仅靠地方试验难以成事,如当初计划体制向市场体制转轨,要是没有中央的顶层设计,靠地方的局部试验怕是无能为力吧?

改革呼唤顶层设计,改革也离不开地方试验,可顶层设计与地方试验到底怎样分工？从理论上讲，其实就是如何处理"计划与市场"的关系。经济学说，计划与市场的边界取决于交易费用：若计划配置的交易费用比市场配置低就用计划，否则就用市场。同理，改革选择顶层设计还是选择地方试验，归根到底也是要看交易费用。然而困难在于，交易费用难以计量，我们无法直接用交易费用作比对。

不能直接拿交易费用比较，那是否可用其他办法？间接的办法当然有，我想到了两个角度：

一是改革的"外部性"。比如说，若某项改革不仅让内部人受益，而且也能让外部人受益，则此改革具有"正外部性"。这样内外受益，皆大欢喜，交易费用自然不会高，于是也就可放手让地方试验；相反，若某项改革只是内部人受益而外部人受损，此改革则有"负外部性"。有"负外部性"的改革，就不宜由地方试验而要通过顶层设计，否则一旦出现利益冲突，交易费用会大增。这是一个角度。

另一个角度，即是从利益的分配状态看。改革本身就是利益的再调整，在经济学里，利益配置是否最优通常是以"帕累托最优状态"衡量。而所谓"帕累托最优"，是说利益分配达到这样一个状态，不减少一人的利益就无以增加另一人的利益。若非如此，不减少任何人的利益就能增加另一人的利益则属"帕累托改进"。由此，我的推论是：凡属"帕累托改进"的改革，可由地方试验；而要打破原有"帕累托最优状态"的改革，则需顶层设计。

以上角度虽不同，但结论却一致。若说得更明确些，但凡让他人利益受损的改革，均得通过顶层设计，不然不协调好各方利益必产生摩擦，改革就会举步维艰。回首以往的改革，农村改革之所以在地方试验成功，重要的原因是家庭联产承包责任制让农民受益而未让城里人受损，没有负外部性，是"帕累托改进"。而这些年政府机构改革之所以阻力重重，是由于有人受益而同时有人（那些被精简的人员）受损。也正因如此，所以政府改革需顶层设计。

不必多举例，有了上面的原则，其他改革便可依此类推。接下来的问题是怎样理解顶层设计。我的看法：顶层设计是指"最高层设计"而非"上级设计"。相对乡党委（乡政府），县委（县政府）是上级；相对县委（县政府），市委（市政府）是上级。

显然，一旦改革有负外部性，地方政府很难自己平衡好。想想碳排放吧，大家都赞成"限排"，可若无中央顶层设计，一个县、一个市怎会主动"限排"？万一你"限排"别人不"限排"怎么办？再有，地方政府追求利税皆有投资冲动，请问"限排"的动力从何而来？

> **延伸阅读**

艾哈德:《来自竞争的繁荣》

二战结束后,德国一分为二,山河破碎,田园凋敝,到处是残垣断壁、碎瓦乱石,国民经济处于崩溃的边缘。当时甚至有人估计,每个德国人每 50 年才有一套新衣服,每五个孩子中只有一个能用得上自己的尿布。作为战争的罪魁祸首,德国受到了应有的惩罚,一下子从"第三帝国"的宝座上重重跌落下来,往日的威风荡然无存。人们的精神如风中残烛,前面看不到半点希望。

然而,这一切并不意味着德国从此就暗淡无光。仅仅短短几年时间,德国人就重建了自己的家园,再次成为欧洲的"机器车间"和全世界最有生机的"经济超级大国"。是什么神奇的力量将德国从破败不堪的深渊中拉了出来?面对满目疮痍的德国经济,当时的经济部部长、后任总理的艾哈德临危不惧。他认为只要实行"市场经济",展开充分的竞争,国家走向复兴就指日可待。

艾哈德根据这一思想,为当时的西德(联邦德国)制定了一系列政策,最终创造了举世羡慕的"西德经济奇迹"。在总结德国的成功经验时,艾哈德曾直言不讳地说:推动德国经济发展的神奇力量并非别的,恰是"德国人民在经济自由原则下,充分发挥其创业精神和智慧才能,辛勤劳动的结果"。

1957年,艾哈德出版了《来自竞争的繁荣》一书,详细地介绍了德国的经济改革情况,同时向人们阐述了他信奉的社会市场经济的思想和政策主张。

艾哈德指出,"社会市场经济",其核心思想是"克服漫无限制的自由放任和严酷无情的政府管制的矛盾,在绝对自由和极权主义之间寻找一条中间道路"。它的基本目标是实现"全民繁荣",而要达到这一目标,最好的手段是自由竞争。

他借用牧羊人的一句俗语作了解释:要想使羊儿长得快、不生病,最好的办法是在羊群中放进一只狼。同理,"生于忧患,死于安乐",个人只有在一个充满竞争的环境中,智慧、胆识、创造力、进取精神才能得到最大限度地释放,推动经济车轮滚滚前进。

艾哈德对自由竞争大加赞扬,但并不盲目地反对国家对经济的干预,他反对的只是包罗万象、飞扬跋扈的国家干预。他形象地把社会市场经济比作"人工培养的植物",把自由放任经济比作"野生植物"。他认为,自由放任的竞争不仅不能实现完全竞争,而且会产生垄断,使市场价格机制失灵。因此,他主张有限的国家干预。

他的意思是,国家应当好裁判员。在足球比赛中,裁判员的任务是保证比赛规则不折不扣地得到遵守,而不是亲自下场去踢球,也不是对运动员指手画脚,因为这些都是教练和运动员的事。国家跟裁判员差不多,它的真正任务是维护市场经济秩序,为竞争创造一个稳定适宜的外部环境。比如反垄断,兴办铁路、邮电、教育等公共事业等。

不过艾哈德再三强调,国家最重要的职能是保持币值稳定。"没有相应的通货稳定,社会市场经济是不可想象的。"同时他又指出,如果国家不负众望地完成了它该做的事,"社会市场经济"就具备了"社会"的性质。从艾哈德以上的论述中不难看出,"社会市场经济",说到底就是以自由竞争为主,国家干预为辅。

有什么样的理论,就会有什么样的政策。可以说,西德的复兴之路,就是艾哈德在社会市场经济理论的指导下,制定出一系列政策并克服种种障碍的过程。反垄断是艾哈德一贯的经济政策。他指出,市场经济的秘诀就是要使供求双方趋于平衡,要实现这一点,就要展开自由竞争,并让市场来自由决定价格,离开这两条,市场经济就无从谈起。而垄断既排斥自由竞争,又妨碍自由定价,与市场经济是格格不入的,要坚决予以反对。

面对工人主张增加工资的要求,艾哈德认为,工资随着国民收入的提高,理所当然应该"水涨船高";但另一方面,他总是不厌其烦地宣扬他不受欢迎的"真理":一旦工资的增加超过生产率的增长，必然引发通货膨胀，危害经济的健康，于雇主和工人都是有百害而无一利。

基于此，他提出了把蛋糕做大的思想：与其大家喋喋不休地讨论分配问题，倒不如齐心协力提高国民收入，只有做大蛋糕，每个人才能利益均沾，如果蛋糕太小，即便是上帝，也是爱莫能助。对福利国家政策，艾哈德持反对态度。他担心如果国家对一个人包揽得太多太广，个人就会缺乏竞争的压力，久而久之，就丧失了进取心。最后，整个社会将会滑向危险的边缘。

艾哈德最后的结论是，达到"全民繁荣"的最好途径，只能是竞争。应该说，艾哈德的理论模式，适应了战后德国的实际需要，取得了显著成效。正如人们把美国同期的经济繁荣归功于凯恩斯主义一样，德国人也把他们在20世纪五六十年代的经济成就，归功于艾哈德的理论。

然而好景不长，进入20世纪60年代中期后，西德（联邦德国）面临滞胀的威胁，经济停滞不前。1967年，艾哈德内阁倒台，社会民主党执政，吸纳了凯恩斯的理论，强调国家干预。进入80年代后，科尔政府上台，又主张恢复艾哈德的"多市场、少国家"的社会市场经济理论和政策。由此看来，新自由主义和凯恩斯主义之间，没有绝对不可逾越的鸿沟。此一时，彼一时，经济政策应根据经济形势来调整，不可僵化。

第七讲

积极财政政策的目标取向

着力点在供给侧而非需求侧

主要手段是减税而非发债

重点是结构性减税而非全面减税

第七讲
积极财政政策的目标取向

自1998年我国实施积极财政政策以来,我们不仅成功地应对了亚洲金融危机和美国次贷危机的冲击,而且有效地推动了结构调整与产业升级。中央经济工作会议强调,2019年积极财政政策要加力提效。可令人遗憾的是,至今人们对积极财政政策的理解并不一致:有人将积极财政政策等同于扩张性财政政策,或者将我国的结构性减税等同于西方的全面减税。中国实施积极财政政策的目标取向究竟为何?让我们从三个方面对此问题进行讨论。

着力点在供给侧而非需求侧

经济学家通常将财政政策分为扩张、中性、紧缩等三种类型,"积极财政政策"是由中国政府最早提出的,西方经济学教科书里没有这个概念。一个时期以来，不少人将积极财政政策等同于扩张性财政政策。这看法显然是不对的：扩张性财政政策立足于需求侧，旨在扩需求；而积极财政政策则着力于供给侧，目的是改善和推进供给。

我们知道，20世纪30年代前，经济学家所推崇的是"财政健全原则"，主张政府以收定支，财政不得列赤字，而且年度预算要平衡。1929—1933年西方国家发生经济大萧条后，政府为了刺激投资，财政开支剧增，导致政府预算普遍出现了赤字。1936年，凯恩斯的《通论》出版，又从理论上为赤字预算提供了支撑。

20世纪40年代，美国经济学家汉森提出了"补偿性财政政策"，主张财政政策应该交替扩张或紧缩。在经济萧条期，采用扩张性财政政策，扩大政府开支，增加社会总需求；在经济繁荣期，采用紧缩性财政政策，缩减政府开支，降低社会总需求。汉森指出，虽然经济萧条期财政有赤字，但经济繁荣期财政有盈余，用后者盈余弥补前者的赤字，从整个经济周期看，财政预算是平衡的。

可以看出，无论是凯恩斯的扩张性财政政策还是汉森的补偿性财政政策，重点都在需求管理。而我国实施的积极财政政策，重点却在供给管理。这里有个问题想问读者：1998年我国实施积极财政政策为何要选择投资基础设施？也许你会说，当时基础设施是我国经济的短板。不错，那时政府投资基础设施的确是为了补短板。可补短板是供给管理还是需求管理呢？你会答是供给管理，对不对？

再看2019年的《政府工作报告》，对积极财政政策加力提效提出了四项举措：适度提高赤字率，加大政府调控力度；更大规模减税，坚持普惠性减税与结构性减税并举；优化财政支出结构，进一步调整供给结构；有效发挥地方政府债券作用，积极防范化解地方债务风险。

毫无疑问，以上四项举措都是结构方面的措施。由此可见，我国实施的积极财政政策确实不同于凯恩斯和汉森的政策主张，其着力点侧重于供给端。虽然实施积极财政政策客观上也有扩大需求的效果，但目标取向却是针对结构而不是总量。说得具体些：积极财政政策是从供给侧发力，通过改善结构更好地满足需求，进而拉动需求。

进一步分析，一国经济协调发展不仅需要总量平衡，而且更需要结构平衡。总量平衡不一定保证结构平衡，但结构平衡却有助于总量平衡。举大家熟悉的例子。前些年国内库存增加，产能严重过剩，从总量看说明国内需求不足，可同时国内消费者却舍近求远购买大量境外商品。何以如此？真实的原因，是国内供需结构失衡。如果供给结构能适应需求变化，国内需求就会增加。正是在此意义上，我们说推动供给侧结构性改革也是扩内需。

主要手段是减税而非发债

前面已经分析过,政府实施积极财政政策是为了从供给侧支持调结构。而对政府扩大投资来说,有两种方法:一是赤字预算(发行公债);二是加征税收。这里需要讨论的是,政府发债与加税的效果有何区别?或者说政府在发债与加税之间应该作怎样的选择?要回答这个问题,让我们先从经济学说史上的一桩公案说起。

19世纪初,拿破仑挥师南北、横扫欧洲。为了共同对抗法国,英国组建了第四次反法联盟。为支持盟军,英国每年需对外援助巨额军费。围绕如何筹措军费,当时英国国会展开了激烈的辩论。焦点在于,军费是通过加税筹措还是通过发债筹措?以马尔萨斯为代表的一派力主发债,而以李嘉图为代表的另一派则主张加税。

马尔萨斯分析说,每年军援若需2000万英镑,英国平均每人需捐纳100英镑。若采用加税方式,居民每人就得从自己收入中节约100英镑,这无疑会减少国内消费,导致经济紧缩。但如果选择发债,由于国债当年无须还本,居民每人只需支付这100英镑的利息,若年利率为5%,则政府只需向每人增加5英镑的税收。如此,居民消费可大体保持不变。

李嘉图认为,发行公债与加税的区别,仅在于公债要偿付利息。政府若不选择加税，居民当年虽不必缴100英镑的税，但政府就得发行2000万英镑的国债，而国债最终要靠征税偿还，那么来年就得多征2000万英镑的税。正因为今天的国债是明天的税，于是李嘉图推论说，为了应付日后要加征的税收，人们不得不提前储蓄，结果也会令居民消费减少。

对李嘉图的分析，也有不少经济学家不赞成。有学者反驳说，假若政府发行的不是短期国债而是长期国债，居民当前消费就不可能减少。因为长期国债偿还有相对长的延付期，而每个人都不会长生不老，要是人们意识到死亡可以逃避将来的税负，他们怎会压缩当前消费呢？而且还有学者用消费信贷作例证，证明李嘉图的观点不成立。

1974年，美国经济学家巴罗发表《政府债券是净财富吗？》一文为李嘉图的观点作辩护。他指出：由于人类具有关怀后代的动机，所以在通常的情况下，人们对将来的税负往往宁愿自己承担也不会推给后代，即便有人知道自己活不到偿还国债的那一天，也会减少自己的开支而为后代先将100英镑储蓄起来。既如此，发债与加税并无实质区别，两者皆会减少现期消费。

李嘉图与巴罗的推论，经济学称为"李嘉图—巴罗等价定理"。我的看法：若政府只是一次性发债，此定理无疑是对的；但若不是一次性发债而是持续发债，该定理未必成立。因为持续发债政府可以用新债还旧债,无须立即加税;而政府不加税,也就不会减少居民当期消费。想想银行吧。银行吸收存款其实也是向储户发债,存款到期需还本付息,可银行为何能将存款用于贷款?原因是银行持续吸储,可以用新存款偿还旧存款。

据此分析,政府要扩大投资,加税不如发债。如果再想深一层,比如把企业投资加进来考虑,将政府投资与企业投资作比较,财政政策应该怎样安排?有一点可以肯定,政府发债或者加税会挤占企业投资,而减税却在增加企业投资的同时会减少政府投资。也就是说,政府投资与企业投资会互为消长。可问题是在这种情况下,政府在发债、加税、减税之间又该如何取舍呢?

从经济学的角度看,企业既是生产主体,也是市场主体。与政府相比,企业对市场信号反应更敏感,这样对调结构来讲,扩大政府投资就不如扩大企业投资。而要扩大企业投资,政府就必须减税。若将此引申到政策层面,可得出的结论是:政府加税不如发债,发债不如减税。据国务院公布的数据:2019年安排的预算赤字仅比上一年高0.2%,而减轻税费近2万亿元,这正好佐证了我们上面的结论。

重点是结构性减税而非全面减税

积极财政政策的主要手段是减税，但却又不同于供给学派的减税。供给学派减税的理论根据是"拉弗曲线"。此曲线表明：当税率低于一定限度，提高税率能增加政府税收；但若超过这一限度，提高税率反而会减少政府税收。对个中原因拉弗的解释是，过高的税率会抑制经济增长，令税基缩小，而税基减少政府税收会减少；反之，当税率过高时，减税则可刺激经济增长，税基扩大，政府税收会增加。

要指出的是，拉弗主张的减税是全面减税，而实行全面减税在操作层面至少有两个难点：一是最佳税率如何确定；二是税率高过最佳税率后，减税是否一定能增加税收。关于最佳税率的确定，拉弗曾分析说：当税率为0时，政府税收是0；当税率为100%时，政府税收也是0，故最佳税率在0与100%之间。可在0与100%之间具体怎样确定拉弗却没说，其实不是他不想说，而是他也说不清楚。

一个国家的税负水平，是指税收总额在GDP中的占比。据国际货币基金组织（IMF）对47个国家和地区宏观税负水平的测算，2008年23个发达国家的税负水平平均为27.7%，最高为47.1%，最低为14.6%；而24个发展中国家平均为22.7%，最高为37.7%，最低为16%。各国差异如此之大，恐怕谁也不知道最佳税率是多少？问题在于，不知道最佳税率,政府怎知道该不该全面减税? 当年美国共和党内部对减税产生争议,就是因为对最佳税率认定有分歧。

最佳税率难以确定是一方面。另一方面,即便知道了最佳税率,减税能否增加政府税收也不一定。让我们以所得税为例作分析:政府征收所得税的多少,取决于两个因素:一是利润(应税所得额),二是税率。假定某企业投资2000万元,利润率10%,则企业利润是200万元。若现行税率为25%,则政府税收为50万元。现在再假定最佳税率是20%,根据拉弗曲线,政府就应将税率从25%减至20%。

减税的结果会怎样呢,拉弗认为随着企业投资扩大,利润会增加,于是政府税收会增加。理论上不否认有这种可能,但拉弗只是讲对了一半。事实上,投资增加并不等于利润(应税所得额)增加,两者不是一回事。经济学的边际收益递减规律说:当企业投资达到一定规模后,再增加投资边际收益会下降。一旦利润率进入下降期,企业增加投资,政府的税收却不会增加。

还是用上面的例子。政府将税率从25%减至20%,政府当年减少税收10万元,企业可增加10万元投资,这样总投资扩大到2010万元;由于边际收益率递减,假定利润率从10%降为9%,则企业总利润为180.9万元,若按最佳税率20%征税,政府税收为36.18万元。如此一来,政府税收与减税前比不仅没增加,反而减少了13.82万元。

可再换个角度思考。企业什么时候减税呼声最高？当然是经济萧条期。经济萧条意味着生产过剩，此时减税固然可刺激投资，但若供给结构不变，扩大投资对过剩不过是雪上加斤。企业过剩产能不去，利润不可能增加。利润不增加，怎可断定全面减税能增加税收呢？由此来看，供给学派的理论不可简单地照搬。我们实施积极财政政策需要减税，但重点应是结构性减税。

从现实观察，中国的减税确实不同于供给学派的减税。2009年为应对国际金融危机政府开始减税，十几年来我们一直坚持结构性减税。2019年国务院公布了新的减税方案：制造业等行业的增值税税率从16%降至13%；交通运输业、建筑业等行业的增值税税率从10%降至9%；生活性服务业保持6%的税率不变。对同一行业，此次减税是普惠性的；可对不同行业，减税却是结构性的。

延伸阅读

罗伯茨：《供应学派革命：华盛顿决策内幕》

20世纪70年代，美国经济从顶峰跌入深渊。失业剧增，物价飞涨，经济陷入了滞胀。围绕着如何摆脱困境，在政府和国会内部，展开了一场激烈的论战。1984年，供给学派的代表人物之一，曾任里根政府财政部助理部长，自诩"不崇拜任何偶像"的经济学家保罗·克雷·罗伯茨出版了《供应学派革命：华盛顿决策内幕》一书，披露了"共和党权势集团"与供应学派（供给学派）就经济政策争论的内幕。

人们通常认为，西方经济出现"滞胀"，赤字预算罪不可赦。长期以来，美国政府把凯恩斯主义奉为国策，希望通过需求管理，拉动经济增长。可这种需求管理，就像给经济注入兴奋剂，虽能立竿见影，但却损害了肌体的健康，耗尽了体内的能量。在度过了20世纪50—60年代黄金般的岁月后，需求的火车头，再也拉不动经济这沉重的列车了。

面对累积下来的赤字，政府无能为力，只好借债度日。结果，央行被迫大量发行钞票，引起通货膨胀。为平抑物价，美联储又不得不关紧货币闸门。通货紧缩，利率上升，随之而来的是经济衰退，失业增加。因此朝野内外，一致要求削减赤字。但怎么个削法，各派却意见不一。共和党认为，政府应通过增加税收，以弥补财政亏空。而供给学派则主张，先放水养鱼，用减税刺激经济，待到蛋糕做大之后，赤字问题便可迎刃而解。

于是，争论的焦点，就集中在减税和增税上。大权在握的共和党人，既然自我标榜为凯恩斯主义者，对凯恩斯的政策主张，当然不会一无所知。但为了防止供给学派新人争宠，便千方百计阻挠减税。他们鼓吹，赤字当头，再行减税，只会雪上加霜。况且，减税对经济的拉动，较之政府支出，相差甚远。

并且举例分析说，假定财政定 100 亿美元的盘子，一是用于减税，一是用于政府支出，效果就截然不同。若把钱交给政府，政府会将 100 亿美元悉数用出，因此政府开支的乘数作用大。而如果用之于减税，对需求的刺激，就远没有政府开支来得有效。因为储蓄存在着"漏斗效应"，人们有了收入，受节俭心理的驱使，总不愿把钱花光，而会将一部分储蓄起来。这样，减税 100 亿美元，可能只有 50 亿美元用于消费。要达到与政府支出相同的效果，得拿出 200 亿美元减税。200 亿美元对 100 亿美元，谁优谁劣，不言自明。所以，他们建议政府先增加税收，再把这些钱用于公共支出，从而使经济步入良性循环，最终降低赤字。

对于增税，尽管权贵们分析得头头是道，但在罗伯茨看来，却是一着臭棋，因为他们忽略了一个关键因素：供给。的确，表面上看，政府开支乘数比减税大，政府开支所扩大的需求，足以弥补高税收挤出的消费。但实际上，高税收不仅减少消费，而且抑制了投资。

对企业征收重税，投资者无利可图，自是不愿扩大生产。对个人征收重税，人们起早贪黑，倘所得收入还不如吃政府救济，谁也不会去劳动，于是劳动供给也就成了问题。同时，高税收还会减少储蓄，银行无钱可贷，投资必然萎缩。这种劳动、储蓄和投资上的损失，政府开支无论如何也弥补不了。他提醒人们，不要单从消费角度看待减税，应更多地从供给方面去考虑问题。

罗伯茨还认为，增税并不一定增收，以增税降低赤字，只能是痴人说梦。因为税收不仅与税率相关，更受税基左右。税基小了，税率再高也是枉然。比方说，一个木匠一天能挣 100 美元，假定税率为 10%，则可得到 90 美元的纯收入。如果他的房子需要刷油漆，雇一个漆匠一天要 80 美元，进出相抵，还能赚上 10 美元，他会毫不犹豫地过一把当雇主的瘾。这样，政府的税收，总共就有 18 美元。

若是政府把税率提高到 25%，木匠就要另做打算了。因为他交上税金后，就只剩下 75 美元，请个漆匠，还要倒贴 5 美元。这时候，木匠的选择，是既不去给别人干活，也不请漆匠，而是自己操起油漆刷子。结果，征税的对象没了，政府的税收，就成了竹篮打水。用经济学行话说，就是高边际税率引发非市场行为。

罗伯茨还引用了费尔德斯坦的一项研究成果，来支持自己的观点。即边际税率为 30% 时，将会有 100 万人主动辞职。因为此时劳心费力，还不如去领失业救济金。这样，一方面纳税的少了 100 万人，另一方面吃救济的又多了 100 万人。所以，在罗伯茨看来，以增税缓解赤字，无异于以盐水止渴,越喝越渴。

罗伯茨特地为减税加了注脚:供给学派的减税,指的是削减边际税率,即对新增收入减税。以前,凯恩斯主义者讲减税,强调的是平均税率,他们认为,税收是通过改变可支配收入,进而改变总需求来影响经济。而供给学派强调边际税率,是因为他们相信,税收是通过改变对工作、储蓄、投资和承担风险的刺激,来对经济产生作用。罗伯茨把这一区别,看成是两派在政策上的分水岭,是"供应学派革命"的实质所在。

罗伯茨在该书的导言中写道,杰克·肯普是第一个供应学派的政治家,罗纳德·里根是第一个信奉供应学派的总统。的确,供应学派和里根休戚相关。里根能够登上总统宝座,得益于一批供应学派的幕僚。但也正是有了里根,才使供应学派能一显身手,声名远播。但供应学派并不等同于里根经济学。罗伯茨认为,里根经济学一开始就是一种妥协,是供应学派经济学、货币主义和传统的共和党预算平衡政策的混合物。

事实确实如此。里根政府的政策,总是忽左忽右。1981年,美国通过了历史上规模最大的减税法案,而一年后,仍然是这个政府,又掉转头来,推行了一次"历史上规模最大的增税"。对此,罗伯茨感慨万千。"原则常常屈从于政治"。

"顾问和官员一旦进入政府，就卷入了运用政策杠杆向上爬，在新闻界抛头露面的权力之争"。"决策者们不是用原则，而是用权力解决问题，这就导致了经济的衰退"。

第八讲
为何要实施稳健货币政策

"规则"与"权变"之争

理论渊源：货币中性与非中性

"权变"政策的理论支持：菲利普斯曲线

"权变"政策的经验佐证：奥肯法则

中国的货币政策选择

第八讲
为何要实施稳健货币政策

自2008年国际金融危机爆发后,为应对国内就业压力,美、欧、日等发达国家相继实施了量化宽松货币政策,而中国则一直坚持实施稳健的货币政策。近几年中国经济下行压力大,于是有人主张我们应在实施积极财政政策的同时,也实施宽松的货币政策。对这个问题到底怎么看?我将从下面五个方面作分析,并对中国的货币政策选择提出建议。

"规则"与"权变"之争

20世纪50年代,关于货币政策国际上发生了一场"规则"与"权变"之争。以国家干预经济为基调的凯恩斯主义,倡导"相机抉择"的所谓"权变"政策,在他们看来,经济生活犹如一条有着荣枯周期的河流,而货币供应就是一道闸门，政府作为"守闸人"，应时刻根据"河流"的荣枯状况，相应地关闭或开启"闸门"，从而达到平衡货币供求、缓解经济波动的目的。

然而到20世纪50年代后期，一股反对"权变"的旋风从美国东部刮起，其代表人物是弗里德曼。弗里德曼认为，"权变"政策不仅不能收到预期效果，反而容易造成经济大起大落。他提出政府应把货币供应增长率，相对固定在与经济增长率和劳动力增长率大体一致的水平。此主张被称为"简单规则"的货币政策。

在与"权变"论者的争论中，弗里德曼用铁证如山的历史事实证明：从中央银行货币供应的变化到经济生活中反映出这种变化之间，存在着两个"时滞"期：一是货币增长率的变化平均需在6—9个月以后才能引起名义收入增长率的变化；二是在名义收入和产量受到影响之后，平均要再过6—9个月价格才会受到影响，因此，货币政策生效的时间往往要经过一年或一年半以上。

正是由于这12—18个月的时间滞后效应，所以弗里德曼说，中央银行难以掌握成功实施"权变"政策所需的必要信息，无法准确预测经济的未来走向，更不用说去把握现实社会对货币政策作出反应的时间和程度。这样，政府在扩大和收紧货币供应量时，就难免会做过头或不到位：要么对经济刺激过度，要么紧缩过度，从而导致与最初愿望相反的结果,更加促成经济的波动和不稳定。

弗里德曼还指出,"权变"的货币政策只能在很有限的时期内控制利率和失业率,待这一短暂的时间一过,利率和失业率便会迅速反弹,货币政策非但难以收到预期的效果,反而会引发物价上涨和失业增加的恶性循环。

他的分析是这样的:政府通过调整贴现率、变动法定准备金,或者在公开市场业务增加货币供应,虽能在短期内压低利率、刺激投资和扩大就业,但经过一年半载,至多两年,随着厂商和居民个体开支的扩大,人们的收入也相应增加,从而不仅使人们对货币量的需求增加,而且使人们对商品的需求也大大增加;随着需求大于供给,物价水平必然上涨,结果就会使原来下降的利率重新上升。

特别是人们预料物价将继续上涨时,贷款人会要求、借款人也愿意付给较高利率,于是利率将回升,甚至超过原来的水平。这样,通货膨胀愈发严重,利率上升趋势就会愈加强烈,厂商的投资热情将会下降,失业率上升,经济发生萧条。政府只得又以增加货币供应量来压低利率、刺激投资和缓解失业,结果又会在奏效于一时之后重回老路,形成货币供应量扩大—利率下降—收入增加—物价上涨—利率反弹—投资收紧—失业增加—货币供应量扩大的怪圈。

由此可见,政府要当好"守闸人"并非易事,弗里德曼认为,政府与其手忙脚乱不讨好,还不如无为而治,制定出一个长期不变的货币投放增长的比例规则,以静制动、以不变应万变,反而可以使物价水平趋于稳定,使经济的大幅波动得到抑制。

问题是货币投放增长的比例如何确定呢?弗里德曼的分析是:现实中的货币量增长的比例应当满足两方面的要求:一部分是适应物价上涨的需要,另一部分是适货币量能和劳动生产率作出同比例的增长。这样,货币当局在确定货币供应量时,只需盯住两个指标:一个是经济增长速度,另一个是人口和劳动力增长比例,并把货币供应的年增长率控制在这两个指标之内。

弗里德曼根据自己的估算提出,在美国,每年需要增加货币1%或2%以配合人口和劳动力的增长,再加上年产量平均增长约为3%,若再考虑到劳动力的增长和货币流通速度会随着实际收入的增加而下降的趋势等因素,美国货币供应的年增长率可定在4%—5%。弗里德曼说,这种简单规则的货币政策,实际上是政府为货币供应确定的一条稳定航线,只要货币当局始终遵循这条航线,那么,经济的持续增长就有可能成为现实,经济活动的大幅度波动才可能得以避免,有利于各种市场力量发挥作用的货币环境也才能得以建立。

由于凯恩斯主义的"权变"货币政策无法解决西方国家普遍出现的滞胀,从1975年开始,世界七大工业强国中已有五个实行"单一规则"的货币政策,瑞士、西德、日本则被认为是由于实行稳定的货币增长政策而控制了通胀;当年以撒切尔夫人为首的英国保守党政府,更是唯"简单规则"马首是瞻;美国里根总统上台后所提出的"经济复兴计划"中,也把控制货币供给量作为主要项目。现代货币主义学派提出的这种"单一规则"的货币政策所产生的深远影响,足可窥其一斑。而我国目前实施的稳健货币政策,其依据也在于此。

理论渊源:货币中性与非中性

从理论渊源上追溯,货币"权变"政策的始作俑者并不是凯恩斯,而是瑞典经济学家魏克塞尔。魏克塞尔何许人今天知道的人恐怕不多,不过在20世纪初,他可是位风云人物。熊彼特曾赞他为"瑞典的马歇尔""北欧经济学的顶峰"。

事实上,魏克塞尔也非浪得虚名。1898年,他的《利息与价格》一经出版便轰动欧洲。关于他对经济学的贡献,学界公认是他首次将价格分析与货币分析加以连接,首次将经济学静态分析引向宏观动态分析,首次提出了"非中性货币理论"与"累积过程原理"。今天大行其道的"利率工具论",就是由该原理推导出来的。

为方便大家评判,让我对魏克塞尔的推导作简要介绍:

从萨伊到马歇尔，大多经济学家皆认为货币是中性的。即价格由商品供求决定，货币增减只会影响价格总水平而不会改变商品比价，故而对经济不会产生影响。而魏克塞尔看法却相反，认为货币不仅是交换媒介，而且有储藏功能。若有人卖出商品后不马上买，货币被储藏，商品供求就会失衡，所以他认定货币是非中性的，对经济会产生影响。

魏克塞尔说：由于货币非中性，要想让商品供求恢复均衡就得用"利率"调节价格。为此他借用了庞巴维克的"自然利率"与"实际利率"来解释自己的观点。所谓自然利率，是指不存在货币时的"实物资本"借贷利率；而实际利率则是指"货币资本"的借贷利率。魏克塞尔指出，自然利率不同于实际利率，前者不影响价格，后者会影响价格。

其逻辑推理是：当实际利率低于自然利率，企业会觉得有利可图而增加贷款扩大投资，投资需求增加会抬高原材料、劳动力与土地等要素的价格。要素价格上涨，要素所有者的收入增加，这样又会继续拉动消费品价格上涨，于是价格就形成了一个向上累积的过程。反过来，若实际利率高于自然利率，价格变动方向相反，会出现一个向下累积的过程。

魏克塞尔由此得出结论说：利率与价格之间有某种内在的因果关系，而且由于货币的存在，实际利率往往会偏离自然利率，也正因如此，要想保持价格稳定就必须适时调控实际利率，让实际利率与自然利率保持一致。于是由此引申，学界就有了"利率是政策工具"的说法。

对以上魏克塞尔的论证不知大家怎么看，实不相瞒，《利息与价格》我曾读过不下三遍。学生时代读过不算，那时候是为了应付考试；21年前为了写《与官员谈经济学名著》重读，仍觉得无懈可击，还多次在自己文章中引证过他的理论。可最近再读，却发现了他的理论有疑点，准确地讲是让我产生了一些疑惑：

魏克塞尔说，货币出现后实际利率会偏离自然利率，而我却总也想不通实际利率为何会偏离自然利率。根据庞巴维克的定义，利息是货币的时差之价；而费雪将利息定义为"不耐"的代价。两人表述不同但意思相近，即利息（利率）高低取决于借期的长短或不耐程度，与借贷品是"实物"还是"货币"无关。这是说，货币出现前利率由"不耐"决定，货币出现后利率仍由"不耐"决定。

这样问题就来了：既然决定利率的是同一因素（不耐），实际利率就应该等于自然利率，两者怎可能偏离呢？我个人揣测，魏克塞尔相信实际利率会偏离自然利率，大概与多数学者一样也将利息看成了货币的价格，以为利率的高低由货币供求决定。只可惜这看法是错的，我曾多次论证过，货币的价格不是利息，而是它所交换的商品数量。此为疑惑一。

疑惑二：价格上涨究竟是由利率推动还是货币量拉动？

毫无疑问，单个商品的价格是由该商品的供求决定；而价格总水平则由货币供求决定。换句话说，利率既不能改变单个商品的价格，也不能影响价格的总水平。按照魏克塞尔的说法，实际利率若低于自然利率企业会有扩贷需求。可我要追问的是，若货币供应没增加，企业无款可贷利率怎可能拉高要素价格？若要素价格不涨，要素所有者收入不增加当然消费品价格也不可能涨。由此可见，决定价格总水平的是货币量而非利率。

疑惑三：央行调控实际利率的依凭为何？说过了，货币市场的"实际利率"在量上其实就等于"自然利率"。退一步，即便实际利率与自然利率不等，可在货币经济下你能知道自然利率是多少吗？问题就在这里，如果我们不知道今天的自然利率是多少，请问，央行又何以去调控实际利率？在我看来，所谓调控实际利率使之与自然利率一致的主张不是自欺欺人，就是为操纵利率提供借口。

由此来看，魏克塞尔的"货币非中性论"确实是一种误导。为澄清误解，我这里要重申三点：第一，商品价格是微观现象，价格总水平是宏观现象，两者不可混为一谈；第二，价格总水平由货币供求决定，货币供过于求会通胀，货币供不应求则通缩，价格总水平与利率无关；第三，利率由"不耐程度"决定。尽管通胀时期"不耐程度"有可能会加剧，但不能因此就说利率是由货币供求决定，更不要误以为加息可以抑制通胀。

"权变"政策的理论支持：菲利普斯曲线

凯恩斯提出"权变"政策之后，有学者为了支持凯恩斯的观点，研究了通胀与失业之间的关系，指出通胀率与失业率此消彼长、呈反向变化，即通胀率越高，失业率会越低；而失业率越高，通胀率会越低。并在平面坐标图上用一条曲线来反映这种关系，由于此曲线的最初发明者是菲利普斯，所以被称为"菲利普斯曲线"。

将通胀与失业的关系用一条曲线表达，形象直观，算得上是神来之笔。现在的问题是，这条曲线到底对不对？如果是对的，那么就意味着政府就可通过宽松货币政策（提高通胀率）来降低失业率，这样看，凯恩斯的"权变"政策就是有效的。这里我要告诉大家，这条曲线是错的，因为我们所观察到的事实与这条曲线大相径庭：20世纪70年代，美国的通胀率很高，但失业率并不低；近几年中国通胀率很低，而失业率却不高。

菲利普斯曲线究竟错在哪里呢？其实，菲利普斯本人研究的并非通胀与失业，而是工资率与失业率的关系。1958年他在《经济学》杂志发表论文，分析了英国1861—1957年工资与失业的数据，他发现历史上工资率上升的年份，失业率往往都相对低。因此他得出结论说：名义工资率变动是失业率的递减函数，通俗地讲，两者变化方向相反。

菲利普斯今天大名鼎鼎，可让他走红的并不是他自己的这篇文章。1960年萨缪尔森与索洛在《美国经济评论》发表《关于反通货膨胀政策的分析》一文，他们以菲利普斯的研究作基础，用美国的数据替换英国的数据，用通胀率替换工资率，提出了通胀率与失业率也是反向关系的推论。菲利普斯曲线的提法正是来自该文，菲氏也因此一举成名。

萨缪尔森与索洛的文章思路清晰，好读易懂，其所表达的政策含义是，低通胀与低失业不可同时得兼：若一个国家希望保持较低失业率，那么就得承受较高的通胀率；相反，若希望保持较低通胀率，就得承受较高的失业率。这一推断后来写进教材并成为新古典综合派的主流观点，不少国家也将此作为制定政策的重要依据。

我对菲利普斯曲线的疑问，具体讲在两方面：一是我同意菲利普斯本人的研究结论，但有保留，认为那只是特定经济发展阶段的现象，并非规律；二是我不赞成萨缪尔森与索洛用通胀率替代工资增长率的处理，因而也不认同他们的结论，为什么要这样说？下面让我细说理由。

历史数据不会骗人，何况菲利普斯的研究用英国近百年的数据作支撑，照理不应该怀疑。而我之所以有疑惑，是因为菲氏所用的数据基本是来自二战前，那时第三次工业革命尚未到来，他的研究自然要受到局限。最重要一点，是二战前的机器自动化程度远不及今天高，企业对劳动力需求有刚性。

是的，二战前的100年，机器自动化程度虽不低，但大多设备仍离不开人工操作。在那个年代，工资率上升表明企业对人工的需求大，而企业用工增加，失业率无疑会下降。正因如此，所以我同意菲氏的分析。然而20世纪70年代后，智能机器的出现使企业对劳动力需求不再有刚性，这样工资率上升企业不仅不会多用工，反而会用机器代替人工，令失业率上升。

前不久我到南方调研，就看到不少企业用机器替代人工的案例。其中广州"博创"较为典型，该公司是一家专做门窗的港资企业。公司老总说，由于工资水平上涨太快，企业只好逐步用先进机器替代人工。近两年，企业工资水平差不多上涨了30%，而替代下去的员工也超过了30%。这方面的事例读者应该也见过，去企业走走，类似的情况很普遍，这里我不多说。

转谈萨缪尔森与索洛吧。我对这两位学者的质疑，主要是他们用通胀率替换菲氏的工资率，如此一来，菲氏所探讨的工资率与失业率的关系就变成了通胀率与失业率的关系。对做这种替换的理由，两位学者曾作过解释：第一，价格由成本加利润构成；第二，工资是企业重要成本；第三，价格变动与成本变动的方向一致。

骤然看，以上替换似乎无可厚非，但在我看来这样处理过于武断。不错，工资率上升会推高成本，可成本增加却不一定推高价格，因为最终决定价格的不是成本而是供求。众所周知，按成本加成定价只是厂商的卖价，商品短缺，卖价可以是市价；但若商品过剩，消费者不接受卖价便不是市价。事实上，当今市场过剩是常态，通常情况是需求决定价格而非成本决定价格。

再多想一层，企业的商品价格决定是微观行为，比如商品房的价格，就是由开发商与消费者讨价还价议定。而通胀率不同，它是总量指标，高低要由货币供求决定，弗里德曼说通胀始终是货币现象指的就是这意思。换句话讲，只要货币不超量投放，成本不能推动通胀，结构性因素也不能推动通胀，通胀只一个原因，它只能由需求拉动。

由此来看，用通胀率替换工资率，如此移花接木理论上站不住，而推出的结论当然也不可信。按菲利普斯曲线的说法，降低失业率的唯一法门是扩大货币供应，承受高通胀。可事实并非如此。事实是，政府手里除了货币政策，还有财政政策可用，而且财政政策对推动就业的作用绝不亚于货币政策。

看中国的经验：近几年中国的财政政策一直积极，货币政策却取守势、保持稳健。其效果有目共睹：2022年中国通胀率（CPI）为2%—3%，同时就业也大为可观，城镇新增就业累计1279万人，而2019年城镇登记失业率为3.62%。中国低失业而未高通胀，难道不是对菲利普斯曲线的有力反证吗？

"权变"政策的经验佐证：奥肯法则

1962年，美国经济学家阿瑟·奥肯根据对统计数据的研究发现，一个国家的短期失业率与经济增长率（国民生产总值增长率）之间呈反向变化关系，而且比值为1:2。其意思是说，失业率每上升1%，经济增长率会下降2%；若经济增长率提高2%，则失业率会下降1%。显然，这不过是菲利普斯曲线的翻版，言下之意，政府可通过宽松的货币政策提高经济增长率，而通过提高经济增长率减少失业。

奥肯的这一发现，学界称作"奥肯法则"，后来有学者用其他国家数据作过验证，据说准确得令人吃惊。既如此，于是学界就有人搬字过纸，用奥肯法则解释国内的失业与增长，并将近几年的经济下行看作失业的代价，甚至有人说，政府要实现低失业就得保持高增长。我不同意这看法，增长下降失业率有可能上升；但失业上升，增长却不一定下降。

经济学研究失业的文献很多，对失业类型的划分也各不相同。归纳起来，大致有摩擦性失业、结构性失业、工资性失业（自愿失业）、周期性失业、非自愿失业等，但不论哪种类型的失业，我认为对企业产出皆不会有实质性影响，增长也不会因为失业而下降。何以下此判断？让我逐一解释吧：

先看摩擦性失业。所谓摩擦性失业，是指由于信息不对称或市场组织不健全造成的失业。比如大学生毕业后要找到合适的工作需要时间，短期内有可能会失业。再比如存在季节限制的建筑业，由于冬天冰冻期不便施工，企业会减少雇工，也会出现短暂失业。为何说这种短暂失业不影响企业产出？理由是，大学生之前本来就未工作；而冰冻期不能施工，企业不辞退员工也不会有产出。

再看结构性失业。市场需求千变万化，产业得适时调整，而产业调整要求劳动力供给能与之适应，否则就会导致结构性失业。有两种情况：一是企业工艺改进，员工可能由于缺乏新工艺所要求的技术被解雇；二是新产业发展与夕阳产业收缩，也会出现结构性失业。结构性失业会减少企业产出吗？我认为不会。因为无论是工艺改进还是新产业替代旧产业，产出不仅不减少，而且还可能会更增加。

再看工资性失业。按古典经济学的假设，在劳动力过剩时，只要工资可伸缩（比如将工资降到所有人被雇为止）则不会有失业。可由于工会的存在与最低工资法的限制使得工资具有刚性，而且有人不愿接受低工资，于是也会导致部分人自愿失业。我认为此类失业也不会减少企业产出。读者想想,工资是企业雇工的边际成本,若工资高于(雇工)边际收益企业会扩大生产吗?当然不会。企业不扩产,自愿失业也就不影响产出。

再看周期性失业。这类失业由经济发展的周期引起:在经济复苏和繁荣期,企业会扩大生产,增加就业;而在经济衰退和谷底期,由于社会需求不足、前景暗淡,企业会压缩生产,大量裁员。这是说,周期性失业是由于压产在先,即压产是失业的原因,失业是压产的结果。由此可见,周期性失业也不会减少企业产出。

凯恩斯还曾提到一种失业,曰"非自愿失业",即人们既不挑选工种,也愿意接受较低工资但却仍找不到工作。这种失业原因复杂,既可能属于摩擦性失业,也可能属结构性失业或周期性失业。上面分析过,不管非自愿失业出于何原因,皆不会影响企业生产,也就不会降低增长率。

综上分析,增长下降并非失业所致,这样,增长下降当然也就不是失业的代价。而且可以肯定的是,假若真如奥肯所说美国失业率与增长率的反比值是1:2,那也不符合中国今天的实际。2010年,中国GDP增速为10.3%,到2015年下降为6.9%。五年间下降了3.4%,可同期中国的失业率却并未上升。据官方公布的数据,2015年中国的城市登记失业率为4.05%,是七年来最低。

我不主张照搬奥肯法则,还有一层原因:多年来我们已习惯了高增长,现在一下子从"高速"降为"中高速"难免不适应,因此我担心有人会以增加就业为由追求高增长。我要指出的是,无论增速多高,摩擦性失业、结构性失业、自愿失业等都仍会存在,而唯一有帮助的是周期性失业,然而失业既然是由经济周期引起,调周期却不是一件容易的事。

可以预见,保持6.5%左右增长将是未来中国经济的常态,所以我们不能寄希望于通过宽松的货币政策提高GDP增速,也不能寄希望于通过提高GDP增速减少失业。事实上,增加就业也未必一定要追求高增长,其实政府可以做的事情很多:提供就业信息服务等公共平台可减少摩擦性失业;提供职业技能培训可减少结构性失业;为非自愿失业者提供失业救济可减轻社会震动。

中国的货币政策选择

根据前面的分析,最后让我作一小结,有三点重要结论:

第一,货币"权变"政策源自魏克塞尔的货币非中性理论。货币非中性理论认为,当货币出现后,市场实际利率往往会偏离自然利率。而本文分析证明,实际利率与自然利率皆由社会"不耐"决定,两者不可能发生偏离。这是说,货币始终都是中性的,故政府大可不必用货币政策去干预经济。

第二,萨缪尔森等人用通胀率替代工资率所提出的"菲利普斯曲线"存在诸多疑点,不仅理论上站不住,而且也背离实际,因此不能作为支持"权变"政策的理论依据。而奥肯法则只是对当时美国的经验数据的归纳,由于中国与美国所处的发展阶段与国情不同,我们绝不可简单照搬而作茧自缚。

第三,我国已进入经济发展新常态,今后一个时期我国经济稳增长将主要依靠创新驱动与结构升级,而不是实施宽松的货币政策。我们在实施积极财政政策的同时,应继续保持稳健的货币政策。

延伸阅读

麦金农:《经济发展中的货币和资本》

发展中国家经济发展为什么迟缓?在过去相当长的一段时间里,经济学家将其归结为"资本匮乏"。因此,发展中国家若要实现经济腾飞,要么提高储蓄率,要么引进外资,加速资本形成。在哈罗德—多马模型中,资本积累被看作经济增长的决定因素。以提出"二元经济结构论"而闻名的刘易斯也认为,经济发展的核心问题,是提高资本形成率。可是这些权威的理论，一旦用于解释实践，似乎又显得力不从心。

1973年，经济学家麦金农出版了《经济发展中的货币和资本》，他提出了一个开创性的观点，认为发展中国家的贫困，不仅在于资本的稀缺，更重要的是，金融市场的扭曲造成资本利用效率低下，抑制了经济增长。由此出发，他另起炉灶，建立了一套关于"金融抑制"和"金融深化"的理论。

麦金农认为，发展中国家的市场被条块分割，相互隔绝，是"不完全"的。这种"不完全"体现在各个领域，而金融市场尤甚，其中一个重要现象，就是大量中小企业和居民一直被拒之门外。这些中小企业，虽然"个头"不大，但能量却不可小视，它们对经济发展的作用，可以说是举足轻重。

可是，这些功莫大焉的企业，在政府眼里，却只是"杂牌部队"，政策上被冷眼相看，使得中小企业对金融市场可望而不可即，处境很有几分凄凉。当它们扩大规模、改进技术、更新设备时，需要大量资本，但由于无法跨入金融市场门槛，只能依靠内部积累。尽管与外部融资相比较，这种方式的效率低，但也是无奈之选择。

企业的内部积累，可以采取实物形式，但这要花费一定的成本，如农民贮藏粮食有损耗、存放的固定资产要折旧等，所以不如持有货币（广义的货币 M2，包括现金、活期存款、定期存款和储蓄存款）。俗话说："赔本生意无人干。"要使企业和个人愿意以持有货币形式积累，就必须保证他们有利可图。这个"利"就是存款的名义利率和通货膨胀率之差，也就是实际利率。实际利率越高，人们越会为利所动，乐于持有货币，储蓄和投资越活跃；反之则相反。

麦金农指出，发展中国家之所以欠发达，就在于实际利率太低，甚至为负数。这可能是由于政府执行了错误的政策，人为地压低利率；也可能是由于通货膨胀，或者二者兼而有之。对储蓄者而言，由于低利率缺乏吸引力，不愿将剩余资金存入金融体系。

如此一来，金融市场便出现了需求远远大于供给的情况，政府被迫以"配给"的方式提供信贷。在信贷配给制下，资金几乎是无偿使用，有时甚至实际利率为负，借款者只要借到资金，"闭门家中坐"，就可"利从天上来"。所以，企业不管手头有无项目，项目前景如何，都对借款投资趋之若鹜，造成资金使用粗放，投资效益低下。

另外，低利率又阻碍了新增收入向投资的转化。经济发展所需的新投资来源不足，储蓄和投资的缺口进一步拉大，总需求和总供给的矛盾更加尖锐，经济停滞不前。糟糕的经济状况，反过来又使储源萎缩，资金紧缺，迫使政府当局对利率实行更加严厉的管制，从而形成了恶性的"经济涡流"，国民经济陷入欲罢不休、欲进不能的困境。这种人为压低利率，造成金融体系和经济效率低下的现象，麦金农称之为"金融抑制"。

怎样消除"金融抑制"，给金融一个广阔的发展空间呢？麦金农进而提出了他的"金融深化"理论。其主要思想是，放松政府部门对金融体系的管制，尤其是利率的管制，使实际利率提高，充分反映资金供求状况。这样，投资者就得考虑融资成本，权衡投资成本和预期收益。如果对投资项目的前景不怎么看好，腰杆不硬，底气不足，就会在高利率面前望而却步。最终有限的资金流入高效益的项目，使配置效率会大大提高。

麦金农指出，高利率鼓励人们储蓄，金融体系的储源重组，一着棋活，则全盘皆活。金融市场的活跃高效，会带来整个社会经济的活跃。麦金农还提醒说，利率和通货膨胀紧密相连，因此，不能顾此失彼。在消除金融抑制、提高利率的同时，绝不能搞通货膨胀。否则，一旦通货膨胀率高于利率增长率，从而实际利率为负时，消除金融抑制的良好愿望，就会徒劳无功。

麦金农的金融抑制和金融深化理论提出后，引起了巨大反响，许多发展中国家以此为理论依据，着手对本国金融体系进行深化。不幸的是，20世纪90年代后，一些实施金融深化的国家却相继爆发了金融危机。于是，学界对麦金农理论的抨击便随之而来，甚至有学者认为，他的理论是导致东南亚金融危机的罪魁祸首。

的确，东南亚国家在金融深化过程中，过急过早地实行金融自由化，放开对国际流动资本的限制，是诱致金融危机的一个重要原因。这一点，恐怕麦金农自己并没有料到。其实，他的初衷，原本是要通过金融深化，来完善国内金融市场，促进资本形成，以避免长期过度依赖外资。

第九讲
通过制度创新推动科技创新

科技创新呼唤企业家精神

创新投资体制支持核心技术创新

创新融资机制分散创新风险

创新分配机制推动产学研深度融合

如何看待数字经济的边际收益

界定数据产权的两个规则

几点重要结论

第九讲
通过制度创新推动科技创新

习近平总书记多次强调：要坚持科技创新和制度创新"双轮驱动"。在谈到科技创新与改革的关系时，习近平总书记还指出："如果把科技创新比作我国发展的新引擎，那么改革就是点燃这个新引擎必不可少的点火系。"[1]贯彻落实习近平总书记关于科技创新和制度创新的重要讲话精神，当前应着力改革科技体制，并通过科技体制创新推动科技创新。

科技创新呼唤企业家精神

假若我说企业投资者不一定就是企业家，恐怕会有读者

---

[1] 习近平：《在中国科学院第十七次院士大会、中国工程院第十二次院士大会上的讲话》，《人民日报》2014年6月10日。

不同意。其实，这是经济学家熊彼特的观点。据我所知，在很多人的观念里，某人投资办了企业，就是企业家，若企业规模做得够大，就是大企业家。可经济学并不这样看。经济学认为，企业家有特定的精神内涵。企业出资人是老板，但老板未必都是企业家。

那么何谓企业家精神？在回答这个问题前，我想先为读者介绍三本书。这三本书从不同角度讨论了企业家精神。下面让我择其要点，对作者的观点作简要介绍。

第一本书，是美国经济学家奈特1921年出版的《风险、不确定性与利润》。奈特指出，作为企业家，首先要有创业精神。他根据人们对风险的态度，将其分为三种类型：风险偏好型、风险中型、风险规避型。在奈特看来，成为企业家并不是要特别有钱，而是要特别有"胆"，只有那些不惧怕风险的人，才可能成为企业家。

举个例子，甲、乙、丙是大学同学，各自都有10万元。毕业前三人一起谈论职业规划。其中甲愿意冒风险，说自己准备用10万元办公司；乙不愿意冒险，计划将10万元存入银行收利息；丙愿意冒点小风险，打算用10万元炒股。此时甲动员乙将钱借给他创业，并动员丙入股他的公司，乙和丙都同意，后来甲创业成功，于是甲成了企业家，丙成了股东，而乙成了雇员。

第二本书，是熊彼特1912年出版的《经济发展理论》。

熊彼特指出，企业家不同于资本家，资本家的本质是追求利润，企业家的本质是创新。这里需要特别说明的是，熊彼特所说的创新，并非技术层面的发明，而是建立一种新的生产函数，将一种从未有过的生产要素"新组合"纳入生产体系。而且这种新组合，是对原有组合的一种"创新性破坏"。

还是让我用例子解释。在机动船出现之前，船的动力主要是靠风力和人力，船运公司老板为了取得最大利润，通常会考虑在风力和人力约束下，如何组合这两种要素（如季节性风向、风力或人力费用等）使成本最低。而企业家却不同，他们会设法改变约束条件，比如用机器动力替代风力和人力。熊彼特认为，只有第一个采用机器动力的船运公司"老板"才是企业家。

第三本书，是德国哲学家马克斯·韦伯1904年出版的《新教伦理与资本主义精神》。该书的核心观点是：17世纪后欧洲经济狂飙突进，得益于宗教改革和"新教伦理"。他论证说：若没有新教伦理，便没有企业家道德宪章；若没有企业家道德宪章，便没有企业家阶层；而没有企业家阶层，也就不会有西方工业的蓬勃发展。

韦伯所说的企业家"道德宪章"，概而言之，是"三个努力"：一要努力赚钱。企业家只有努力赚钱，才能为社会创造更多财富。二要努力省钱。即企业家自己生活要节俭，不能挥霍浪费。三要努力花钱。企业家不仅要用赚来的钱扩大投资，而且要捐助慈善公益事业。这是说，一个投资者若同时做到以上三条，才称得上企业家。

以上是西方学者的观点，归纳起来，所谓企业家精神，是指创业精神、创新精神，以及履行社会责任的奉献精神。不过仅这三条我认为还不够。资本无国界，企业家有祖国，企业家首先必须爱国。特别是我们中国的企业家，作为社会主义建设者更应该爱国。习近平总书记在2018年11月召开的民营企业座谈会上明确提出，企业家应"做爱国敬业、守法经营、创业创新、回报社会的典范"。这是对中国企业家精神的深刻阐释。

说到这里，读者应该懂得了企业老板与企业家的区别。具体到操作层面，国家保护企业家，当然是要保护那些爱国敬业、守法经营的投资者，鼓励、支持他们创业、创新、积极回报社会。而对那些欺行霸市、坑蒙拐骗、破坏公平竞争的不法之徒，则必须依法打击。

在当前全球经济下行背景下，我国也面临较大的就业压力，中央提出要通过保市场主体稳就业。要保市场主体，归根到底是要激发企业家的创业创新精神，为此我提三点建议：

第一，严格落实企业家承担"有限责任"的制度。巴特勒曾经说，有限责任公司是近代最伟大的发明，没有它，蒸汽机和电力的重要性会黯然失色。所谓"有限责任"，是说企业家投资失败而资不抵债，只以自己的出资为限承担损失，不能让其承担无限责任。否则创业一旦失败就倾家荡产，没人敢创业。

第二，完善创新风险的分担机制。奈特说过，创新具有不确定性，对不确定性风险的损失，应分散处理。我国继2019年7月在上海证交所设立科创板后，2021年11月15日北京证交所又挂牌开业，标志着我国已有"科创融资市场"。政府现在要做的是在合规的前提下，优先为从事关键核心技术和颠覆性技术研发的创新企业提供融资便利。

第三，建立鼓励企业家捐助的激励制度。鉴于以往的教训，国家应在法律上明确，鼓励企业家捐助必须坚持自愿原则，禁止任何部门强制企业捐助。对涉企违规乱收费、乱罚款、乱摊派的行为要坚决查处。与此同时，对自愿捐助慈善公益事业的企业家，政府应给予鼓励，由国家统一制定标准，按照贡献大小，由国务院、省、市、县人民政府分别授予"慈善家"称号。

创新投资体制支持核心技术创新

创新是引领发展的第一动力，国家当然应该支持创新，但国家支持创新并不等于所有创新项目都要由国家投资。事实上，我国现行科技投资体制存在的突出问题，是投资过于分散：无须由政府投资的项目投了不少，而应该由政府投资的项目却又投入不足。正是基于此，所以有必要对科技投资体制进行改革和创新。

科技投资体制怎么改？或者说国家投资创新的重点领域何在？总的原则：国家应重点投资核心技术创新。对什么是核心技术，习近平总书记曾作过明确界定：一是基础技术、通用技术。二是非对称技术、"杀手锏"技术。三是前沿技术、颠覆性技术。政府为何要投资核心技术？习近平总书记分析说："在这些领域，我们同国外处在同一条起跑线上，如果能够超前部署、集中攻关，很有可能实现从跟跑并跑到并跑领跑的转变。"[①]

国家重点支持核心技术创新，从经济学角度讲，是因为核心技术属于公共品或具有公共品特性。基础技术创新需以基础理论研究作支撑，而基础理论研究不同于应用型技术研发。应用型技术成果是商品，可以有偿转让；而基础理论研究成果却难以通过市场取得回报。比如达尔文的进化论，举世公认进化论是人类的伟大发现之一，可有谁会花钱买"进化理论"呢？

再看"杀手锏"技术。顾名思义，"杀手锏"技术是事

---

① 习近平：《在网络安全和信息化工作座谈会上的讲话》，《人民日报》2016年4月26日。

关国家安全的国防军工技术。国家安全是重要的公共品（服务），故经济学家一致认为政府的首要职能就是维护国家安全。从这个角度看，投资"杀手锏"技术创新，原来就是政府责无旁贷的事；更何况投资"杀手锏"技术并不以营利为目的，技术成果也不能买卖，要是政府不投资，单靠市场筹资绝不可能搞出"杀手锏"技术。

再看颠覆性技术。颠覆性技术是指对传统产业具有颠覆性影响的技术。在某种程度上，此类技术其实也带有公共品特性。比如数码技术出现后颠覆了胶卷相机巨擘柯达，数码技术就属于颠覆性技术。颠覆性技术具有前沿性、超前性，创新成功不仅能带动国内产业转型升级，而且能提升国家核心竞争力。可是颠覆性技术投资大、风险也大，所以也需要国家予以投资支持。

这里要特别指出的是，政府重点投资以上三类技术创新，并不表示政府对其他创新就可置身事外。我们知道，政府财政是公共财政。对技术创新来说，公共财政的政策含义有两层：一是非公共品（服务）类的科技创新政府不必投资，此类创新应面向市场融资；二是政府应在科技融资平台、中试车间、技术专利权保护等方面提供公共服务，要为企业营造良好的创新环境。

创新融资机制分散创新风险

核心技术创新由政府投资,风险自然是由政府承担,可非核心技术创新的风险由谁承担呢?倘若全让创新企业承担,那样势必会抑制企业创新的动力。这个问题怎么解决?前面提到的奈特的《风险、不确定性与利润》一书,对我们研究此问题应该有启发,下面让我扼要介绍奈特的主要观点:

奈特认为,但凡风险皆源于不确定性,而不确定性可分两类:一类是可以量度的不确定性;一类是不可量度的不确定性。前者是指风险发生的概率可根据经验数据估算,如发生汽车交通事故的概率是万分之三,飞机失事的概率是三百万分之一。奈特说,可以量度的不确定性是风险,只有不可量度的不确定性才是真正的"不确定性"。

关于风险损失的处理,奈特提出了两种方法:一是对可量度的风险用"合并"(购买商业保险)方法处理;二是对不可量度的风险用"分散"方法处理。所谓分散处理,就是通过某种制度安排让更多的人一起分担风险。对为何要分散承担风险,奈特作过形象的解释,他说:与其让一个人损失10000元,不如让100人每人损失100元。奈特提出的分散处理方法,显然适用于创新风险的应对。

这里有个问题想问读者:今天全球保险业已十分发达,

生老病死、天灾人祸都有保险公司提供保险,可为何没有保险机构为"创新"保险?我的回答是,保险公司肯提供某类保险,一定是该险种的出险概率可以量度;反过来说,保险公司不为"创新"保险,是因为创新失败的概率难以量度,或者即便能够量度,创新者也未必接受。

举个例子说吧。假若根据历史数据计算出某地区创新出险的概率为90%,于是保险公司按90%概率收取保费。你认为投资者会买保险吗?我认为不会。道理很简单:创新是"不确定性"事件,而投资者对创新成功的预期通常要高于失败的预期(且预期失败的概率不会超过50%),否则就不会投资。倘如此,投资者怎会花高保费买保险呢?可是从保险公司角度看,若按50%概率收取保费,出险率一旦超过50%,则必将破产无疑。

据此分析,由于创新具有不确定性,创新失败的损失不能通过"合并"处理。既然不能合并处理就只能分散处理。问题是怎样分散处理呢?经济学的建议是建立"有限责任公司制度"。是的,有了公司制度,让投资者只承担有限责任,这本身就是一种风险分担机制。巴特勒说,公司制度是近代最伟大的发明。事实确实如此。自工业革命以来全球共有160多项重大创新,其中80%都是由公司完成的。

然而往深处想,公司制度对创新固然重要,但要分散创新风险仅有公司制度却不够,同时还得有创新融资平台。在这方面,美国"纳斯达克"科创板是成功范例,美国科技领先全球,"纳斯达克"功不可没。可喜的是,我国已经在上海证券交易所设立了科创板,并于2019年7月22日举行了首批企业上市仪式。万事开头难,下一步应在试点基础上尽快推开,让科创板为支持创新发挥更大作用。

创新分配机制推动产学研深度融合

国家支持创新,目的是驱动经济发展;而要用创新驱动发展,必须将科技成果转化为生产力。习近平总书记曾明确强调,推动产学研深度融合,实现科技同产业无缝对接。习近平总书记的讲话无疑具有极强的针对性。据公开数据显示,我国近年来每年受理的专利申请达90多万件,获得专利授权16万多件,可目前专利成果转化率却平均不足20%;产业化率更低,不到5%。

我国科技人员为何不重视成果转化?就此问题我曾赴南方几个省市作过调研,据科技人员反映,主要有三方面原因:

一是科技成果评价厚此薄彼。以资金来源分,科技课题有政府纵向与企业横向两类。据湖南、云南等地科技部门负责人反映,目前科研院所评职称往往重"纵向"轻"横向"。在长沙座谈时就有科技人员说,他所在单位评职称,没有国家课题近于免谈。

二是财政大包大揽。改革开放以来,国家财政对科技投入增长了近百倍。2012—2020年,国家财政科技投入从5600亿元加到10095亿元,年均增长8.79%。这些资金大多以课题形式投给了科研院所。国家既发工资又拨科研经费,科技人员高枕无忧,自然也就不太关心科技成果能否转化。

三是公共服务平台短缺。目前科技成果难转化的另一个原因,是中试车间等公共平台短缺。一项新技术成果从实验室到规模化生产通常需要中试,有数据说,新技术成果通过中试后,产业化成功率可达80%;而未经中试成功率仅30%。困难在于,建中试车间一次性投入大,使用率低,科研院所与企业谁也不愿投资建中试车间。

以上因素确实会影响科技成果转化,但我认为并不是关键原因。若说成果评价重"纵向"轻"横向"导致了产学研脱节,请问那些有高级职称的科技人员为何也不重视成果转化?如果说财政包揽导致产学研脱节,欧美国家政府也投资科技研发,可人家的成果转化率为何能达到40%—60%?至于中试车间,表面看是没人出钱,而背后真正原因是科技人员缺乏成果转化的动力。

进一步分析,科技人员缺乏成果转化的动力,是分配机制不合理,确切地说是科技人员未能分享成果转化的收益。以美国为例,1980年以前,美国联邦财政资助研发的技术专利权归政府所有,专利转让收益也归政府,当时美国的专利成果转化率仅为5%。1980年,美国国会通过了《拜杜法案》,将专利权下放给了研发机构,结果转化率一路飙升,今天已达到50%以上。

中国的情况与此类似。2007年以前,中央财政资助研发的技术专利权也归国家所有,2007年颁布《科技进步法》后,国家将专利权下放给了科研院所。照理,我们的专利成果转化率应该提升,可现实却让人大跌眼镜。何以如此?原来国内的科研院所与美国不同,美国的研发机构是私人企业;而我们的研发机构是国家事业单位,专利权下放不过是"大锅饭"变成了"小锅饭"。

现在看来,推动科技成果转化有两个选择:一是转换科研院所"事业单位"身份,让其成为真正的企业;二是让科技主创人员参与分享专利成果转让收益。前者要改体制,后者相对容易些。中央早已提出实行以增加知识价值为导向的分配政策,提高科研人员科技成果转化收益分享比例。2015年国家颁布的《促进科技成果转化法》对此也有相关规定,现在的关键是要抓落实。

如何看待数字经济的边际收益

我想再顺便谈谈有关"数字经济"问题。最近几年,数字经济在国内引起高度关注，在各类媒体上已成为高频词。有学者预言：人类正在进入数字经济时代。我看到的文献显示，"数字经济"是1995年由美国商人唐·塔普斯科特最早提出，1998年美国商务部发布《新兴的数字经济》报告后，这一概念才慢慢流传开。

关于数字经济的定义，目前有多种解释。有学者说，数字经济是一种基于数字技术的经济形态；而也有学者认为，数字技术与互联网技术密不可分，数字经济其实就是网络经济。以上两种解释，只是表述的角度不同，应该都对。而在我看来，数字经济是"产业数字化、数字产业化以及平台（网络）经济"的总称。

在这里我当然不是要讨论怎样定义数字经济。数字技术是高深的学问，我不是这方面的专家，听过不少相关讲座，仍是半懂不懂。不过自己以研究经济学为职业，对经济学应该有发言权。说实话，我并不完全认同学界对数字经济的分析，其中有些观点我认为是错的。

比如时下有一流行的观点认为：数字经济作为一种新型经济形态，不同于农业经济与工业经济，其边际成本会不断递减，边际收益会不断递增。从经济学的角度讲，边际收益递增，同时也就暗含着边际成本递减，两者是一回事，若前者成立，后者当然也能成立。然而问题在于：数字经济的边际收益真的能够递增吗？

据我所知，说数字经济边际收益递增的学者，他们依据的是以下三大定律：

第一个定律：梅特卡夫定律。该定律指出：网络的价值，等于网络节点数的平方。说得更通俗些，网络的价值与联网用户数的平方成正比。对此人们常举的例子是，一部手机没有任何价值，几部手机的价值也不大，而成千上万部手机组成了通信网络，手机通信的价值将会呈爆炸性增长。

第二个定律：摩尔定律。摩尔发现，当价格不变时，集成电路（IC）上可容纳的元器件，每隔18—24个月便增加一倍，性能也提升一倍。既然在相同面积晶圆下生产同样规格的IC，每隔18—24个月可增加一倍，那么生产成本也能相应降低50%。

第三个定律：达维多定律。此定律说，网络经济存在"强者更强，弱者更弱"的"马太效应"，进入市场的第一代产品，往往能获得50%的市场份额；而第二或第三家企业的新产品进入市场，所获利益远不如第一家企业大。由此推出的结论是，一个企业要追求最大化利润，应不断创新技术（产品），并敢于率先淘汰自己的产品。

以上三大定律皆来自经验事实，而且都有历史数据作支撑，毋庸置疑。可尽管如此，我认为由这三大定律，并不能推出数字经济边际成本递减或者边际收益递增。为何这样说？让我分别对上面三大定律作分析。

先看梅特卡夫定律：网络的价值等于网络节点数的平方。想问读者，你认为这里的"价值"指什么，是使用价值还是交换价值？我认为是使用价值。是的，单独一部手机没有使用价值，成千上万部手机组成通信网络，网络的使用价值（通信便捷性）会增加，但并不等于交换价值（单位时间通话费）会增加，相反还会下降。近30年来手机话费（价格）越来越低便是例证。

再看摩尔定律：每隔18—24个月，在相同面积的集成电路上容纳的元器件可增加一倍，从成本角度看，制造成本便可降低50%，呈递减趋势。要追问的是，此处的"成本"指什么成本，是指产品的单位成本还是边际成本？我认为是单位成本，而不是边际成本（制造最后一块集成电板的成本）。若边际成本递减，企业就会一次性生产无限多的电板，可事实并非如此。

最后看达维多定律：不错，网络经济确实存在"赢者通吃"现象，谁的产品先进入市场，所占有的市场份额就会相对大。但这种现象并不能证明边际收益递增。经济学讲，边际收益等于厂商卖出最后一件商品的价格。读者想想，一批完全同质的商品，价格怎会越卖越高呢？事实上，企业之所以不断创新技术（产品），原因正是产品价格越卖越低，边际收益递减。

综上分析，数字经济并没有颠覆边际收益递减规律。要知道，经济学讲的边际收益递减，是指在技术条件不变的前提下，增加某一要素投入，收益增量会递减。因为在技术条件不变时，企业的可变要素与固定要素间存在"最佳"比例。要是固定要素投入不变，而可变要素投入超出"最佳"比例，边际收益肯定会下降。

对边际收益递减规律，从需求角度也许更容易理解。前面说过，投资的边际收益，是厂商卖出最后一件商品的价格。对消费者来说，当消费某一商品的数量越来越多时，所获得的效用（边际效用）会越来越少，而边际效用不断递减，消费者的出价会越来越低，这样投资该产品的边际收益也会越来越低。

另外还有个现象需澄清。早在30多年前就有学者提出："边际收益可以递增"，并以人们"集邮"作例证：假定一套邮票有10张，单独一张卖5元，若集齐10张，就不会只卖50元，而可能卖60元。此例子能证明边际收益递增吗？我认为不能。因为一套邮票与一张邮票是两种产品，应另画一条需求曲线。不然我问你，你买一套出价60元，买第10套会出价100元吗？

回到政策层面，我想指出三点：第一，数字经济可极大地节约交易成本，政府应高度重视数字经济发展；第二，发展数字经济不能脱离实体经济，应立足于推动农业与工业部门转型升级；第三，数字经济仍存在边际收益递减规律，应保持适度规模，防止一哄而起。

界定数据产权的两个规则

发展数字经济，一个不能回避的问题是如何界定数据的产权。理论上讲，任何一件商品要进入市场交换，都得事先明确界定产权。若产权不明确，没有监护人，意味着该商品可以免费享用。既然可免费享用，人们当然不会花钱购买。同样道理，发展数字经济，数据作为生产要素也需界定产权，否则数据无法交易，长此将会导致"公地悲剧"。

时至今日，对界定数据产权的重要性，学界似乎已无异议。然而问题在于：数据不同于一般的有形商品，并且数据可同时供多个用户使用而不排他。在这个意义上，数据具有一定的"公共品"性质。相对于有形的私人品，界定数据产权要复杂得多，也困难得多。

举个例子：张三从网上购买了一块名表，价格10万元。平台企业将张三的购买行为记录下来，便形成了数据。请问，此数据的产权怎样界定，是归张三还是归平台企业？难点是，要是没有张三的购买行为，不会产生数据；若平台企业不记录，也不会有这个数据。

读者不要以为讨论此数据的产权界定是小题大做。不错，一个孤立的数据确实没多大用处，但若将它们累积起来变成大数据，则用途无穷。比如根据客户交易数据，银行可建立征信系统、降低信贷风险；平台企业则可根据客户偏好，有针对性地推送商品。

事实上，经济学研究现实问题，通常需从个案入手，然后由个案推导到更复杂的层面。假若我们能以个案为样本，对数据的产权作科学界定，并从中提炼出产权界定的一般规则，此类难题皆可迎刃而解，比如将张三替换为工商企业，产权界定的规则也同样适用。

回到前面的例子。对张三购买名表的数据产权归谁？每个人的利益站位不同，答案往往不同。但如果借助经济理论作分析，也许能帮助我们达成共识。问题是借助什么经济理论？研究产权界定，当然绕不开科斯定理，让我们先来看看科斯是怎样分析的。

科斯定理说："只要交易成本为零，将产权界定清晰，产权的初始分配与经济效率无关。"此为何意？用更通俗的语言表述：假若界定产权不存在交易成本，那么将产权最初界定给谁并不重要；只要对产权作了界定，市场便能引导资源配置达到高效率。

当年科斯提出此观点后，曾遭到众多学者的质疑。有学者指出，现实中交易成本不可能为零，科斯定理不成立。其实，这是对科斯定理的误解。科斯的意思是：若交易成本为零，无论产权怎样界定都不影响经济效率；但若交易成本不为零，则会影响经济效率。

交易成本不可能处处为零，这一点科斯当然清楚，所以他强调要重视产权界定。他举过一个经典的例子：甲与乙两家相邻而居，甲家养牛，乙家种小麦，不料有一天，甲家的牛吃了乙家的小麦，乙要求甲予以赔偿，而甲却不肯赔偿，于是两人产生了纠纷。

在科斯看来，甲与乙之所以产生纠纷，原因是产权没有明确界定。假若政府明文规定，甲有自由放养牛的权利，甲则无须给乙赔偿；相反，若规定乙的麦地具有不被牛进入的权利，那么甲就得赔偿乙的损失。由此来看，避免纠纷的关键，是明确界定产权。

也许有人要问：既然产权界定如此重要，可科斯为何说产权的初始界定与经济效率无关呢？我的解释：是因为科斯假定交易成本为零。而他作此假定，目的是要推出产权界定的第一规则：谁使用效率高，产权就界定给谁。

不妨设想一下：假若养牛与种小麦不是两个人，而是乙自己，他是否会让牛吃小麦？乙与甲不存在利益冲突，即界定产权的交易成本为零，此时乙只需权衡种小麦与养牛的收益：若种小麦的收益高于养牛，他不会让牛吃小麦；反之则可让牛吃小麦。

当然这是乙一个人的选择。若回到之前的设定，甲与乙分别养牛和种小麦，两人间存在利益冲突，界定产权必产生交易成本。在交易成本不为零的情况下，产权应该怎样界定？科斯的观点：要看交易成本。产权界定给谁的交易成本低，就界定给谁。

分析至此，让我们再来讨论数据产权的界定。根据科斯定理，可作两个推定。推定一：若交易成本为零，谁使用数据的效率高，产权就界定给谁。在前例中，张三购买名表产生了数据，而平台企业使用数据的效率无疑比张三高，则产权应界定给平台企业。

可事情并非这样简单。假若张三认为自己购买名表的行为属于个人隐私，相关数据不同意让平台企业记录（使用），否则将平台企业告上法庭，于是产生了交易成本。这样，便有了第二个推定：若存在交易成本，界定数据产权应以交易成本为依归。

在理论上，第二个推定肯定没错，困难的是怎样比较交易成本。我的观点：可从数据使用的外部性判断。若某数据使用对张三有损害（负外部性），而张三又无法规避损害，显然，将产权界定给张三的交易成本会相对低；反过来，若对张三没有损害，则不存在交易成本，产权应界定给平台。

需要特别指出的是，将数据的初始产权界定给了张三，并不代表张三的个性化数据别人绝对不能使用，只要给张三支付相应的对价（如通过提供某种服务）购买产权，签订"用户协议"后，平台企业可以将个性化数据整理脱敏，合并为大数据使用。

归纳上述分析，可达成四点共识：第一，作为生产要素的数据要进入市场交易，必须界定产权；第二，若数据使用不存在负外部性，产权应依据效率规则界定；第三，若数据使用存在负外部性，产权界定应看交易成本；第四，数据初始产权界定后，应允许自由交易。

几点重要结论

第一，创新是引领发展的第一动力，国家当然要支持创新。然而国家公共财政的性质决定了国家投资创新的重点是核心技术领域。核心技术不仅具有公共品特性，而且事关国家安全和国家的核心竞争力，投资核心技术创新是政府的职责所在。基于此，政府对投资创新要有进有退、有所为有所不为，应集中财力支持核心技术攻关。

第二，政府对非核心技术创新可以不投资，但也不能置身事外。非核心技术创新同样有风险，创新失败的损失不能全由企业独立承担；同时，企业作为纳税人，也有权要求政府提供必要的公共服务。具体说，政府不仅要搭建融资平台（科创板）为企业分散风险，而且要在中试车间建设、技术专利保护等方面更好地发挥作用。

第三，实施创新驱动战略，关键在推动产学研深度融合，实现科技与产业无缝对接，为此政府必须创新分配机制。有两个要点：一是将政府投资形成的技术成果的专利权明确界定给科研院所；二是允许科技主创人员参与分享技术成果转让的收益。只有这样双管齐下，才能激发科研机构与科技人员面向市场进行创新的动力。

第四，发展数字经济可极大地节约交易成本，政府应高度重视数字经济发展。但数字经济不能脱离实体经济，应立足于推动农业与工业部门转型升级；而且数字经济仍存在边际收益递减规律，应保持适度规模，防止一哄而起。

延伸阅读

丹尼森：《美国经济增长的原因和我们面临的选择》

在整个20世纪50年代，美国经济的增长率远远低于西欧和日本，这引起了美国国内的不安。到了50年代末期，经济增长问题在美国成了一个紧迫的"政治问题"，引起了全国上下的普遍关注。为了促进美国经济的增长，经济学界开始着手分析经济增长的来源问题，希望能从中找到美国经济增长率低下的原因。在这方面，丹尼森作出了突出的贡献，成为对经济增长"最有卓见分析"的经济学家之一。

丹尼森对经济增长问题的研究，跟他的经历有关。1941年获得哲学博士学位后，丹尼森即进入美国商务部工作，曾任商业经济学室助理主任。他在商务部工作了21年，接触了国内外大量的经济资料。1962年，丹尼森出版了他的第一本专著《美国经济增长的原因和我们面临的选择》，破天荒地提出了增长核算的问题，这使他声名鹊起。同年，丹尼森离开政府部门，到华盛顿的布鲁金斯研究所任高级研究员。

所谓增长核算，就是研究影响经济增长的各个要素，并分别确定它们对经济增长的贡献。《美国经济增长的原因和我们面临的选择》，就是丹尼森根据历史资料，对美国经济增长进行核算的结果。在核算的过程中，丹尼森发现，国民产出的增长，有很大一部分不能用资本和劳动的增长来解释。

这就是说，经济的实际增长幅度，在扣除了资本的贡献和劳动的贡献之后，总有一部分剩余。以美国为例，1929—1948年的19年间，美国国民收入的年平均增长率是2.9%，其中，只有48%是资本和劳动增长的贡献，其他52%的增长是如何发生的，似乎无从说起，被称为残差。由于这个残差最早是由丹尼森作出了比较完整的解释，因此，我们称之为"丹尼森残差"。

残差是怎么产生的呢？丹尼森指出，残差的背后有三个因素：即规模经济、资源配置和知识进展。这三个因素作用的结果，是提高劳动和资本的生产率，使原来相同的投入能够带来更多的产出，从而推动经济的增长。

在论述规模经济的贡献时，丹尼森继承了斯密的观点，认为经济规模的扩大，最终要受到市场范围的制约。经济规模和市场范围之间存在着某种对应关系，因此可以用市场范围的扩大来表示规模经济的效益。市场可能是世界性的、全国性的，也可能是地区性的、地方性的，但不论哪一种情况，经济的增长必然意味着产品市场的扩大。而这又能够提高社会分工的专业化程度，扩大企业的规模，扩展产品的生产过程，使包括零售和批发在内的几乎所有行业，在销售和运输方面进行更大批量的交易。所有这些都有利于扩大就业、降低成本、增加产出。因此规模经济的效益是经济增长的一个重要因素。丹尼森根据测算指出，在美国历史上总产量的增长中，规模经济的贡献占10%—15%。

资源配置效率的改进，是指资源从低效率行业转入高效率行业。丹尼森起初主要研究了劳动力配置效率的改进，主要包括两种情况：一是劳动力从农业部门转移到非农业部门；二是个体经营者从自己的企业转移到其他行业中就业。这些劳动力在原来的行业中生产效率低、收入少，转移到其他行业就提高了生产效率和收入，使国民收入增加。

后来，出于研究西欧经济增长的需要，丹尼森又计算了降低国际贸易壁垒的影响。在《经济增长的因素》一书中，他指出，关税和进口限额都保护落后的行业，少受外来竞争的威胁，使得本来应转移的资源无法流动，得不到有效的利用。这会影响资源的配置效率，进而降低经济的增长速度。西欧共同市场建立起来以后，由于成员国之间逐步取消了关税和进口限额，资源的配置效率得到了改善，因而对西欧的经济增长作出了不小的贡献。

丹尼森所说的知识进展是一个比较综合的概念，它既包括技术的进步，又包括管理的改进。技术进步是指产品制造方法和工艺的创新，而管理则泛指企业的组织技术和管理技术，这方面的改进同样可以降低成本，提高效率。在推动经济增长的因素中，知识进展的作用最大。根据丹尼森的测算，美国历史上的经济增长，知识进展的贡献高达39%，这是任何其他因素都无法与之相比的。因此丹尼森认为："对于单位投入产出量的持续长期增长来说，知识进展是最大的和最基本的原因。"

丹尼森关于经济核算的研究，开了以因素分析寻求经济增长对策的先河，在整个20世纪60年代，赢得了10年空前的成功。他所创立的分析方法，曾被应用于世界上的许多国家——富国和穷国、资本主义国家和社会主义国家。特别是丹尼森对残差的解释，致使60年代美国政府对教育的支出剧增。

著名经济学家、尼克松政府的内阁成员舒尔茨对此给予了高度评价,他说:"从长远来看,科学知识,以及将它转化为新的更先进的产品和生产方式,的确是推动经济增长的最重要的力量。如果世界主要工业国家在过去两个世纪只是积累资本,而仍然使用18世纪的科学和技术,那么,今天的产出、收入和生活水平,恐怕只能是现在实际情况的一个零头。我们将只能靠马匹、驳船和帆船进行运输,只能从水力驱动的工厂得到少量的动力。我们将没有任何冷冻食品和电力照明,没有人造材料、炼油厂,或者铝合金冶炼厂,没有抗生素、X光设备或者无菌生产设备,没有杂交水稻和农业机械。确实,如果没有科学知识方面的进展,本来能够进行的有效益的投资,可能很早就萎缩了;本来能够达到的产出,我们根本就无法获得。"

第十讲
用市场机制推进生态文明建设

人类文明转型的一般规律

社会成本内化：控制污染的两种方案

社会收益内化：绿水青山的盈利模式

三点重要结论

第十讲
用市场机制推进生态文明建设

习近平总书记指出:"生态文明建设事关中华民族永续发展和'两个一百年'奋斗目标的实现,保护生态环境就是保护生产力,改善生态环境就是发展生产力。"[1]对如何保护和改善生态环境,目前人们的主导观点是政府调控和政府投资。我将从人类文明转型规律的角度,重点分析怎样用市场机制推动生态文明建设。

人类文明转型的一般规律

迄今为止,人类文明已历经农耕文明与工业文明两个阶

---

[1] 《习近平总书记系列重要讲话读本(2016年版)》,人民出版社2016年版,第233—234页。

段,目前正向生态文明转型。也有学者说在农耕文明之前还有一个"原始文明阶段",不过此点有争议,且与我们讨论的问题关系不大,这里先存而不论。这里想和大家讨论的是,人类文明为什么会转型,或者说推动农耕文明转向工业文明、工业文明转向生态文明的原因到底是什么?

对以上问题,西方学者在分析社会转型时有一个研究视角可供借鉴。基本观点是,一个社会哪个阶级拥有最稀缺资源,这个阶级就会成为社会的主导阶级,社会性质也由此决定。

比如:奴隶社会生产力极其低下,最稀缺的要素是劳动力,拥有奴隶的奴隶主阶级就成了奴隶社会的主导阶级。后来随着人口增长,劳动力不再稀缺而土地变得稀缺,地主阶级便成为封建社会的主导阶级;再后来发现了新大陆,土地不再稀缺而资本变得稀缺,于是资本家阶级又成了资本主义社会的主导阶级。

用"要素稀缺性"解释社会转型只是一个视角,事实上,从生产力与生产关系相适应的角度解释社会转型会更科学。不过即便如此,我认为用"要素稀缺性"解释文明转型倒是可取。如封建社会产生农耕文明,就是因为粮食供给短缺。当年马尔萨斯主张控制人口,理由是粮食增长比人口增长慢。由于粮食供给短缺,封建社会的文化风俗及各类祭祀活动皆与粮食生产相关,这样就产生了农耕文明。

现在回头看，马尔萨斯只说对了一半。封建社会前期乃至中期，人口确实比粮食增长快；但到了封建社会后期由于工具改进与耕作技术进步，温饱基本解决，人们的需求层次提升，使得"奢侈品"更稀缺，这样便催生了工业文明。如穿的方面有了缝纫机、尼龙、涤纶；吃的方面有了甜菜糖、罐头、汽水、巧克力；住的方面有了电梯、钢筋混凝土建筑和摩天大楼；行的方面有了汽车、火车、轮船、飞机等。

工业社会的到来，极大地丰富了物质供应，但同时也损害了生态环境。相对物质供应来说，好的环境反而变得稀缺了。今天人们更需要洁净的空气、健康的食品与优美的环境，于是工业文明又开始向生态文明转型。事实的确如此。40多年前，人们还把"烟囱林立"作为文明的标志，甚至首都钢铁公司当年也建在了北京。然而今非昔比，国内媒体时有报道，有地方招商由于项目污染而遭到居民抵制，说明生态环境已成为稀缺品。

是的，随着我国工业化进入中后期，损害环境的代价已越来越高。不是说企业的污染程度比过去更严重，而是从机会成本角度看，由于人们需求发生了变化：过去盼温饱，现在盼环保；过去求生存，现在求生态，环境已变得日益昂贵。正是基于此，所以中央强调要大力推进生态文明建设，实行最严格的生态环境保护制度，并将生态文明建设纳入"五位一体"总体布局。

社会成本内化：控制污染的两种方案

前面分析了工业文明向生态文明转型的原因，跟下来要研究的是，应该怎样推动工业文明转型？为此必须先弄清楚两个问题：第一，企业为何会损害生态环境？第二，用什么办法控制企业损害环境？为便于分析，下面让我将企业"碳排放"作为具体的案例来分析。

众所周知，碳排放是造成目前环境污染的重要原因。环境事关公共利益，企业为何不主动限排呢？对此经济学的解释是企业私人成本与社会成本分离导致的结果。换言之，企业只支付原材料费、工资、管理费等内部生产成本，而将碳排放损害环境所发生的成本（治理环境的费用与居民受到的损害）转嫁给了社会（政府或居民）。正因如此，所以企业对碳排放漠不关心，甚至肆无忌惮。

据此分析，减少碳排放的关键是要将社会成本内化为企业成本。问题是：怎样将社会成本予以内化呢？经济学家曾提出过两种方案：20世纪初，英国经济学家庇古提出了征税补偿的办法，即由政府先向碳排企业征税，然后再补偿给受损居民。可是经济学家科斯1960年发表《社会成本问题》一文，明确表示不同意庇古方案，认为政府征税虽能将社会成本内化，但并非唯一方案，更不是最优方案。

科斯提出的方案是，按照交易成本高低来分摊社会成本。在科斯看来，碳排权的分配其实就是社会成本的分摊，或者说是界定产权。若将碳排权（产权）界定给企业，则企业无须承担社会成本；若将碳排权界定给居民，企业就得承担全部社会成本。至于碳排权在企业与居民间如何分配，政府只需看界定给谁的交易成本更低。

所谓交易成本，是指信息搜集、谈判沟通、组织协调等制度成本。在工业化初期，环境污染并不严重，公众环保意识也不强，将碳排权界定给企业一般不会有人反对，交易成本会相对低；但进入工业化中后期，生态环境逐步恶化，公众环保意识不断增强，若仍将碳排权界定给企业反对者增多，交易成本会升高。由此来看，为了降低交易成本，碳排权分配给企业的比例应逐步降低，分配给居民的比例应逐步提高。

要特别指出的是，根据科斯方案，分配碳排权只是内化社会成本的第一步，同时还得开放碳排权市场，让碳排权可以进行交易。可是现在有不少人担心，开放碳排权交易后有的企业买不起排放指标怎么办？我的答案很简单：买不起排放指标的企业当然只能限排，因为开展碳排权交易本来就是为了淘汰落后产能。

是的，保护环境必须限制碳排放。由于以前未开放碳排权市场，企业限排只能靠行政命令，由政府下令直接限制某些高污染企业排放；而现在开放了碳排权市场，便可通过市场机制限排。实践证明，用市场机制限排要比政府限排更有效。今天经济学家大多赞成科斯方案而不支持庇古方案，归根到底，因为庇古方案是一种政府限排方案。

社会收益内化：绿水青山的盈利模式

如果说将社会成本内化，目的是控制企业碳排放，减少负外部性，那么与碳排放不同，企业投资改善环境则具有正外部性，其社会收益往往要大于私人收益。这是说，要鼓励投资者改善环境，就得将社会收益内化，建立社会收益与私人收益的平衡机制。否则投资者缺乏利益驱动，就很难有保护和改善环境的动力。

习近平总书记强调："绿水青山就是金山银山。"现在很多人对这一论述有误解，以为一个地区生态环境好了经济也就自然发达了，这样理解显然是不对的。习近平总书记还强调，"我们既要绿水青山，也要金山银山。宁要绿水青山，不要金山银山"[1]。这句话的意思很清楚，绿水青山与金山银山有时也会存在冲突，而当两者发生冲突时，就不能为了经济利益而牺牲生态环境。

---

[1] 《习近平关于全面建成小康社会论述摘编》，中央文献出版社2016年版，第171页。

显然,习近平总书记讲"绿水青山就是金山银山",是在强调生态环境的重要性,而不是指"绿水青山"天然就是"金山银山"。一个基本事实是,农耕时代生态环境肯定比今天好,可那时候经济却远不如今天发达。近些年我做乡村调研,看到有些地方"绿水青山"确实已变成"金山银山",但有的地方虽然也山青水绿,却至今尚未脱贫。由此来看,要把"绿水青山"变成收入,还得为"绿水青山"设计出盈利模式。

将"绿水青山"变成收入,关键是要将生态环境的社会收益内化。以美丽乡村建设为例,习近平总书记提出要"望得见山、看得见水、记得住乡愁"[①]。问题是将美丽山水和乡愁变成农民收入却面临着两方面的困难:一是生态环境属于公共品,由于生态环境消费不排他,无法向游客收费;二是生态环境消费即便能够收费,也往往难以计价。比如乡愁是游客的一种主观感受,游客享受了多少乡愁说不清,乡愁值多少钱也说不清。

为绿水青山设计盈利模式,经济学提出的办法是寻找委托品,将那些不能计量或计价的商品(服务)借助某种委托品进行交易。想问读者:商家卖矿泉水是卖什么?若你认为只是卖水就错了。事实上,商家卖矿泉水不单是卖水,同时

---

① 习近平:《推动我国生态文明建设迈上新台阶》,《求是》2019年第3期。

也是卖"方便"。由于"方便"不好计量，于是商家将"方便"委托到了矿泉水上。一瓶矿泉水300毫升卖2元，600毫升卖3元，水多一倍而价格未高一倍，是因为水增加了而"方便"没增加。

现实中类似的例子很多。我所知道的：湖南永州新塘村土壤环境好，当地农民就把无污染的土壤环境委托到蔬菜上，将蔬菜和"环境"一起卖到了粤港澳；吉首隘口村将当地特殊的气候、土质委托到茶叶上，将茶叶和"气候"销到了全国；湘西马王溪村发展观光农业，将田园风光委托到了生态产业上，也赚得盆满钵满，当地黄桃4元一斤，若观光客自己采摘，8元一斤不会打折。

往深处想，生态环境的不同要素其实都可以找到相应委托品。上面的例子中，农民将特色山水委托到了特色农产品上；同理，乡愁虽不好计量或计价，但也可委托到古村、古树、古井、古建筑的门票上。可以推断，只要找到了委托品，社会收益便可内化，"绿水青山"就有了盈利模式。而生态环境一旦能带来收入，人们就会有保护和改善生态环境的积极性。

要特别指出的是，变"绿水青山"为"金山银山"，寻找委托品是一方面；另一方面，政府也要积极作为。首先，政府应加大对乡村基础设施的投资，要是路桥不通，即便山再青、水再绿，游客进不去也不可能变成"金山银山"；其次,政府应为生态环境资源确权,推动生态环境资源变资产,让改善生态环境的投资者可以取得收入。

三点重要结论

分析至此,我们可得出三点重要结论:

第一,不同社会文明形态的形成,是由不同时期稀缺性要素所决定的。随着我国工业化进入中后期,人们的需求发生了显著变化:过去盼温饱,现在盼环保;过去求生存,现在求生态。由于生态环境已变得越来越稀缺,物以稀为贵,于是使损害生态环境的代价越来越高,这样就决定了工业文明必须向生态文明转型。

第二,保护生态环境,关键在内化社会成本,使企业私人成本与社会成本大体保持一致。对此经济学家庇古提出的方案是对污染排放企业征税;而科斯提出的方案是界定排放权,并通过市场进行排放权交易。很明显,庇古方案强调的是由政府限排,科斯方案强调的是用市场机制限排。大量的理论研究成果和实践经验表明,用市场机制限排要比政府限排更有效。

第三,改善生态环境,重点在内化社会收益,建立起社会收益与私人收益的平衡机制。而将社会收益内化,办法是为不同的生态环境要素找到委托品,并设计出相应的盈利模式。同时,政府应加大对乡村基础设施投资,为生态环境资源确权,推动生态环境资源变资产。

延伸阅读

科斯:《社会成本问题》

大约60年前,在美国芝加哥大学,曾有过一场别开生面的辩论。该校《法律与经济学报》的主编戴维德教授为了欢迎科斯教授的造访,邀请几个同事到他家共进晚餐。这几个同事,均是卓有成就的经济学家,其中弗里德曼和施蒂格勒,更是世界顶尖高手。饭后,科斯向他们提了一个问题:"一个工厂产生了环境污染,使附近居民深受其害,政府该不该出面干预,向工厂征税或强制它搬出居民区?"众人一致回答:"当然应该。"

此时科斯却说:"你们错了。"接着,双方各持己见,展开了激烈的争辩。争论方酣之际,思维敏捷的弗里德曼,似乎突然大彻大悟,掉转枪口,将他的同事们批得哑口无言。科斯由此大获全胜。后来,他就此写成论文《社会成本问题》,发表在1960年的《法律与经济学报》上。

工厂污染环境,这是经济活动的外部性问题,对此,科斯以前的经济学家,几乎无一例外地主张政府干预。他们的理论依据，主要来自庇古。这位"福利经济学之父"指出，要想使资源得到最优配置，就必须使私人收益和社会收益相等，一旦两者出现偏差，就要设法纠正。工厂污染环境而不加治理，是将自己的生产成本转嫁给了社会，它的收益，也就高于社会收益。所以政府应对工厂征税，来补偿居民的损失，使他们各自的私人收益，都尽可能接近社会收益。

然而科斯认为，庇古的方案并不高明。在他看来，庇古是只见树木，不见森林，仅仅看到工厂损害了居民健康，却没有想到如果制止这种损害，同样会使工厂利益受损，所以他主张应全面权衡，不能顾此失彼，而正确的处理方法是从社会总体利益的角度考虑问题。

看下面的这个案例。一个制糖商已经从事糖果生产几十年，后来一个医生搬到他隔壁居住。开始两人相安无事，但自从医生在这里开了一个诊所后，邻里之间就再也不得安宁，最后竟然撕破脸皮，打起了官司。医生向法院起诉，说隔壁生产糖果的机器，发出了噪声，搅得他心神不定，而且没法使用听诊器给病人做检查。因此，他要求制糖商停止生产，而最后法院真的满足了他的要求。

科斯认为，法院这种裁决并非上上之策。假如制糖商停止生产损失300美元，而搬迁到别的地方只需100美元，医生迁移诊所只要200美元，那么，很显然后两种方案就更可取，其中最经济的方案是制糖商搬走。怎样才能实现这个目标呢？科斯认为，政府不必做硬性规定，只需划分好当事人双方的权利即可。

为了说明自己的观点，科斯做了正反两种假设。第一种假设，是制糖商有权在原地继续生产。在这种情况下，如果医生对噪声忍无可忍，要么就自己走人，要么请制糖商搬走。医生发现，请制糖商搬迁只需100美元，比自己搬迁合算，所以只要制糖商要价不超过200美元，他就乐意掏腰包。而制糖商只要得到的钱不少于100美元，也乐于搬迁。这样，两人你有情我有意，必然一拍即合，达成协议。

第二种假设，是医生有权在此行医。此时如果制糖商想让医生搬走，就必须付200美元，这比他自己搬走多了100美元，很不划算，所以，他会自己主动搬走。可见，虽然两种假设截然相反，但结果却完全一致，都是制糖商搬迁。科斯由此证明：无论初始产权如何界定，只要搜寻、谈判和监督合同实施等交易费用为零，当事人双方就会通过市场交易，使资源配置达到最优。

由此可见，在交易费用为零时，产权制度的安排对资源配置没有任何影响，这就是著名经济学家施蒂格勒定义的、由科斯本人认可的"科斯定理"。科斯定理的言外之意是：即使外部性导致了市场失灵，也不需要政府出面干预。

然而，假设交易费用为零，就跟物理学里假设自然界不存在摩擦力一样，永远都是一种不切实际的假想。在实际经济活动中，交易费用无处不在。就拿奶酪生产商来说，如果他要购买牛奶做原料，首先，他要多方打听什么地方有牛奶卖，质量如何。然后，为了眼见为实，又必须不辞劳苦，跑去当面看个究竟。如果货真价实，如他所愿，就开始讨价还价。好不容易谈拢价格后，还得就数量、交货时间、交货地点达成一致，签订合同。

然而，事情到此还没完，他必须随时睁大眼睛，防止对方出尔反尔，违背合同。可见，人们在交易时，做的都不是"无本生意"，而是要花费相当的代价，这种代价就是"交易费用"。科斯最早意识到交易费用的存在，所以，他没有停留在交易费用为零的假想中，而是马上进入了交易费用为正的世界。他指出，当交易费用大于零时，自愿交易就可能化作泡影。比如，在制糖商和医生这个案例中，只要交易费用大于100美元，交易双方就会望而却步。

原因很简单，如果制糖商有权在此生产，那么医生要想让他搬迁，就得多付100美元，再加上100美元的交易费用，就超过了200美元，还不如自己走人。而如果医生有权在此行医，制糖商就会自己花100美元搬走。由此可见，当交易费用大于零时，不同的产权安排，会有不同的资源配置效率。这就是所谓的"科斯第二定理"。

《社会成本问题》与常见的经济学论文相比，该文既没有晦涩难懂的理论，也没有密密麻麻的公式，作者只是信手拈来几个案例，便使人如醍醐灌顶，大有"听君一席话，胜读十年书"之感。所以它一经发表，立即同时震惊经济学界和法学界，成为20世纪被引用得最多的经济学论文之一。瑞典皇家科学院院士、诺贝尔奖的评委魏林，对科斯评价极高，认为科斯的贡献"对经济史的研究增加了新推动力，一门新的科学——法律经济学，在经济学和法学的交叉地带应运而生，传统的法学开始动摇了"。

当然，我们也应该看到，科斯定理并非完美无缺。比如，产权的初始界定，尽管对效率毫无影响，但却影响到了收入分配。而收入分配不公，往往又是社会矛盾的导火线。对如此重要的问题，科斯只是一带而过，不能不说是一大遗憾。

第十一讲
研究共同富裕的五个维度

给"公平"下定义是个难题

市场经济的一般分配规则

怎样衡量收入差距

不宜过度渲染收入差距

政府怎样补贴低收入者

第十一讲
研究共同富裕的五个维度

讨论共同富裕问题，大家关注的焦点是如何看待收入差距以及如何缩小收入差距。这里我想和大家探讨五个方面的问题：第一，怎样理解"公平"的含义？第二，市场经济的一般分配规则是什么？第三，收入差距应该怎样衡量？第四，如何看待当前的收入差距？第五，政府应该怎样补贴低收入者？下面我们分别讨论这五个问题。

给"公平"下定义是个难题

政府历来重视公平，国内研究公平的专家学者也很多，可至今对公平却不见有普遍认同的定义。英国经济学家庇古被认为是较早关注公平的学者之一，1920年出版了《福利经济学》，但学界对他提出的"收入均等化定理"是否可反映公平的依据一直有争议，有人甚至持完全相反的看法。

公平作为一种价值判断，由于人们的文化背景、利益取向、收入状况不同，对公平的理解也不同。不信你到大街上去问行人什么是公平，三个人，没准会告诉你四种答案。最近我查阅相关文献，想不到专家对公平的看法也是五花八门、大相径庭。我本人有自知之明，不敢贸然给公平下定义，不过有一点我清楚，知道目前公平定义的缺陷在哪里。

学界看公平，大致有三个角度：一是结果公平；二是机会平等；三是起点平等。从结果看公平，通常的做法是用基尼系数去判断。基尼系数是衡量收入差距的指标，反映的是收入平均化状况。主流的观点说，基尼系数大于0.45即为差距过大，则收入分配不公平。这做法是将公平等同于平均，但想深一层，平均分配其实未必就公平。比如你比我能干，贡献也比我大，如果我和你平均分配收入，你觉得对你公平吗？

机会平等貌似公平，但若起点不平等，机会平等也难以保证公平。假如有一幅名人字画拍卖，你我都有机会竞买。不同的是，你整天游手好闲，却靠祖上遗产富甲一方；而我一贫如洗，自己勤扒苦做收入仍不及你九牛一毛，尽管我比你懂得欣赏字画，可和你竞买，我成功的概率是零。再比如，政府斥巨资建造体育馆，并免费向公众开放，说起来大家享用体育馆的机会平等，但若体育馆建在城市，对乡下的农民显然就不公平。

可见,机会平等是否公平,关键要看起点是否平等。问题在于,真实世界里人们的起点是不可能平等的。参加歌手大赛,宋祖英嗓音甜美,你五音不全,凭什么要求人家宋祖英与你起点平等?你天生聪慧,我愚笨如牛,一起参加高考,我却要求你的智商和我一样低,你也不会答应对不对?其实,五个手指伸出来不一般齐,人的禀赋不同,要求起点平等,无疑对禀赋高的人也不公平。

前面说过了,我能指出现行"公平定义"的缺陷,但却不知怎样给公平下定义。近段时间日思夜想,一直有个疑问:公平是否就不能被准确定义?或者说,公平的标准本来就不该人为地设计?定义不清楚,想设计也设计不了。当然,这并不是说政府对公平就束手无策,公平虽然不能准确定义,但对不公平的事却很容易看得出,尤其对身边的不公平,人们的判断往往能高度的一致。

举例说,高考分数线的划定。对边疆民族地区录取线降低一些大家没意见,而且觉得合情合理;但对北京地区考生享受照顾却大为不满。是为何故?因为北京地区有一流的师资与教学设施,考生的条件得天独厚而录取线却比外地低,人们当然认为不公平。前几年,有外地家长为把孩子户口迁入北京,来北京买房置地,可政府一纸禁令要求彻查高考移民,结果反而加剧了不公平。

搞市场经济，有收入差距在所难免。别以为收入有差距就是不公平，其实老百姓并不这么看。你诚实劳动、守法经营致富，大家会羡慕你；你走私贩私、制假卖假，大家会痛恨你；你以权谋私、受贿敛财，大家就会反对你。因为后两种人损人利己，搞的是歪门邪道。还有，即便是合法致富，但若贫富差距过大，有人挥金如土而有人吃不饱肚子却得不到扶助，人们也会觉得不公平。

再说城乡差别。现行的户籍制度限制人们迁移自由，不仅对农民不公平，特别是对农民子女也不公平。比如义务教育，本来是要由政府免费提供，不论是城市还是农村的孩子，九年义务教育皆应一视同仁。可现实却是，城乡中小学的教学设施和师资配备仍存在较大的差异。同样是医病，城里的医疗条件明显优于农村；同样是养老，城镇居民的保障水平也高于农民。诸如此类的不公平，若不是故意视而不见，谁都可以再列举一些。有趣的是，学界不能恰当地定义公平，可老百姓却对公平与否看得一清二楚。这就应了那句古话，"公道自在人心"。若将此推展到政策层面，其含义是，政府求公平，大可不必事先设计出什么框框，而是要相机调节，不断消除多数人认定的不公平。这是说，追求公平是一个渐进的过程，不可一蹴而就，也不能一劳永逸。

若以上分析成立，政府追求公平我认为要把握好以下两个原则：第一，公平要以民意为依归。对社会反映强烈的不公平现象，政府应及时化解，不可听之任之。第二，要优先照顾弱势群体。搞市场经济难免有收入差距，有差距不要紧，要紧的是政府要对低收入者予以补贴。

市场经济的一般分配规则

中国经济体制从计划经济向市场经济转轨，其中一个重要标志就是分配体制从单一的按劳分配转向"以按劳分配为主体，多种分配方式并存"。事实上，在市场经济体制下，分配过程与交换过程密不可分，两者可以说是同一个过程，因此我们探讨市场经济的一般分配规则，不应该就分配谈分配，而应从交换的角度来研究分配。

怎样从交换角度研究分配呢？古典经济学最著名的分配规则当属萨伊的"三位一体"公式："资本—利润、土地—地租、劳动—工资。"此公式也称"按生产要素分配"。当年我大学时期读《资本论》就知道马克思批评过萨伊，后来读萨伊的《政治经济学概论》，我也认为萨伊的理论有错。可没想到的是，2002年中央将"确立劳动、资本、技术和管理等生产要素按贡献参与分配的原则"写进了党的十六大报告后，学界却有人说萨伊没有错。

可以肯定地说，萨伊是错了的。他错就错在混淆了收入来源与收入分配的区别。在他看来，资本得利润与土地得地租,是因为资本创造了利润、土地创造了地租。而马克思批评说,收入(价值)来源于劳动,资本与土地只是创造收入的条件。的确,收入来源与创造收入的条件是两回事。爱迪生发明电灯需要实验室,可我们能说是爱迪生与实验室共同发明了电灯吗?这是一方面。

另一方面,资本与土地虽只是创造收入的条件,但让它们参与分配却没有错。对为何要允许生产要素参与分配,目前国内学界有两点解释:一是生产要素对收入创造有贡献;二是中国尚处在工业化中期,资本、技术、管理皆短缺,不允许要素参与分配则无以调动全社会资源。还有人举证说,如今非公有制经济风生水起,一个重要原因就是允许资本参与分配。

以上解释我同意,不过从学理看,这样的论证并不严密。科学逻辑说,某个理论命题成立,一定是在特定的前提下成立,若离开了前提便不成立。按要素分配理论也不例外,我认为至少有两个前提:第一,生产要素要有不同的占有主体;第二,产权要有明确界定并受法律保护。若没有这两个前提,不仅不存在按要素分配,甚至也不会有市场交换。

对第一个前提,马克思曾有精辟分析,下面这段话相信读者也熟悉。马克思说:"商品不能自己到市场去,不能自己去交换。因此,我们必须找寻它的监护人,商品占有者。"[1]同理,生产要素也是商品,若没有占有主体也就没有监护人,没有监护人生产要素也不能自己卖自己。所以生产要素要进入交换,也必须有占有主体。

对第二个前提,我的看法是这样:如果生产要素有占有主体但若产权不受保护,这样不仅不能产生交换经济,相反会导致强盗经济、土匪经济。不妨设想一下,国家不保护产权意味着什么?那无疑是说,国家承认或者默认弱肉强食规则;意味着抢劫盗窃、欺行霸市等皆不违法。若如此,侵占别人财产不被治罪,怎可能出现交换呢?

显然,以上前提其实是交换的前提,读者可能要问,为何将交换的前提设定为分配的前提?我明白读者的疑惑。因为表面看分配并不同于交换,而且在人们的观念里,分配是主体对客体的分配;而交换却不分主客体,强调的是等价交换。对此我要指出的是,人们所理解的那种主体对客体的分配是计划体制的分配,市场体制的分配实际就是交换。

想想住房分配吧。过去计划经济时期城市的房产大多公有,那时住房通常是由政府根据人们的职级、工龄等分配;而实行市场经济后,住房产权被界定为居民所有且受法律保护,于是住房分配也就不再由政府主理,而是让居民进入市场购买,变成了交换。从这个例子可见,在市场经济下,

---

[1] 《资本论》第1卷,人民出版社2004年版,第103页。

只要明确界定产权并保护产权,分配就是交换,交换也是分配。

回头再说分配规则。我的推论是:若要素产权得到界定并受保护,则企业分配必是按要素分配。何以有此推论?为简便起见,让我用例子解释:假定有三个人,他们分别是资本、土地和劳动力的所有者,经过协商,他们同意将各自生产要素组合起来办企业,结果一年收入了1000万元。这1000万元怎么分配?假如国家保护产权,三个要素所有者都应参与分配,不然剥夺任何一方分配权皆是对"产权"的侵犯。

是的,按要素分配是企业分配所应遵循的原则,但这只是一个原则,若进入操作层面还会有一个难题,那就是资本、土地和劳动力参与分配的比例怎么确定,理论上讲,应该看它们各自的贡献,可问题是我们怎知道不同要素的贡献呢?要解决此问题我认为还得从交换入手,虽然我们不知道它们各自的贡献,但通过交换却可以确定。

事实上,对怎样确定收入分配比例马克思早就为我们提供过思路。在《资本论》中,他明确地讲:利润是资本的价格;地租是土地的价格;工资是劳动力的价格。照此理解,确定要素的收入分配比例其实就是给要素定价。这样一来问题就变得简单了,价格由供求决定,各要素在收入分配中究竟占多大比例,最终就取决于它们各自的供求状况。

讲到这里再说几句题外的话。最近学界就国内工资问题产生了不小的争论，有人认为目前工资偏高推高了企业成本，主张降工资；但也有人反对，认为工资不仅不高反而偏低。我的看法：工资高低谁说了也不算，要由劳动力供求决定。不过随着人口老龄化、劳动力日渐短缺，未来工资上涨恐怕不可逆转，这样看降工资未必是明智之举。

怎样衡量收入差距

学界通常用"基尼系数"衡量收入差距，比如有人说中国的收入差距大，理由就是官方公布的基尼系数超过了0.4。这数字是怎样算出的我不知道，但既然是官方数据，权威性不用质疑。不过很多学者都说此数字不可信，认为实际差距比这大得多。数字准不准不管它，收入存在差距我相信是事实，老百姓有不满也是真的。

大家希望缩小收入差距，我理解。但为了把问题说明白，我认为应先讨论：什么是收入，或者收入差距应该怎么算？举个例子，某民营企业一年利润2000万元，而某员工一年工资10万元，请问，企业2000万元利润算企业主收入吗？倘若这么算，那么企业主收入就是员工工资的200倍，差距可谓大也。问题是，员工工资多数是用于个人消费，企业利润少量会用于企业主消费，而大量则用于投资，两者肯定有不同，读者是否注意到其中的分别呢？

说到收入，我们不能不提到经济学家费雪。当年费雪写那本大名鼎鼎的《利息理论》，开篇就讲"收入是一连串事件"。什么意思？费雪用三个概念解释。一是享用收入。费雪强调，货币只有当用于购买食物、衣服、汽车等进行享受时才成为收入。二是实际收入。享用收入是心理感受，没法度量，所以他认为可用实际收入（生活费用）来近似反映，比如我们用晚餐或看电影，其享受虽无法用多少元衡量，但却知道花了多少钱。三是货币收入。这个简单，就是指用于支付生活费用所得到的货币。

很显然，在费雪那里所谓"收入是一连串事件"，其实是说收入是一连串的消费（享受）。他讲得很形象，以家庭门限为界，不管你赚多少钱，把面包、黄油、衣服、汽车等买进家门并立即消费了是收入，否则就不是收入。还是上面的例子，某企业主一年进账2000万元，若支付生活费用为20万元，那么这20万元是他的收入，剩下的钱若存银行是储蓄，买了机器是投资。但无论储蓄还是投资，都是企业主财产（资产）而非收入。

费雪如此界定收入，或许有人不同意，因为不仅教科书上不这么说，而且与人们惯常理解也大相径庭。不过就我本人而言，却完全接受费雪，并非盲目崇拜，而是觉得只有从他的收入视角才能解通世事。我自己的例子，当年从人大毕业求职，本可去一家外企就业，月薪3000元；也可到党校任教，月薪300元，可我最后选择了党校而放弃外企，你知道为什么吗？外企薪酬虽是党校10倍，可党校能提供住房，外企却没有，这样在我看来在党校教书的收入（消费）并不低于外企。

以上说的是自己选择职业，若再换个角度，让我与那些私企老板比又如何？昔日师友今天在商界的成功者不乏其人，人家开公司日进斗金，而我做教授月入不足2万元，你认为我会羡慕他们吗？说实话，一点没有是假的，但如果你认为我会后悔当初自己没下海那就错了。曾与一位做老板的师兄探讨过，表面看，他的收入（生活费用）确实比我高，但除开商界应酬，单论个人收入（消费）却也相差无几，至少没有原来想象的那么大。

绝非吃不着葡萄就说葡萄酸。我说自己与老板（师兄）收入相若，那仅是从个人消费看；若转从财产看就不同了，他资产过亿，而我呢？除了手头那点微不足道的股票和所住的房子别无其他，两者当然没法比。由此可见，我等工薪阶层与私企老板的差距，主要是在"财产"而不在"收入"。不信你再去读读《资本论》，会发现马克思揭示资本积累趋势也是从财产角度讲的，所谓财富积累与贫困积累，比较的并不是资本家与劳动者的个人收入。

回头再说基尼系数。有个误会需要澄清：不少人以为，基尼系数反映的是收入差距，学界也有人这么看。事实上，这看法是错的。基尼系数虽也包含收入差距，但那仅是一小部分，无足轻重，它所反映的主要还是财产差距。比如有人讲中国20%的人口拥有80%的财富，显然说的是财产而非收入。既如此，于是这就带来了一个问题，若基尼系数高是指财产差距大，那我们如果只单调收入不调财产岂不是避重就轻？

是的，比起收入差距，目前的财产差距的确更大，也正因如此，所以我认为与其调收入就不如调财产。再说，政府调收入的办法也并不多。前面讲，收入即消费。这样调收入实际是要调消费。问题是消费怎么调。最近读了不少学者的文章，来来去去似乎就两条，即对工资"限高"或者"提低"，可难题在于工资乃劳动力之价，高低要由市场定。政府"限高"只能针对国企，对私企则鞭长莫及。当然，政府可提高最低法定工资，但前提是得先减税，若只加工资不减税，失业增多反而麻烦更大。

至于如何调财产，这里我只说重点：第一，明晰农民耕地产权。咄咄怪事，目前中国农民有房有地却无财产，究其原因是国家没给农民耕地产权。第二，对财产课税。现在不少富人到处买房置地，你钱多买什么别人管不了，但要调财产政府应对其征税。第三，开征遗产税。此事已议多年，但不知为何至今未开征，也不知究竟难在哪里。我所知道的是，若再久拖不决日后财产差距会越拉越大。

不宜过度渲染收入差距

中国目前存在收入差距是事实,政府应该加以重视;但我们不必要过度地渲染这种差距,否则容易助长人们的仇富心理,影响社会稳定。小时候读《三字经》,对开篇讲"人之初,性本善"我没怀疑过;后来进大学读经济,知道亚当·斯密的"经济人假设"说人性自私,便大惑不解。问过教授,教授说,要推断人的经济行为,就应作如此假设。

"性善"到底是否为人类与生俱来,不是我们今天的重点,这里不讨论。我自己已人过中年,也算经历了一些事,见过光明磊落的君子,也遇过心底阴暗的小人。但不论哪一类,我个人的看法是,多数人都有同情心。古代劫富济贫的绿林好汉,现代乐善好施的阔佬,不是说他们都有高尚的情操,但用同情心解释其善举,不会错到哪里去。

是的,同情心是人类的天性。敢打赌,假如有人公开呼吁政府加多穷人福利,不管用何理由,哪怕是信口雌黄,拍手叫好的一定多;相反,若有人不识时务,指出其逻辑纰漏,就算说得对,那也会千夫所指,被骂得狗血喷头。现成的例子,当年撒切尔为医治英国"福利病",曾有意削减福利、平衡收支,结果触犯众怒,连她的母校牛津大学都不肯授她荣誉博士学位。

所以我担心,我们今天讨论扶贫会不会一样缺乏理性。

扶贫我当然赞成，但以国家现有的财力，究竟怎样做才能既帮助穷人，又促进社会和谐，是重要问题，需要冷静处理。遗憾的是，当下学界关注的重心，似乎是在收入差距方面。参加了几次学术沙龙，听学者谈"差距"，眼界大开，没想到，会有人把基尼系数计算出六七个结果来。

我也不否认这些学者研究收入差距的意义。但我不明白，过多地张扬差距，对社会和谐有何好处？中央提出构建和谐社会，无论如何，是要提升国民幸福指数，而不是走回头路，去搞平均主义。何况经济学已证明，收入与幸福并不是一回事，诺奖得主卡尼曼教授作过调查，今天美国人的收入与50年前比至少高出3倍，但现在美国人的幸福程度，却并不见得比战前高。

其实，幸福是一种主观感受。幸福不仅来自收入，也来自人们比较的参照。说我个人的经验。早年在老家种地，面土背天，煞是辛苦，但那时只要能吃饱肚子，就会觉得幸福。为何？因为经常挨饥抵饿，对比的是穷日子。改革开放后，人们丰衣足食，不承想，不满足的人反而多了，"端起碗来吃肉，放下筷子骂娘"。何故？比较的参照变了。我现在做教授，月入不足2万元，比之从前心满意足；但若硬要我去跟那些日进斗金的明星大腕比，岂不会郁闷得要跳楼？

幸福来自比较的参照，相信大家都有类似的经历。比如你去一家小店就餐，一杯清茶收你30元，你也许会不乐意；

但当你到五星酒店，同样一杯清茶，收你30元为何可以接受呢？原因是你觉得五星酒店的环境与服务好，物有所值。但只要你这么看，就有了固定的参照，而且一旦形成，将会影响到你日后的幸福感受。读过奚恺元先生的大作，书名忘了，但他介绍芝加哥大学塞勒教授的一项试验，很有说服力，恕我借用一下。

塞勒教授设计了一个场景，一帮躺在海滩上的朋友想喝啤酒，刚好切尼要去附近的杂货店办事，于是说，他可去买啤酒，但不知大家多少钱一瓶可接受，经过合计，最后出价是1.5元。切尼又问，如果杂货店不卖，而去旁边的酒店买，各位肯出多少钱？又一番合计，出价竟是2.65元。想问读者，啤酒是标准品，从不同的地方买同样的啤酒，出价为何会有差异？答案是，人们对比的参照不同。

按下来的试验，是切尼以2元的价格买回了啤酒。起初他告诉朋友，说啤酒是从酒店买的，大家听了很高兴，比预期的价格低，认为是得了便宜，于是开怀畅饮；可没等大家喝完，切尼道出了真相，说啤酒买自杂货店，结果大家垂头丧气，一个个都觉得吃亏。有趣吧，同样的啤酒，同样的花费，只要说出不是买自酒店，人们的幸福感则陡然消失。

这又让我想起当年"忆苦思甜"。今天的年轻人不知，在我的中学时代，学校常有忆苦会。主讲人都在旧中国生活过，苦大仇深，他们讲日本人在中国如何烧杀抢夺，讲国民党如何横征暴敛，讲地主老财如何欺压穷人，辛酸的故事曾令我泪流不止。于今回顾，当年的忆苦会，让我受益良多。至少，在当时缺吃少穿的时候，我感觉自己是幸福的。

回头再说扶贫。我的观点：扶贫助弱，政府当然应竭尽全力。但困难在于，政府不会点石成金，财力所限，不可能让穷人一夜脱贫，所以要改善穷人的状况，必须逐步来，不能急，也急不得。既然如此，学界当前要做的，应是引导人们正视差距，通过勤奋劳动缩小差距，而不是相反，过度地渲染收入差距、鼓励攀比。那样做，除了博得掌声，助长仇富心理，对社会和谐有害无益。

政府怎样补贴低收入者

前面说过，人类与生俱来就具有同情心，所以对政府补贴低收入者，大概不会有人反对。20世纪初，英国经济学家庇古研究福利经济，一时间风生水起，并影响过当时英国的政策。说来也巧，诺贝尔经济学奖得主安格斯·迪顿也是英国人，他的主要贡献是研究贫困与不平等。其中一个观点：若不改变造成收入差距的不平等，援助穷人不会让穷人逃离贫困。此观点国内媒体争相报道，公众好评如潮。看网上评论，迪顿仿佛成了人们心目中救苦救难的菩萨。

其实，迪顿的理论并不高深，类似的观点国内早有：如

"授人以鱼，不如授人以渔""输血不如造血"，可惜这些都是形象说法，算不上理论，也没有人像迪顿那样下功夫用数据去验证。所以对迪顿获奖虽然意外，但并不奇怪，应该衷心为他鼓掌。正是受迪顿启发，我这里也来讨论扶贫。准确地讲，是讨论政府补贴与扶贫的关系。

关于政府怎样补贴穷人，之前我写过多篇文章：如《从供求看农业补贴》《政府不必补贴富人》《补砖头不如补人头》《关于家电骗补问题》等。今天重读自己的这些旧作，观点仍没变；但观察问题的角度已经有了转变。在我看来，分析政府补贴不能一事一议，应从理论层面作更深入探讨。

以往的政府补贴，名目繁多，如住房补贴、家电补贴、农机补贴、化肥补贴、农药补贴、燃油补贴等，不一而足。我们无须怀疑政府的初衷，但效果却往往事与愿违。举例说，前几年政府为了资助穷人买房，拿出大量资金补贴建经适房。结果呢？经适房穷人买不到，购房者多是富人，这样富人反而搭了穷人的便车。

有人说，那是因为补贴方式不对，若政府不补贴建经适房，而发购房券让穷人自主购房，富人怎可能搭穷人的便车？是的，补贴建房是间接补贴，发购房券是直接补贴，论效果，"补商品"确实不如"补货币"。我在《补砖头不如补人头》一文中也持这个观点。然而想多一层，补货币难道就一定是补穷人吗？答案是"不一定"。

让我再举一个例子。几年前我赴豫东农村调研，当地农民告诉我，他们对政府发放农药补贴很感激，但他们并没得到实惠。怎么回事？陪同的乡干部解释：一瓶杀虫剂原先是50元，可政府给了农民货币补贴后，杀虫剂马上涨价，补多少涨多少，结果真正受益的不是农民，而是商家。

可见，货币补贴虽可解决购房一类的问题，但却不能包治百病，问题还是解决不了。这是说，无论补商品还是补货币，穷人都有可能不是受益者。这显然背离了政府补贴的初衷。政府的初衷是扶贫，可到头来补贴的却是富人。我称这现象为"政府补贴悖论"。

政府补贴为何出现悖论？从学理分析，我认为有两个决定因素：一是市场主权；二是补贴方式。众所周知，市场分卖方（主权）市场与买方（主权）市场，商品供不应求为卖方市场，反之为买方市场。而补贴也分两种，即商品补贴与货币补贴。若将两类市场与两类补贴相互搭配，便有以下四种组合：

组合一：买方市场与补贴商品。在此情况下，由于商品供过于求，价格有下降压力，若政府此时补贴商品，受益者只能是生产商。家电补贴是典型例子。前几年政府补贴家电，而多数穷人迫切需要的并非家电，如此一来，家电商拍手称快，穷人只能望"补"兴叹！

组合二：买方市场与补贴货币。我认为在此情况下补贴的受益者是穷人。因为市场上商品供应过剩，价格会往低走；而同时政府补贴的又是货币，这样穷人拥有自主选择权，商家不可能挤占政府给穷人的补贴。

组合三：卖方市场与补贴商品。若市场是卖方主权，表明商品供应短缺，价格有上涨压力。此时政府若补贴商品，价格不一定会下降。即便政府直接限定补贴商品的价格，由于供不应求，穷人未必能买到。要不就得找门路、托关系，而其中花费一定不会少。经适房是这方面的例子，我不再多说。

组合四：卖方市场与补贴货币。很多人以为，只要政府不补贴商品而补贴货币，穷人则可受益。可实际远比这复杂。商品供不应求，价格要上涨；若政府再给穷人补贴，需求会进一步拉升价格，这样商家通过涨价就能轻而易举地将政府补贴吸尽，如前面提到的农药补贴就是例证。

显然，以上四种组合中，只有第二种组合（买方市场与补贴货币）可取，其他三种组合名义上是补贴穷人，实际上皆是补贴富人，这正好也印证了迪顿的推断。当下的困难：一方面，政府对穷人不能袖手旁观，而另一方面又难以帮到穷人。怎么办？我这里提两点建议：

第一，将补贴商品一律改为补货币。今后政府补贴穷人不再补贴商品，应直接补货币。财政的钱来自税收，拿纳税人的钱补贴商品，不仅穷人不受益，而且会导致不平等竞争。

前几年就有人质疑：政府为何补家电而不补服装？理由没人说得清。

第二，在补货币的同时推进与改善供给。商品过剩时政府可给穷人补货币；但当商品短缺时，政府应着力推进与改善供给。供给不增加，给穷人补货币不过是为富人作嫁。所以政府可以给穷人补货币，我认为重点是鼓励生产，保障供给。

延伸阅读

奥肯：《平等和效率》

一个名叫韦斯巴芗的古罗马皇帝，在加冕时突发奇想，要考测一下他的主教。他将皇冠和法典放在天平的两端，并不允许主教同时拿起这两件东西，所以无论主教捧起哪一个，另一个都会当众落地。如果皇冠落地，对主教来说，意味着不祥之兆。如果法典落地，他又会遭到目中无法的指责。于是，主教陷入了一筹莫展的两难境地。

平等和效率的选择，何尝又不是面临同样的困境？《平等和效率》一书的作者——约翰逊总统经济顾问奥肯指出，美国一方面公开宣布所有公民一律平等，人们享有相同的权利；但另一方面，它又根据市场中的个人贡献来论功行赏。

谁经济效率高，收入就多。这刺激着人们努力工作，使资源利用效率不断提高，产出不断增加。

但是，世上没有十全十美的事，市场的高效率带来了让人头痛的副作用。在市场中如鱼得水大发其财的人，可以用金钱做"糖衣炮弹"，谋取额外的特权，而在市场中不那么顺风顺水的人，权利就在一定程度上被剥夺。这样，平等的政治权利和不平等的收入分配之间的尖锐矛盾，使社会不得不在痛苦中作出选择：要么牺牲一些效率，多得到一点平等；要么以平等为代价，多得到一点效率。

奥肯认为，这是社会最大的经济抉择，比通货膨胀和失业之间的抉择，还要重要得多。理想总是那般美好，现实却总有几分无奈。原则上，公民的权利是平等的，但"有钱能使鬼推磨"，金钱的魔力无孔不入，可以买到民主社会原本不出售的东西，践踏了平等原则。

比如，"法律面前人人平等"，被誉为权利中的最高准则，但它经常被亵渎。富人一掷千金，请得起最好的律师；穷人收入微薄，处于明显不利的地位。再有，虽然多数国会议员并不明目张胆地收受贿赂，但他们却千方百计地寻找合法的竞选基金。谁提供基金，谁就能得到格外关照。

不过尽管如此，奥肯认为也不能因噎废食，否认市场经济。他极力反对那种"倒洗澡水时连婴儿也一起倒掉"的激进做法，主张把市场经济作为实用主义加以接受。他的理由是：市场经济可以保证人们在市场上择业、赚钱和花钱的自由，虽然这造成了收入上的不平等，但毕竟是"利大于弊"，因为"公民选择职业和往菜篮子里挑选货物的权利，是个人自由的基本要素"。

市场经济更为重要的好处，是保护公民的政治权利，抗衡政府的侵犯，约束官员的权力。在经济彻底集体化的情况下，政府直接指挥社会全部的生产资源，牢牢掌握对人们的生杀予夺大权。在强权的压迫下，持不同意见者不得不噤口不语，或随声附和，致使民主在铁箍般的封闭中窒息。

奥肯支持市场经济，还因为它具有较高的效率。"看不见的手"像一盏指路灯，引导着人们的经济活动。梦想琼楼玉宇的生产者，为追逐利润，会绞尽脑汁揣摩消费者的需要，挖空心思地降低生产成本。这样，既让消费者得到了价廉物美的商品，又大大提高了资源的利用效率。

在本书中，奥肯还考察了经济不平等和机会不均等的关系。机会不均等可以产生经济不平等，这比机会均等时出现的经济不平等，更令人难以接受。比如，不同职业的报酬相差悬殊，如果劳动力市场存在歧视，将一部分人排斥在外，那么，收入就不可能是平等的。但这并非不可补救。有效的办法是像长跑比赛一样，让人们站在同一起跑线上，充分展开自由竞争。

当然，奥肯也认识到，完全的机会平等从来都只是乌托邦式的梦想，在任何社会都不可能实现。因为，从某种意义上说，人生而不平等。

最后，奥肯强调说，平等和效率都很重要。既要"鱼"，也要"熊掌"，社会应在二者之间进行折中。到底如何折中呢？奥肯的核心思想，是在保留市场经济制度的情况下增进平等，或者说"在效率中注入人道（公平）"。为取得更大的平等，政府可采取所得税、社会保险、转移支付等措施，来缩小过于悬殊的贫富差距。

该书虽是奥肯的一家之言，讲的是美国的制度及其存在的问题，但它具有普遍的理论和实践价值。历史源远流长，在平等和效率的选择上，人类留下了许多成功的经验，但更多的却是辛酸和无奈、悲观和愤恨，甚至是血和泪的伤痛。远古的历史已是茫茫难寻，但近代的文明史却始终像一面镜子，给后人诸多的教训和启迪。

是的，从呱呱落地之日起，资本主义就以高效率而著称于世，机器轰鸣，轮盘飞转，巨大的物质财富以令人炫目的速度生产出来。生产力发展如此迅速，有哪一个时代、哪一个社会可与之匹敌？但是，这种高效率却是以丧失平等、践踏人的尊严为代价的，当你目睹资本主义原始积累时期，一部分人腰缠万贯奢侈糜烂，一部分人一贫如洗艰难度日时，还会将这段历史引以为文明荣耀而大加赞美吗？

第十二讲

国企改革攻坚的路径选择

从所有权与产权的区别说起

产权结构与企业行为选择

国企"混改"应分类推进

去行政化无须取消行政级别

怎样看待高管限薪

第十二讲
国企改革攻坚的路径选择

国有企业经过30多年改革,现在已进入攻坚期。我自己有一个看法:党的十五届四中全会通过的《关于国有企业改革和发展若干重大问题的决定》已经把国企改革的整体思路说得很清楚,目前我们要做的是两件事:一是对中央提出的改革思路给出更充分的理论论证;二是结合今天国有企业的实际,按照中央的改革部署具体抓好落实。我这里谈几点思考和大家讨论。

从所有权与产权的区别说起

产权问题在国内一直有争议,当年为避免争论,邓小平说不要问姓"资"姓"社"。老人家一言九鼎,为后来国企改革赢得了时间。可时至今日仍有人将产权等同于所有权。

甚至说国企产权归国家，清清楚楚，明晰产权莫非要搞私有化不成？这批评显然是望文生义，没弄清所有权与产权的区别。

在现代经济学里，"产权"与"所有权"是两个不同的概念，所有权是法权，指的是财产归属；而产权则是指除了归属权之外的其他三项权利，即使用权、收益分享权与转让权。今天人们之所以将所有权与产权混为一谈，说来其实也是事出有因。在人类社会早期，所有权与产权是融为一体的，若某人对某财产拥有所有权，也就同时拥有了产权。

不过这是早期的情形。今非昔比，当借贷资本与现代公司产生后，所有权与产权就分离了。典型的例子是银行。大家知道，银行的信贷资金主要来自储户存款，资金所有权仍然属于储户，既然资金的所有权是储户的，可银行发放贷款为何可不征得储户同意？原因是银行通过支付利息从储户那里购得了资金产权。在这里，所有权与产权已经实行了分离。

是的，产权源自所有权，但也可独立于所有权。从这个角度看，所谓明晰产权并非改变所有权，而是明确财产的使用权、收益分享权、转让权。由此可见，明晰产权与所有权是否私有无关。也许有人问，既然不改变所有权何需明晰产权？我的回答：财产无论公有私有，所有权清晰并不等于产权也清晰。此点特别重要，让我举例解释：

张三与李四相邻而居，北边的院子是张三的私产，南边的院子是李四的私产。有一天，张三在自家院子里焚烧垃圾，北风将烟尘刮进李四的院子，起初李四好言劝阻，可张三置若罔闻，结果两人大打出手。为何如此？因为产权不清晰。当初张三建房时，法律并没规定在院子里不能烧垃圾，而李四建房时，法律也没承诺他有不受污染的权利。可见，南北两个院子虽分别为张三和李四的私产，所有权很清晰，但产权却并不清晰。

产权不清晰，会引起相关当事人的摩擦，要避免摩擦就必须明晰产权，这就带出了本讲要讨论的第二个问题：产权应该如何界定？

美国经济学家科斯说："若交易费用为零，产权界定清晰，无论产权界定给谁皆不影响经济的效率。"这里所谓的交易费用，是指利益各方为达成某项交易而产生的协调费用。如用于谈判、通信方面的花费，请客送礼的开销，调解纠纷的行政费用或法律诉讼费用等。总之，除生产费用之外的一切费用，都统称为交易费用。

假如科斯的前提成立，推论肯定对。说我亲眼所见的例子。多年前，我曾赴湖北某纺织企业调研，见厂门口有十数人静坐，问原因，工厂主事人告诉我，静坐的都是周边居民，他们生病认为是工厂冒烟所致，故要求厂方报销医药费。按科斯的理论，解决此纠纷不难。如果政府能明确居民有不受污染的权利,那么工厂就得安除尘器;相反,如果明确工厂有冒烟的权利,那么居民就得集资替工厂安除尘器。

问题是,交易费用为零是个理论假设,除了鲁滨孙一人世界,真实生活里几乎不存在。还是上面的例子,假如政府把产权界定给工厂,居民花钱给工厂安除尘器,可工厂的领导,安除尘器可以,但得给工厂一些好处费,于是就产生了交易费用,若交易费用过高,后果有两个:一是维持现状,居民继续受污染;二是居民不堪忍受,到工厂寻衅滋事。

很明显,一旦有了交易费用,产权界定必受交易费用的约束。或者说,产权如何界定必须顾及交易费用的高低。想想吧,当下政府为何要求企业节能减排?从产权角度看,这实际上就是限制企业的排污权,而把不受污染的权利界定给居民。政府这样做,一方面是保护环境,另一方面也是考虑交易费用。因为把产权界定给居民,交易费用比把产权界定给工厂要低得多。

类似的例子:交通法规定,机动车在人行道撞伤行人要负全责,在机动车道伤人也要赔偿。为什么?因为把产权(安全保障权)界定给行人,不仅交易费用低,而且可减少交通事故。还有,国家规定不许强行拆迁民宅,原因也是保护民宅的交易费用低。如果民宅不受保护,允许强行拆迁,引发的社会矛盾会层出不穷,政府管理的交易费用将不堪设想。

相反的例子：农民的耕地产权。国家说，农村土地承包经营权长期不变。可现行承包经营权，只含使用权与部分收益权，转让权并未界定给农民，所以近年来强征农民土地的事时有发生。农民不服，于是就上访，有的地方甚至还闹出了人命。假如国家能明确规定土地产权（包括转让权）归农户，卖与不卖或按什么价格卖，一切均由农民自己作主，政府处理土地纠纷的交易费用就会大大降低。

由此，我们有三点结论：第一，产权有别于所有权，明晰产权不等于要改变所有权。第二，公有制产权不清晰，私有制产权也同样不清晰，因此产权改革未必要搞私有化。第三，产权包含使用权、收益分享权、转让权，明晰产权就是要将此三权予以界定。第四，产权作何种安排，最终应以节约交易费用为依归。

产权结构与企业行为选择

分析了产权与所有权的区别，让我们再看产权与企业行为选择是何关系。经济学研究行为选择通常要运用"需求定律"，该定律指出，某商品价格越高，消费者需求越小；反之亦然。显然，这里的价格是行为选择的约束条件，需求变化是价格约束下的选择结果。需求定律的一般含义是，人类所有行为选择皆服从特定约束下的利益最大化。

企业行为当然是人类行为,这样,我们就可以用"需求定律"来研究企业的行为选择,比如将产权作为约束条件,便可推断出在不同产权安排下企业行为选择的一般规律。不过在展开分析之前,还需对"利益"与"最大化"两个概念作解释。

顾名思义,利益要比利润的外延更宽,利益不仅指利润也指非经济收益。利润最大化是利益最大化,但不能反过来说利益最大化就是利润最大化。人们面对的约束不同,追求最大化的目标会不同。比如企业家追求的是利润,学者追求的是学术声誉,而官员追求的则是政绩。对解释行为,利益最大化显然比利润最大化更实用。

何谓"最大化"呢?经济学讲最大化,是指以最小成本获取最大收益(利益):收益一定,成本越低越好;成本一定,收益越高越好。这是说,最大化要从成本与收益两个维度去考量,既不能只考虑收益而不计成本,也不能只考虑成本而无视收益。

明确了"利益"与"最大化"概念,我们便可讨论行为选择的规律了。若将产权作为约束,人们为了利益最大化会怎么做?回答这个问题,当然要看产权如何安排。前面说过了,产权不同于所有权,所有权是法定归属权,产权指使用权、转让权与收益分享权。若把转让也看作使用,则产权等于使用权加收益分享权。所谓产权安排,就是指产权结构,具体说可以有四种组合：

组合一：有使用权，也有收益分享权。我想到的例子是中国农村的耕地。宪法规定，农村土地归集体所有，而20世纪80年代末的农村改革将耕地产权承包给了农民，而且一定30年不变。这就意味着30年内农民不仅拥有了土地使用权，同时也拥有了收益分享权。

组合二：有使用权，无收益分享权。这方面的典型例子是改革前的国有企业。国有的生产资料企业可以使用，但利润却要全额上缴。当年国企改革之所以从利改税起步（改上缴利润为上缴税收），目的是让企业缴税之后可以留存利润，实质是给企业界定收益分享权。

组合三：无使用权，但有收益分享权。比如20世纪90年代国内曾出现过一个非常特殊的群体，老百姓称之为"官倒"。他们倒卖土地、钢材以及各种紧俏物质的批文。其实，他们并不具有这些物质的使用权，也无须使用，而是凭借特殊身份或权力通过倒卖批文从中渔利。

组合四：无使用权，也无收益分享权。其代表性的例子是社会福利或公益机构，这些机构可接受社会捐赠，但捐赠品只能用于那些需要救助的人，机构工作人员自己既不能使用捐赠品，也不能利用捐赠品去谋取收益。

以上是产权结构的四种组合，这里要提点的是，若说某人（机构）对某资产有使用权，表明他使用该资产就是花费自己的成本；若说某人拥有收益分享权，表明他是在为自己办事。这样根据上面四种组合便可导出花钱与办事的四种类型：组合一是花自己的钱办自己的事；组合二是花自己的钱办别人的事；组合三是花别人的钱办自己的事；组合四是花别人的钱办别人的事。

此转换很重要，有了此转换我们就可用需求定律推断人类行为。前面说，人类行为是在特定约束下追求利益最大化，而最大化是以最小成本获取最大收益，基于此，我们便有以下推论：

推论一：花自己的钱办自己的事，既讲节约又讲效果。这些年我时常听说有人装修机关办公楼吃回扣，结果被人发现后受到处分甚至判刑。可是我从未听说有人因为自己家里装修吃回扣而被纪委"双规"，何故？自己家里装修是花自己的钱办自己的事，自己吃自己回扣岂不是发神经？

推论二：花自己的钱办别人的事，只讲节约不讲效果。有件事我从前一直不解，政府曾重拳打击假冒伪劣，可为何市场上假茅台屡禁不止？后经多方查访，才知原来是有人要用假茅台送礼，对假茅台有需求。人们为何要用假茅台送礼？因为送礼是花自己的钱办别人的事。只要够便宜，酒好不好喝他可以不管，酒能不能喝他也可以不管。

推论三：花别人的钱办自己的事，只讲效果不讲节约。读者想想，"八项规定"前公务消费为何有人敢一掷千金地盲目高消费？原因其实简单，那是花公家的钱办自己的事。而"八项规定"出台后高消费悄然降温，那是因为审计部门卡住了财务报销，堵住了公款消费的后门。

推论四：花别人的钱办别人的事，既不讲节约也不讲效果。前面讲到的办公楼装修就是花别人钱办别人事的例子，现实中类似的例子很多，道理也好懂，这里不再多解释。

以上推论对国企改革有何启示？主要有两点：第一，对所有权与产权可以分离的企业，政府最好将使用权与收益分享权一并界定，让企业既讲节约又讲效果；第二，如果由于特殊原因不能将使用权与收益分享权完全界定给企业，那么就得有严格的监督，否则不讲节约或者不讲效果的事恐怕难以避免。

国企"混改"应分类推进

根据以上分析，推动国企改革，一个可取的办法是引入"花自己钱办自己事"的非公有资本，实行投资主体多元化（混改），并通过"混改"改组股东会，完善企业法人治理结构。

我赞成"混改"，但同时认为"混改"也不能一刀切，应分类推进。目前的难题在于，国企到底应该如何分类？分类后又将如何改革？现行的分类方法比较多，有的是按出资主体分（如央企与地方国企），有的是按行业分（如制造业与能源业等）。但从改革角度，我认为应按"功能"分。政府之所以办国企，或说国企为什么存在，说到底是它具有其他非公企业不能替代的功能。一般地讲，企业的功能就是创造就业与税收，但国企是例外，要特殊些。它特殊在哪里？回答此问题得从政府职能看。市场经济的政府职能，学界一致的看法是四项：保卫国家安全、维护社会公正、提供公共产品（服务）以及扶贫。骤然听，以上职责并不多，可操作起来却千头万绪，政府很难事必躬亲。迫不得已，于是政府只好办企业，让国企来协助。我们讲国企特殊，特就特在它要承担部分政府职能。

并非我想当然，不信你可去重读一下党的十五届四中全会通过的《关于国有企业改革和发展若干重大问题的决定》。中央强调，国企改革要有进有退，有所为有所不为。国企往哪里进？《决定》讲得很明确，有三大行业：一是国家安全行业；二是自然垄断行业；三是公共产品与公共服务行业。为何是这三大行业？往深处想，这是否与政府职能相吻合？

是的，让国企进入此三大行业正是政府办国企的目的所在。换句话说，除了以上行业，政府是用不着办企业的。明确了国企的定位，改革分类其实也就跟着明确了。大致说，可以分四类：第一类是国防军工企业；第二类是资源型企业；第三类是提供公共产品与服务的企业；第四类是一般竞争性企业。要说明的是，对照政府职能，第四类显然非政府职能所需。而之所以将其列入，一是它客观存在而且为数不少，二是考虑改革不能留死角。要是视而不见，这类企业就会游离于改革之外。

转谈改革吧。大家若认同上面的分类，那么改革则可对症下药。为表述方便，让我分类说：第一类，国防军工企业。由于此类企业事关国家安全，特别是那些拥有核心技术的企业，毫无疑问必须由国家独资，旁人不能参股；而与军工相关的零配件生产企业，可允许非公有资本加入，但也得由国家绝对控股。这并不是说军工企业无须改革，改革还得改，但改革并非只有"混合所有"一途，军工企业改革的重点是完善内部分配机制，强化对管理层与员工的激励与约束。

第二类，资源（能源）型企业。此类企业虽与军工企业不同，但也关乎国家的经济命脉与生态保护，故此类企业为完善治理结构，投资主体可多元化，实行混合所有，但前提是国家要绝对控股。改革的关键是，公司董事会构成要按出资比例定，而经理人员一律由董事会招聘。这是说，对国有绝对控股企业国资委今后只需选派董事、董事长，不得再任命总经理、副总经理。

第三类，提供公共品（服务）的企业。由于公共品的消费不排他，市场对公共品又难以定价，这样生产公共品的民营企业通常不会投资。而既然是公共品，公众有需求，政府提供就义不容辞。所以公共品通常得由国家投资的企业提供。参照国际经验，此类国企改革重点有二：一是建立由社会公众参与的企业考评机制，并将考评结果作为高管层任免的重要依据；二是通过招标委托非公企业生产，然后政府订购，再提供给公众。

第四类，一般竞争性国企。一般竞争性国企并非政府职能所需，下一步应加大这类企业的改革力度。总的原则是"有所不为"，当然不是要完全从竞争性领域退出，但国资的比重应降低。分两种情况：现有的高新技术产业与支柱产业的企业，国家可相对控股，无须绝对控股；除此之外，所有其他竞争性企业国家仍可持股，但不应再持大股，不然国企拿着大股不放，民间资本想请怕也请不来。

以上改革思路，只是框架性的，纸上谈兵易，真刀真枪地改要比这复杂得多。针对学界热议的"员工持股"，虽然政府有明确表态，但大家的看法似乎并不一致。理论上，国有企业为全民所有制企业，内部职工可持股，那么外部职工可否持股？这些都是有待进一步研究的问题。

去行政化无须取消行政级别

社会上近来对国企"去行政化"的呼声很高，矛头直指国企行政级别。其实中国铁路总公司组建时就有人对其定为正部级提出过质疑。而我当时撰文回应：别的国企有行政级别为何铁路总公司不能有？铁路总公司要是没级别，铁道部撤分后的官员何以安置？

这是我之前的看法。我现在认为，安置政府分流官员只是给国企定级的一个理由，背后其实还有更深层的原因。原因具体为何我暂不说，让我们先讨论下面三个问题：第一，国家当初为何要给国企定行政级别？第二，国企有行政级别是否就一定是政府的行政附属物？第三，凡事有利有弊，取消国企行政级别的利弊如何评估？

对第一个问题，我的回答是与中国的国情有关。新中国成立之初，国家一穷二白，加上西方又对我们搞封锁，为避免落后挨打，中国急需发展工业。可那时民间资本太弱小，无力建设大工业项目，逼不得已，国家只好自己出手。政府投资办了企业，当然就要派人去管理。问题是这些管理者都是国家干部，有行政级别，为了保留他们的级别，于是企业也就跟着有了级别。

以上是历史原因。再从国企自身特点看，既然国企是国家投资，那么国企就不是一般的企业。事实上，国家当初办企业一方面是为了加速工业化，另一方面则是希望国企作为国家的长子控制国家经济命脉。而要达此目的，最直接的办法当然是将企业管理者纳入行政管理。管理者是国家干部，令行禁止，无疑可降低管控成本。无论算政治账还是算经济账,此举都不失为明智之选。

对第二个问题:国企有了行政级别是否会成为政府的行政附属物?我认为不能笼统地答,需作具体分析。毋庸讳言,在以往计划经济时期国企的确是政府的行政附属物。那时候企业生产什么、生产多少以及怎样生产皆由国家下计划,生产的产品也由国家统购包销。企业既无自主经营权,也无须自负盈亏。正因如此,所以当时国家投资的企业皆称国营企业。

然而经过30多年的改革,原来的"国营企业"早已改称"国有企业"。不要以为只是称谓的变化,"国有"与"国营"虽仅一字之差,但两者却有本质的区别。作为改革的见证人,我亲历了20世纪80年代的承包制改革、90年代的股份制改革以及目前的混合所有制改革,这一系列改革,其实都在推动所有权与经营权分离,实行政企分开。

这并非我的个人揣测,读者想想,从最初承包制给企业扩权,到股份制确立企业法人地位,再到混合所有制完善法人治理结构,哪一项改革不是在去行政化?有目共睹,尽管今天国企有行政级别,但国资委作为出资人代表已从过去管人、管事、管资产退回到现在只管资本,企业重大决策皆由董事会定,经营权也在经理手里。可见国企有行政级别也未必就是政府的行政附属物。

对取消国企行政级别的利弊怎么评估?这个问题稍复杂

些。据我所知，很多人认为取消行政级别的最大好处是可让国企享有充分的人事任免权。说实话，这正是我的担心所在。政府作为出资人，若对企业高管任免完全放手，请问，将来谁来对出资人负责？又如何保证企业不出现内部人控制？换位思考，假若你投资办企业，你作为老板会对企业人事安排不闻不问吗？

在我看来，将国企高管纳入行政系列管理既是一种低成本激励，也是政府的特有机制。经济学说，人的行为都要追求最大化利益。这里的利益不单指货币收入，也包括行政职级。比如，近几年国企高管限薪后为何仅有少数人跳槽而多数人不离开？说明在薪酬与职级之间，多数人更看重的是职级。既如此，又何必取消国企的行政级别呢？

事实上，给国企定行政级别还有一个好处，那就是有助于政府与国企的干部交流。目前不少省市和国家部委的官员来自国企，你知道为什么吗？因为国企高管懂经济。若国企行政级别被取消，高管没有对等的级别，无疑就堵住了国企与政府干部交流的通道。以后国企高管进不了政府，政府官员也进不了国企。如此老死不相往来显然对政府与国企皆不利。

基于以上分析，所以我的观点是：第一，给国企定行政级别既有历史原因，同时也是由国企的特点所决定的；第二，保留国企行政级别不等于政府直接经营企业，企业也未必就是政府的行政附属物，是两码事，不可混为一谈；第三，国企去行政化，重点不是取消行政级别，而是完善法人治理结构，实行政企职责分开。

去行政化的焦点是完善治理结构，对此中央的思路其实很明确：让国有资本与非公有资本混合，通过投资多元化改组董事会。毫无疑问，混合所有制改革肯定没错，可问题是企业由国家控股非公有资本是否愿加入？我曾看到一篇报告，说非公企业主目前正犹豫不决，总担心入股后自己没有话语权。有此担心情有可原，关键是怎么解决。

有一个前提要明确，国企要由国家控股不能含糊。但控股要分绝对控股与相对控股，对国家安全与自然垄断领域的国企，国家应绝对控股；对其他国企，国家只需相对控股，比如有10个股东，国家持股28%而其他每人持股8%，结果仍由国家控股。所不同的是，非公有资本加总占72%，这样他们在董事会就有了话语权，有了话语权，当然也就不会有后顾之忧。

怎样看待高管限薪

国企改革还有一个问题：国企高管的薪酬怎么定？对国企高管给予一定的激励无可厚非，但前些年国企高管年薪动辄百万元，甚至数百万元，引起社会上普遍非议。后来政府出台限薪令，社会各界一片叫好，说明此举深得人心。

叫好归叫好，然而回到经济学理性，对高管限薪的效果我有疑虑。在很多年前，政府就曾对国企高管工资封过顶，最高不能超过员工平均工资的5倍。可后来执行得怎样呢？虎头蛇尾，不了了之。其实，企业由内部人控制，高管巧立名目拿钱的由头多得是，政府纵有三头六臂，想管也未必管得住。

并不是怀疑政府的权威。令行禁止，政府出面限薪，相信一段时间里没人敢闯红灯。可我们要问的是，限薪要限多久，是长久之策还是权宜之计？倘若只是临时措施，我完全赞成。相反，如果限薪不是应急安排而是长期政策，那么我认为就值得研究了。

企业高管的年薪，说白了就是他们管理企业的报酬。这样看，年薪的高低，就得按管理者的贡献定。贡献愈大，年薪愈高。举个例子，假如年薪按企业利税千分之三提，企业利税一个亿，年薪为30万元；利税3个亿，年薪则为90万元。可如果政府将年薪封顶，比如最高只能拿90万元，这无非是说，政府要对经营者的贡献设限。不是吗？企业利税若超出3个亿，经营者则不可多取分文，这样他们哪有进取的动力？

国企高管薪酬的症结，并不在年薪的高低，而是年薪制度设计有缺陷。这几年我走访的企业不少，与职工座谈，发现职工对高管薪酬有意见，不完全是因为高管拿钱多，而是年薪未能与贡献挂钩。大家议论较多的一种现象是有些人本来在政府为官，对管理企业不在行，可一旦感觉升官无望，就设法转入国企任高管，摇身一变，年薪则上百万元。是他们对企业贡献大吗？非也。对企业无贡献却拿高薪，无功受禄，老百姓怎会没意见呢？

不仅如此，说现行年薪制度设计有缺陷，我认为最大的问题还是高管自己给自己定年薪。要知道，国企不同于民企，民企董事会可以定年薪，那是因为董事都是出资人，拿自己的钱发工资，有利益约束自然不会乱来。可国企高管不是出资人，董事会不过是出资人代表，是拿国家资产办国家企业，若年薪由董事会定，无疑是用国家的钱给自己发工资，钱不烫手，自己说了算，当然是多多益善。这些年，国企高管年薪升得快，原因虽多，但说到底还是与这种自己给自己发钱的机制有关。

令人蹊跷的是，年薪虽由董事会提方案，但董事会也非一手遮天。按规定，方案最后还得拿到国资委去批。国资委由国务院授权，管人管事管资产，大权在握可为何不严加把关呢？曾与国资委的朋友交流过，他们说国资委权力是不小，可对企业来说，国资委终归是局外人。由于信息不对称，怎好轻易否决企业的方案呢？何况董事会成员不蠢，既然敢将方案提交，一定是有备而来，理由可以说得天花乱坠。人家有理有据，国资委总不能平白无故卡住不放行吧？

确实是头痛的问题。以企业经营业绩为例，高管的年薪通常与经营业绩挂钩，可业绩怎样考核很复杂，不容易说得清。比如前几年煤炭价格飞涨，煤炭企业赚得盆满钵满，你能说高管有多少功劳？不好说吧！再有国家垄断行业，虽是靠政策赚钱，但你能说就没有高管的贡献？当然不能。困难在于，高管究竟对企业有多大贡献，当事人心里有数，可旁人很难说得清。既然说不清，清官难断，国资委官员也只好听之任之了。

不过我还想到另有一层，算小人之心吧。上级官员对企业年薪把关不严，也许多少有送顺水人情的成分。反正钱是国家出，别人多拿钱而自己毫发不损，事不关己，谁会斤斤计较得罪人？前面说过，当下政府官员到企业任职是常事，而上级官员近水楼台，被派进企业做高管的机会更多。问题就在这里，只要主事官员心存此念，他们当然要为自己留后路，与人方便，与己方便，有利益在，自然没必要对企业年薪高低过于较真。

上面种种，说的都是年薪制的缺陷。问题摆在那里，没人会否认，然而亡羊补牢，关键在如何对症下药。对此我觉得经济学的分粥原理似可借鉴。比如一群人分粥如何才能避免分配不均，经济学的答案是不能让掌勺分粥的人先取，而让别人有优先选择权。若将此引入年薪管理，道理也相通，年薪仍可由企业定,但谁去做高管,必须公开招聘,若条件相同,外部竞聘者优先。机制一变,高管自不会漫天要价。

用岗位竞争代替行政限薪,一招制胜又易于操作,应当说是个好办法。而且经验表明,复杂问题简单处理往往有奇效,可以事半功倍。所以我的看法是:政府与其直接对高管限薪,倒不如将高管职位拿出来公开竞争。

第十三讲

振兴乡村产业要以农民为主体

从土地承包到乡村振兴

"三变"改革与振兴乡村产业

振兴乡村产业目的是富裕农民

解决农民贷款难刻不容缓

第十三讲
振兴乡村产业要以农民为主体

20世纪70年代末安徽小岗村率先搞土地承包制,从此拉开了中国农村改革序幕。时隔40年后,习近平总书记在党的十九大报告中提出"乡村振兴战略"。下面我将围绕乡村振兴重点讨论四个问题:第一,中央为何提出乡村振兴战略?第二,"三变"改革对推动乡村产业振兴意义何在?第三,振兴乡村产业如何坚持以农民为主体?第四,怎样解决农民贷款难问题?

从土地承包到乡村振兴

让我先从问题切入:30年前中央为何未提乡村振兴战略,而且10年前也未提?我的看法是那时还不到振兴乡村的时机。众所周知,解决"三农"问题需要工业化和城市化带动。改革开放之初，我国有8亿人口在农村，农民人均耕地2亩多。在这种典型的二元经济背景下，如果不通过工业化和城市化将部分农民转移进城市，农民怎可能致富呢？

经济发展有阶段，当然就要尊重发展阶段的规律。300多年前，威廉·配第在研究当时英国农民、工人与船员收入后发现：论从业收入，从事农业不如从事工业，从事工业不如从事商业。20世纪40年代克拉克对配第这一发现作了验证，并提出了"配第—克拉克定理"。后来刘易斯提出"城乡二元经济模型"并得出结论说：工业化初期农村劳动力将会流向城市。

中国40多年的经验，完全印证了上面的推断。据最新入户调查结果显示，目前我国农村常住人口为5.8亿。这是说，过去8亿农村人口中，已有2.2亿转移进了城市，而且这2.2亿人口都是青壮劳动力。想问读者，当一个国家农村劳动力大规模流向城市的时候，你觉得有可能振兴乡村吗？

以前不提"乡村振兴"而现在可以提，原因是中国工业化已进入中后期，农村劳动力流向已开始发生改变。2008年是个节点。受国际金融危机的影响，当年约有2000万农民工下岗返乡。而据有关调研报告称，这2000万人后来大多留在农村就业创业，并没有再进城市。这预示着农村劳动力向城市流动已经临近"刘易斯拐点"。

从国际经验看，当一个国家城市化率超过50%，资本、技术、管理等要素就会转向农业部门流动。我看到的资料，20世纪50年代美国就出现了这种现象，到70年代，欧洲工业化国家以及日本、俄罗斯等国也相继出现这种趋势。2010年，我国的城市化率已接近50%，2016年底已达57.6%。由此可见，现在实施乡村振兴战略是适逢其时。

以上说的是战略背景，下面再分析乡村振兴战略究竟有何深意。

关于实施乡村振兴战略，党的十九大报告提出了20字的总要求："产业兴旺、生态宜居、乡风文明、治理有效、生活富裕"。为此，中央又提出了四大配套举措：深化农村土地制度改革，保持土地承包关系稳定并长久不变；深化农村集体产权改革，保障农民财产权益；构建现代农业产业体系、生产体系、经营体系，培育新型农业经营主体；加强农村基层基础工作，健全乡村治理体系。

或许有人说，以上举措在以前的中央文件中皆能找到。我要提点的是，党的十九大提出的举措与之前的举措虽相同，但含义却不同。比如保持土地承包关系稳定并长久不变、保障农民财产权益、培育新型农业经营主体等，中央以前主要是对农民讲，是给农民吃定心丸；而中央今天重申，不但是对农民讲，同时也是对城市的企业家讲，目的是鼓励企业家投资农业，大胆吸收农民承包地入股，成为新型农业经营主体。

据此分析，实施乡村振兴战略，则是引导、支持城市资本下乡，推进农业农村现代化，并通过振兴现代农业确保国家粮食安全。这一点尤为重要，中国是全球第一人口大国，如果中国人的饭碗不能牢牢端在我们自己手中，后果将不堪设想。

"三变"改革与振兴乡村产业

所谓"三变"改革，具体讲是"资源变资产，资金变股金，农民变股东"。我曾赴"三变"改革发源地六盘水作过调研，从钟山到水城，再到盘州，农民谈起"三变"头头是道。在米箩乡（现米箩镇）与农民座谈时，我问："'三变'到底有什么好？"一位李姓农民说："以前家里穷，连媳妇都娶不上，搞'三变'后家里富了，现在不仅娶了媳妇，还买了汽车。"类似的故事所到之处皆能听到，这大概就是"三变"改革的魅力吧！

人们拥护改革，一定是改革能给他们带来实惠。但应该追问的是，"三变"改革为何能让农民收入奇迹般增长？近几年报刊推介"三变"改革的文章很多，遗憾的是从学理层面讨论的却不多。从学理层面看，"三变"改革的核心要义，我认为是增加农民的资产性收入。

我的思考是这样：古往今来，农民一直是低收入群体。

农民收入低并非农民不勤劳，而是农民没有资产。比如旧中国的地主比农民富，绝不是地主比农民勤劳，而是他们拥有土地，可取得资产性收入。众所周知，经济学讲分配，是按生产要素的贡献分配；而要素所有者参与分配的比例，则取决于不同要素的稀缺度。这是说，谁掌握的生产要素稀缺，所占的分配比例就越大。

问题就在这里。土地与劳动力相比，由于土地供给不能增加，而人口却不断增长。比较而言，土地会显得稀缺。这样，地主的资产性（土地）收入当然会高于佃农的劳动收入。由此可推：一个人若拥有资产，不论资产是什么，只要该资产的供应比劳动力稀缺，则资产性收入皆会高于劳动收入。大家想想，改革开放后先富起来的群体，有谁不是靠资产性收入致富的呢？

前面我说，"三变"改革的核心要义是增加农民资产性收入。而要增加农民资产性收入，前提就得让农民有资产。从这个角度看，我们就不难理解政府为何要推动"资源变资产"了。政府的用意很明显，将资源变资产不仅可盘活农村的闲置资源；更重要的是，只有将资产确权给农民，资产才能变股金，农民才能变股东。

然而这只是农民增收的前提。让农民有资产，并不等于有资产性收入，有资产与有资产性收入是两回事。举个例子，你投资1000万元办厂，一年下来若利润为零，那么你的资产性收入就是零。同样道理，即便农民有资产，但如果资产不增值，同样也不会有资产性收入。所以我的第二个推论是：要让农民有资产性收入，还得让农民的资产增值。

资产增值通俗地讲就是让资产涨价。资产怎样才能涨价呢？经济学说：资产价格是人们对该资产预期收入的贴现。用公式表示：资产价格=资产预期年收入/银行年利率。由于利率相对稳定，资产价格实际决定于资产的预期收入。影响资产收入预期的因素多，而最重要的就两个：一是资产的稀缺度；二是资产的当期利润。物以稀为贵。供应稀缺的资产，收入预期当然看涨；而资产当期利润，也会影响人们对未来收入的判断。

六盘水的经验证明：政府以"平台公司"为支点，用PPP模式投资农村基础设施，可以提升农民资产的稀缺度；而推动规模经营，则可提高农民资产的当期收益。据水城县（现水城区）县长说，当地农民的房子之前并不值钱，通了公路后，农民在自己家开旅馆，现在每平方米涨到了3000元。米箩乡农民也告诉我，过去种猕猴桃8分钱一斤卖不掉。现在土地入股实行"标准化"生产，每斤涨到30元却供不应求。

振兴乡村产业目的是富裕农民

早在20世纪90年代初，邓小平曾预言农村发展有两个飞跃：第一个飞跃是实行家庭联产承包责任制；第二个飞跃是发展适度规模经营。今天各地耕地流转风生水起，已印证老人家当年的洞见。问题是实行规模经营土地应该向谁集中？中央讲得很清楚，振兴乡村最终是要富裕农民。而要富裕农民，土地流转就得以农民为主体。

然而据我观察，时下耕地流转大多是向龙头公司（工商企业）集中。何以如此？一个重要的原因是农民手里缺资金，而规模经营需有大量的资本投入。前不久在南方农村调研，我看到当地农户以每亩300—500元的价格将耕地经营权转让给了龙头公司，曾问当地干部：农民为何愿意低价转让？当地干部说：农民自己搞不了规模经营，若分散经营，每亩年收入差不多也是300—500元。

骤然听，农民照此价格转让土地经营权并未吃亏，可真实情况并不尽然。调研中我一路上不断听到有基层干部抱怨，说现在推动耕地流转难度大，不少农户不愿转让耕地。为了让农民转让，县里还派干部下乡驻村，责任到人，一家一户地去劝说农民。一语道破，原来目前农村耕地流转并非完全出于农民自愿，而是由地方政府在背后推动的。

农村耕地实行"三权分置"后，所有权归村集体，承包权和经营权归农户。在经济学里，承包权和经营权相当于产权。具体说，产权是指耕地的使用权、收益分享权、转让权。顾名思义，转让权包含有"转让"或"不转让"两种权利。这是说,保护耕地产权不仅要保护农民自愿转让的权利,也要保护农民不愿转让的权利。这样就带出一个问题:农民不愿意转让耕地经营权而地方政府却要求转让,是否侵害了农民的耕地产权(不转让的权利)?

平心而论,地方政府的初衷是为了帮助农民增收,可农民怎么看呢?我做入户调查时有农民说:现在企业支付的耕地流转费每亩不足500元,而企业用流转的土地搞规模经营,每亩收益在5000元以上,如果耕地由我们自己集中,再请省里农业技术专家当顾问,每亩年收益绝对不止500元。后来我在吉首隘口村看到农民自己成立了合作社,每亩收益确实达到了7000元。

难题在于,搞规模经营需要基础设施投资和引进科技,农民自己没有钱怎么办?在调研中我发现,但凡以农民为主体搞规模经营的地区,都是用耕地经营权抵押从银行取得贷款。可是此做法目前只是在少数地区试点,面上并未推开。问题就在这里,耕地经营权若不允许抵押融资,农民搞规模经营的资金从何而来?

对耕地经营权不能抵押,多年来我一直有疑惑。政府当初作此规定,据说是担心农民一旦还不了贷款将会导致失地。这其实是杞人忧天。要知道,农民抵押给银行的只是经营权,即便日后还不了贷款,银行处置的也只是经营权,农民并未丧失承包权。再想深一层,农民若将耕地经营权流转给公司，也同样会失去经营权。不同的是，农民将耕地流转给公司，是真正失去经营权；而抵押给银行，只是有可能失去经营权。

耕地经营权能否抵押融资，关键似乎在银行。其实不然，当前银行顾虑重重，一方面是现行政策规定银行处置耕地经营权必须征得农民同意；另一方面是没有全国性的耕地经营权流转市场，银行难以通过各地区域性流转平台及时转让耕地经营权。为此我提三点建议：一是修订相关政策法规，确立耕地经营权抵押的合法性；二是建立全国性耕地经营权流转市场；三是由财政出资设立风险补偿基金，为金融机构适度分担或缓释贷款风险。

解决农民贷款难刻不容缓

振兴乡村产业以农民为主体，必须尽快帮助农民解决贷款难的问题。刚才我说，关键是银行要接受农民土地经营权抵押。其实，还需要从体制层面进行改革。平心而论，农民贷款难的问题到今天久拖不决，并非政府不作为。相反，政府已煞费苦心。也不是银行对农民有偏见。撇开政策性银行不说，商业银行在商言商，自然不会对贷款对象分远近亲疏。既然政府重视而银行又无偏见，农民融资难的症结究竟何在呢？

对此现象的解释，学界时下众说纷纭。而主流的看法则是农村金融机构少，满足不了农民的融资需求。说得直白些，这观点认为只要在农村多办一些金融机构，农民贷款难便可迎刃而解。也巧，我手头正好有一份调研报告，称西南某市在央行的支持下已拥有27家银行与63家非银行金融机构，网点覆盖173个乡镇，如此一来，据说当地农民贷款已不再难了。

我没去当地调研，相信报告所说是真的。不过我却有个疑问：当地农民贷款不再难到底是由于金融机构多还是另有原因？之所以这么问，我想到的是中小企业贷款难。众所周知，目前中国的银行机构大都集中在城市，且为数不少，可为何城市中小企业也会贷款难呢？可见，贷款难不难重点并不在银行机构的多少，若信贷资源紧缺，银行再多怕也于事无补。

类似的例子是春运火车票。比如市场需要100万张，而铁路只能供应80万张，有20万张缺口怎么办？我们听得最多的建议是增加售票网点（或实名购票），铁路公司也果然这么做了。效果如何呢？不必说，只要车票供应不增加，仅增多售票网点（或实名购票）无疑治标不治本，最后还会有20万人买不到票。其实，农民融资难也一样，若不增加信贷供应，就是把银行搬到农民家门口，农民也贷不到款，你信不信？

当然不是说增加信贷供应农民就一定能贷到款，那只是一方面；事实上，农民贷款难的背后还有更复杂的因素。早几年国内曾出现流动性过剩，说明银行手里并不缺钱，可那时农民不也照样告贷无门吗？近几年信贷资金虽然收紧，银行却每天都在发放贷款。令人困惑的是，为何有人能从银行借到钱而农民却难于登天？难道银行真的是歧视农民不成？

农民贷款难，可从两方面分析。先从银行看，说过了，银行是企业，但不是一般的企业。区别在于，一般企业经营的是物质商品，对商品同时拥有使用权与所有权；而银行经营的是货币，而货币主要来自储户存款，银行只有使用权而无所有权。换句话说，信贷资金是银行向储户借的，日后得还本付息，这也是银行要把"安全性"放在首位的原因。

再从融资角度看。融资有直接融资与间接融资两种，前者发行股票或债券，风险由投资者承担；后者则通过银行贷款，风险由银行承担。问题就在这里，按照巴塞尔协定银行资本充足率仅8%，它怎可能承担过多风险呢？正因如此，于是间接融资便有了特定的制度安排。其中重要一点，是借贷人必须有资产抵押。想想也是，间接融资原本就是指借贷人自己有资产，只是资产形式与需求不匹配（如有不动产却需现金）才需银行融通。

由此可见，资产抵押是间接融资的前提。不过不要误会，并非所有的借贷都需抵押。银行吸收储户存款也是借贷，可它却无须抵押。为什么？因为银行向储户借贷相当于发债，是直接融资。严格地讲，只有通过中介机构的借贷才是间接融资，比如农民向银行贷款就是典型的间接融资，所以就需有资产抵押。正是在这个意义上，所以多年来我坚持认为农民贷款难的症结不在银行，而是农民无资产抵押。

是的，银行不是慈善机构，不可能不规避风险，这一点不仅现在变不了，今后也不可能改变。而引申到政策层面，其含义是解决农民贷款难问题，不要指望银行改规则，而是要设法让农民有资产抵押。有这可能吗？事在人为，可能性当然有。事实上，今天农民并非一贫如洗，他们是有资产的：至少宅基地是资产，住房也是资产。问题是，农民有资产可为何不拿去作抵押呢？

前年有一位县委书记给我讲，农民目前拥有的宅基地使用权、住房所有权、土地承包权以及林地承包权中，现行法律仅允许"林权"一项可以抵押，且物权法与担保法明确规定宅基地不得抵押。法律作如此规定，当初立法者意图为何不得而知。最近我查文献，看到一位官方权威人士有解释，其大意是：土地承包权、宅基地、住房等不能抵押而林地承包权可抵押，原因是前者是农民生活必需品，后者不是。

这解释听上去似乎在理，但深想却不然。我的疑问是，必需品为何不能用于抵押？抵押作为一种风险约束，应当抵押品越重要风险约束力越强。再说，城市住房也是必需品，城里人可用于抵押为何农民不能？也许有人说，那是防患于未然，避免农民日后流离失所。此担心虽可理解，但我看是杞人忧天。要知道，法律允许抵押是一回事，农民会否用于抵押是另一回事。农民不蠢，你凭啥就断定农民会不计后果将资产贸然抵押呢？

所谓法律面前人人平等，我理解是：人人都得守法，不管是谁，天王老子违法也要惩处；另一含义是，法律要保障公民的平等权利。具体就银行贷款来说，农民的资产可否用于抵押旁人不必越俎代庖，还是多听听农民的意见，把选择权交给农民吧。

> 延伸阅读

舒尔茨：《改造传统农业》

"世界上大多数人是贫穷的，所以如果懂得穷人的经济学，我们也就懂得了许多真正重要的经济原理；世界上大多数穷人以农业为生，因而如果我们懂得农业经济学，我们也就懂得许多穷人的经济学。"1979年诺贝尔经济学奖得主、美国经济学家西奥多·舒尔茨如是说。

综观舒尔茨的治学生涯，他确实也是以此为己任，自始至终身体力行。自20世纪30年代开始，舒尔茨就致力于农业经济学的研究，他于 1964 年出版的《改造传统农业》一书，熔农业经济学和人力资本理论于一炉，对发展中国家的农业问题进行了深入探讨，观点新颖，独树一帜，成为农业经济学中的经典著作。

20 世纪 50 年代，经济学家普遍重工轻农，他们把经济发展等同于工业发展，认为农业对经济增长无足轻重，甚至还拖了工业的后腿。例如，在刘易斯著名的二元经济结构模型中，农业的作用只是为工业扩张提供无限丰富的劳动力。舒尔茨坚决反对轻视农业的观点，在他看来，农业绝不是那么消极无为，相反它可以成为经济增长的原动力。

但舒尔茨同时也强调，对于经济增长，传统农业很难作出什么贡献，唯有现代化的农业，才能像发射卫星的助推器，推动经济腾飞。因此，如何把传统农业改造成现代农业，也就很自然地成了该书要讨论的中心问题。

传统农业究竟"传统"在哪里呢？舒尔茨指出，在漫长的封建社会，统治者为了维护自己的切身利益，竭力阻碍技术进步，压制工业发展，农民变革屡受打击后，思想被禁锢得像不能发酵的死面疙瘩，安于现状、墨守成规，对技术创新失去兴趣。他们世世代代使用相同的生产要素，技术水平长期在原地踏步，生产已经形成定局，不可能进一步增加产量。这是传统农业的基本特征，它的直接后果是生产率低，由此导致产出低，农民收入微薄，生产出来的东西，除了填饱肚子外，几无剩余。

但贫穷是否就意味着资源配置效率低呢？70年前，当时许多政府官员和经济学家的观点，几乎是众口一词，认为，农民之所以贫穷，是因为农民既没有经济头脑，又缺乏管理知识，不能充分利用现有资源。因此，如果派专家深入到农村去，把农民组织起来，帮助他们重新配置现有资源，采用西方先进的生产技术，那么，效率可以大幅提高，产量也会随之增加，贫穷落后的农村就可以乌鸡变彩凤。

舒尔茨的观点却与此针锋相对，他认为，即使在传统农业中，农民也并不愚昧，他们精明能干，锱铢必较，时刻盘算着怎样才能少投入，多产出，生产要素在他们手里，被配置得恰到好处，达到了最佳状态，即便是学识渊博的专家，也不可能再做哪怕是一小点改进。所以，企图通过重新配置现有生产要素来改变传统农业，只能是一厢情愿。

既然传统农业中资源配置合理，那它为什么停滞落后，不能成为经济增长的源泉呢？人们一般认为，这是因为农民铺张浪费，没有节约的习惯，特别是婚丧喜事大操大办，逢年过节山吃海喝。另外，缺少精明、善于抓住投资机会的企业家，所以储蓄少，投资低。

舒尔茨认为，投资低的现象的确存在，但其根源不在于储蓄少或缺少企业家，而在于投资收益率太低，刺激不了人们投资的积极性，结果传统农业就像一潭死水，毫无生机。

于是舒尔茨指出，改造传统农业的根本出路，在于引进新的生产要素，也就是进行技术创新，以提高投资收益率，给沉寂的传统农业注入活水，让它顺畅地流动起来。

作为改造传统农业的关键因素，新的生产要素有供给者，也有需求者。供给者开发新的生产要素，并提供给农民。由于气候、土地等条件的限制，发达国家的农业生产资料，对发展中国家来说，不是拿来就可以用，而是要经过研究和改造，才能使之适应传统农业社会，能够担当这一重任者，就是新生产要素的供给者。不仅如此，他们还可以利用现有的科学知识，生产出新的生产要素。因此，舒尔茨认为，是这些新生产要素的供给者掌握着经济发展的"钥匙"。

一个巴掌拍不响，有了供给，还要有需求，农民是否愿意接受新的生产要素，关键看是否有利可图，而一旦农民接受这些要素，就要学会如何使用，以便充分发挥它们的作用，这必然要求农民掌握新的知识和技能。天下没有免费的午餐，获得知识和技能需要付出成本，从本质上看，它们就是人力资本投资。

人力资本是农业增长的主要源泉，这是舒尔茨反复强调的一个观点。他多次借鉴历史事实，来论证人力资本的重要性。他指出，二战后，西欧伤痕累累，一片废墟，但它很快摆脱了战争的阴影，重振往日雄风，这颇为出人意料。因为在当时的经济学家看来，物质资本受到如此重创后，西欧经济已经元气大伤，短期内很难恢复原状，他们没有估计到幸存下来的人力资本对经济恢复的巨大作用，因而对西欧经济前景过于悲观。相比之下，他们对发展中国家的经济潜力又估计过高，因为他们只考虑到物质资本的增加，忽视了人力资本的匮缺，而后者又正是经济增长的关键。

舒尔茨还指出，西欧早期工业化中，没有文化的劳动者的确功劳不小，但这是因为当时资本极为缺乏，而且技术水平低下。在今天，此路已经不通。如果农民素质跟不上物质资本的要求，传统农业不可能得到根本性的改造。他做了一个设想：如果像印度这样的穷国，在一夜之间获得了美国那样先进雄厚的物质资本，那么仅靠现有技术水平和知识储备，印度农民能应用自如吗？

显而易见，物质资本和人力资本之间的鸿沟实在太大，有了金刚钻，没那手艺，照样揽不了瓷器活。在人力资本投资中，学校教育是最大的一块。当农业依靠开辟新土地拓宽市场而增长时，学校教育起不了多大作用，但当技术进步成为推动农业前进的主要力量时，学校教育就至关重要。如果不大力兴办教育，1870—1900年丹麦的农业就不可能出现飞跃，日本今天的高科技农业，也只能是海市蜃楼。按照成本收益分析，初等教育最为有利，因为成本最低，而学生完成初等教育后，就不再是睁眼瞎，他们能够读书看报，这可以大大降低普及农业技术、推广农业信息的成本。但在农业现代化过程中，农民必须具有较高的文化素质，否则就会阻碍农业进步。

舒尔茨乐观地指出，农业可以成为经济增长的发动机，这已不容置疑。但是，政府必须向农业投资，这不仅要注意投向，还要对农民给予指导和鼓励。"一旦有了投资机会和有效的鼓励，农民将把黄沙变成黄金。"舒尔茨的结论，可谓画龙点睛，使该书的主旨一目了然。

第十四讲

中国城市化的未来走向

从一种消费选择现象说起

从消费选择聚中看工商企业扎堆现象

从工商企业扎堆看城市化规律

中国城市化趋势会逆转吗

推进城镇化不能盲目"造城"

第十四讲
中国城市化的未来走向

最近有学者预言：中国未来发展将逐步显现"逆城市化"特征。"逆城市化"是1976年美国学者波恩提出的概念，意思是当一个国家城市化率达到一定水平后，人口会向小城镇或乡村流动。此现象能否可看作是"逆城市化"，或者中国城市化的走向是否会出现逆转？本讲将就这个问题进行讨论。

从一种消费选择现象说起

有一年夏天我们到福建东山调研，听说当地有一条海鲜街，那天特地去那里用晚餐。选哪家餐厅好呢？我们从街道一头往另一头搜选，结果发现越靠近中段，餐厅里顾客越多；而走过一半，顾客却渐渐少下来。有趣的是，去年在北戴河也见到海鲜一条街，而且也是中段餐厅顾客多。于是突发奇想：消费选择聚中是不是个规律？

带着这个疑问，后来又到北京的几处餐饮街作探访，所观察到的结果与在东山、北戴河看到的情况大体相同。由此可以断定，消费选择聚中应该是个规律。可怎样论证这一规律呢？科学研究方法论说：事实不能用事实解释，要用理论解释。问题是我们用什么理论作解释呢？这些日子反复思考，所想到的理论解释如下：

（一）前提假设。作理论推理需要有相应的前提假设，而我的假设是：海鲜一条街是竞争市场，且每家餐厅都是受价者而非觅价者。也就是说，各家餐厅所提供菜品的"性价比"皆大致相同。为何作这样的假设？因为在充分竞争条件下，谁抬高价格谁就会失去顾客；而压低价格则引发恶性竞争，会导致所有餐厅多败俱伤。

（二）推理工具。研究人类行为规律当然是要用需求定律。需求定律说：在特定约束条件下人们要争取收益最大化。而此处对消费者来讲，约束条件是搜寻餐厅所付出的成本（时间与体力）；收益最大化，则是寻找到"性价比"最优的餐厅。显然，消费者作何选择最终要根据自己的"搜寻成本"与"餐厅性价比"作权衡。

（三）成本收益分析。从成本看，随着搜寻餐厅数量增多，消费者体力或时间耗费增加，边际成本不断上升；从收益看,由于存在竞争,餐厅"性价比"大致相同,并不存在最价廉物美的餐厅。这是说,人们从街道两端搜寻至中途,其边际收益皆为零。既如此,当两端顾客碰面交换信息后会停止搜选,于是形成了消费选择聚中现象。

若以上推理成立,我们便可提出"消费选择聚中定理"。可表述为:假定市场存在竞争且供给产品的品质相同,那么消费者对消费场所的选择一定聚中;反之,若市场竞争受到限制,或者产品的品质存在差异,则消费者选择不会聚中。比如"酒好不怕巷子深",消费者不聚中选择,是因为产品的品质与众不同。

从消费选择聚中看工商企业扎堆现象

现实中还有一个现象:工商企业大多偏好扎堆。留心观察,我们不难发现一个城市最繁华的地段,往往是中心城区。为何中心城区会最繁华?因为中心城区的商铺相对密集。若进一步问:各类商铺为何要选择在中心城区扎堆?解释这个现象则需要借助上面的消费选择聚中定理。

事实上,商家在何处开店也是行为选择,既然是行为选择,那么也得服从约束条件下的利益最大化规律。对商家来说,约束条件是生产成本和销售成本;而利益最大化,则是争取最大化销售利润。就单个商品来说,利润等于价格减成本。若成本一定,价格越高利润越大;若价格一定,则成本越低利润越大。

根据供求原理,商品供不应求,卖方可以按成本加利润定价;但若商品供过于求,价格则由需求方(买方)决定。然而市场经济常态是商品供过于求,故价格通常是由买方的需求决定而非卖方的成本决定。既然商品价格由需求方决定,而销售收入等于单位商品价格乘商品销售量,于是销售量便成为决定销售收入的关键变量。

进一步分析:企业总利润等于总销售收入减总成本。前面说过了,决定销售收入的关键变量是销售量,而根据消费选择聚中定理,商家为了扩大销售量,必然会选择在消费者密集的中心城区开店;另外从成本看,假定短期内企业技术变化相对稳定,生产成本也相对稳定。如此,销售成本就成为决定总成本的关键变量,若要降低销售成本,商家也会选择在中心城区开店。

以上是对工商业扎堆的理论解释,要判断这一解释是否成立,则需要用事实作验证。限于篇幅,这里我仅举两例:

一个例子是小城镇的前店后厂。不知读者是否注意到,国内小城镇存在一种普遍现象,那就是临街面大多是商铺,而商铺后面是加工作坊。对为何存在这种现象,我曾与多家商铺主人交谈过,他们一致的解释是,前店后厂既方便消费者购买,也能节省商家的销售成本。

另一个例子是大城市的销售门市。与前店后厂不同，比如茅台酒、阳澄湖大闸蟹等生产地并不在大城市，而生产企业却选择在北京、上海等大城市设门市（专卖店），出现这种现象原因有二：一是生产工艺对气候、土壤、水质等有特殊要求，产品在当地生产的成本更低；二是大城市人口多、市场需求大，在大城市设门市可扩大销售，同时也可节省消费者的搜选成本。

现实生活中类似的现象很多，究其原因，说到底皆是工商企业为了争取利润最大化而生产跟着销售走，销售跟着消费者走，而由于消费者选择倾向聚中，所以就有了工商企业扎堆现象，这种带规律性的现象我们不妨称为"工商企业扎堆定律"。

从工商企业扎堆看城市化规律

据历史学家考证，城市最早起源于乡村集市。随着家庭自然分工（男耕女织）和生产工具改进，生产效率提高，人们生产的产品除了满足自己消费还有了剩余。剩余产品需要交换，于是在一个区域的中心慢慢出现了集市。不过早期集市的交易量并不大，而且只在固定时间（如每月初一、十五）交易，因为当时人们剩余产品不多，没人会每天为卖两三个鸡蛋就跑一趟集市。

需要研究的是，早期的乡村集市为何会演变成后来的城市？从经济学角度分析，是自然分工发展成社会分工后，社会分工推动了城市的兴起。

经济学说过，商品交换有两个前提：一是不同的产品所有权；二是社会分工。若不保护生产者的产品所有权，不可能产生商品交换，而且会导致偷盗、抢劫盛行；而若没有社会分工，也不会有普遍的商品交换。比如当种植业与纺织业成为固定的社会分工后，人们就需要互通有无，而要互通有无，就必须交换，否则专门种粮食的会没衣服穿，而专门织布的会没粮食吃。

分工是交换的前提，但有交换并不等于就有城市。所谓"兴城先兴业"，说的就是城市发展要有产业作支撑。是的，假若没有工商企业在集市附近扎堆，集市不过就是个交换场地，不可能变成城市。由此想深一层，工商企业选择扎堆其实除了消费者倾向聚中选择外还有一个原因，那就是社会分工。若没有社会分工，也不可能有工商企业扎堆。

何以作此判断？让我仍以种植业与纺织业分工作分析。众所周知，种植业的劳动对象是土地（农田），由于农田搬不动、移不走，这就决定了种植业不可能到异地扎堆。然而纺织业不同，它不以农田为劳动对象，可以离开农田到某个销售地投资设厂。也正因如此，所以我们说有了社会分工，工商业扎堆才有可能真正扎堆。

需要追问的是,工商企业扎堆为何能带动城市的兴起呢?可从两方面看:一方面,工商企业扎堆会对劳动力产生需求;另一方面,由于工商业部门收入高于农业部门,劳动力也会从农业部门向工商业部门流动。我们知道,劳动力既是生产者,同时也是消费者;而且劳动力流动会伴随资本、技术等要素向工商业部门流动。当工商企业数量集聚到一定规模,集市也就渐渐变成了城市。

事实确也如此。今天的城市之所以分别处于不同区域的中心位置,归根到底,是消费聚中选择和工商企业扎堆所形成的结果。放眼看,迄今为止世上没有一个城市化国家绕开了工业化,也没有一个工业化国家绕开了城市化。可见,城市化与工业化是密不可分的同一过程。

也许有人问:城市是工商业扎堆的结果,可为何城市会有大小之分?对此我们仍需从分工与交换的角度解释。经济学讲:分工决定交换,但同时交换的范围也决定分工的范围。换句话说,市场交换的半径越大,分工范围就越大;分工范围越大,从农业分离出的工商从业者就越多。工商从业者越多,城市规模也就越大。

举个例子解释吧。若交换范围仅局限于一个村,那么分工就只能在一个村范围内进行。假定一个村分工后有8户人家从事工商业,显然,仅有8家工商企业的集市算不上城镇;若交换范围扩大到10个村,在10个村分工则有80家工商企业,这样集市就能变成城镇;若在100个村范围内分工,有800家工商企业则可足以撑起一个县城。

中国城市化趋势会逆转吗

在回答这个问题之前,让我们对前面的分析作一简要总结,有三个重要观点:第一,消费者对消费场所的选择具有聚中倾向;第二,工商企业偏好在消费者密集地集聚扎堆;第三,城市发展需要以工商企业扎堆作支撑。如果以上三点成立,那么便可作为我们讨论中国城市化趋势是否会逆转的直接判据。

先看消费聚中选择。有学者认为,进入互联网时代后人们搜选商品的成本会大幅降低,消费选择聚中规律将不再成立。此看法是片面的。在互联网上搜寻商品信息的成本虽会降低,但要从海量信息中甄别商品优劣也有成本,比如有人买到假货或不中意的商品,其实就是他所付出的成本。这样看,网店不可能完全取代实体店。只要有实体店存在,消费聚中选择规律就不会变。

再看工商企业扎堆。随着企业投资规模不断加大,投资边际收益会递减,劳动力工资增长也会受到限制;同时随着工商企业数量增加和城市人口密度加大,城市居民生活成本会提高。在此情况下,确实会出现企业(人口)向小城镇和乡村迁移的现象，但这种现象并不能改变工商企业扎堆定律，只是工商企业转换了扎堆地点而已。

再看城市的产业支撑。工商企业选择在何处扎堆，那里就会发展为城市，过去如此，现在如此，将来也一定如此。深圳是典型的例子，改革开放前深圳只是个小城镇，1980年设立经济特区后，吸引了大量工商企业扎堆，短短40多年，深圳今天已发展成为闻名遐迩的大都市。相反的例子是澳大利亚的堪培拉，堪培拉虽是该国首都，但由于没有足够的工商企业扎堆，至今也不是大城市。由此可见，城市化要以工业化为依托也不会改变。

既然以上三点皆不变，那么怎样看待美国学者波恩提出的"逆城市化"呢？我们的看法：企业（人口）从大城市向小城镇或乡村流动，只能说明城市存在适度规模限制，但不能将此看作是"逆城市化"。恰恰相反，这种流动表明城市化将全面提速：比如现在有些乡村慢慢会变成小城镇；有些小城镇会变成小城市；有些小城市会成为中等城市或大城市。近年来工商资本下乡，农村生产方式和生活方式的变化已经显现出这种势头。

分析至此，我们可得出的结论是：无论生产要素向何处流动，它所改变的只是城市的规模和城市的生长点，而不可能改变消费选择聚中和工商企业扎堆规律，故城市化的趋势不可能逆转。具体对中国来说，目前我国尚处在工业化中期阶段,城市化仍任重道远,因此我们绝不能受"逆城市化"的误导而放缓城市化进程。

推进城镇化不能盲目"造城"

我们一方面要推进城市化,但同时又要防止盲目"造城"。时下有不少学者说,改革开放后的经济高增长是由工业化推动;而此后,将靠城镇化推动。我不赞成这个说法。想问大家一个问题:工业化与城镇化是两个可以截然分开的阶段吗?如果是,上面的说法能成立;如果不是,这说法就大有疑问。

工业化与城镇化究竟是何关系,或者说它们是不是前后两个阶段?显然,这与人们对城镇化的理解有关。关于"城镇化",我所看到的解释有三种,简言之:一是化村庄为城镇;二是化农民为市民;三是化务农为务工。应该说,这三种解释都对,也都是城镇化的应有之义。但若刨根究底,问城镇化的核心到底是什么?见仁见智,大家的看法可能各有不同。

先说我的观点。城镇化的核心我认为是转换农民职业,即化务农为务工。离开这一点,任何形式的城镇化皆是舍本逐末。比如化村庄为城镇,其实就是建小城镇。这方面我们曾有过教训,20世纪90年代初提出"小城镇、大战略",政府投了4000亿元，短短几年小城镇遍地开花，结果呢？全国一万多个小城镇，每个平均人口仅3000多人，而非农人口不及2000人。由于农民在城镇无以谋生，久而久之，不少小城镇也就成了空城。

所谓化农民为市民，通俗讲就是转户口。户口重要吗？当然重要。目前在中国户口不单是身份象征，也与待遇有关。这些年进城农民工由于无城镇户口，医疗保险、孩子上学等皆诸多不便，所以他们希望转户口。问题是，转户口是否就是城镇化？大约十年前我曾赴西北某市调研，听当地官员说城镇化率达到51%，我大吃一惊，细问究竟，方知当地人口一半以上转了城镇户口，可70%的人还是以种地为生。这样的城镇化岂非掩耳盗铃？

是的，城镇化的关键是转职业而非转户口。换句话说，城镇化要从非农人口的比重看，非农人口的比重越高，城镇化率就越高；反之，若农民仍以种地为业，即便百分百转了城镇户口也算不上城镇化。故推进城镇化首要的是城镇能提供就业岗位，能让农民在城里找到工作。问题是怎样才能让农民找到工作？当然只能是发展工业，若工业不发展，城镇化就如空中建塔，没有根基迟早也要坍塌。

回顾一下城市发展史，我们或许看得更清楚。早在农耕时代，城市就已出现了。不过那时的城市主要是用于军事防御和举行祭祀仪式，只是消费中心，没有生产功能。真正意义的城市,是13世纪工商业发展后地中海沿岸涌现的如米兰、威尼斯、巴黎等商贸中心。而城市化大步提速,则是工业革命之后。机器大工业不仅打败了手工作坊,同时也为失地农民提供了就业。至一战前夕,英、美、德等国家其实已经城市化了。

可见,城市化与工业化是同步的。不信你能举出一个例子,证明世界上有哪个国家绕过工业化实现了城市化,或者有哪个国家绕过城市化而实现了工业化。的确,工业化与城市化就是这样密不可分,是同一硬币的两面而非前后两个阶段。既如此,那么"中国经济前30年靠工业化推动,而后30年靠城镇化推动"的说法就不足为信,是拍脑袋想当然。

有人也许会说,工业化与城镇化虽不能截然分开,但可分主次,即前30年主要靠工业化,后30年主要靠城镇化。这观点对吗?坦率地讲我也不同意。因为这很容易产生误导,会让人们想到中国经济未来主要是靠"造城"。离开了工业化,所谓城镇化实际上就是"造城",盲目"造城"不仅劳民伤财,对拉动经济也于事无补。你想,若无工业化支撑,城镇造起来有啥用?痛定思痛,难道以往的教训还不深刻吗?

事实上,中国此前30年,是工业化与城镇化并驾齐驱同时提速的过程。有数据说,迄今2.6亿农民工已在城镇就业。大家想想,若没有工业化提速,这么多农民怎可能转得了职业？结论很明显，城镇化不可能离开工业化，何况中国工业化远未完成，目前还只是中期阶段，我们本应心无旁骛、一鼓作气才对，可不知为何有人偏要另起炉灶提什么"中国经济靠城镇化推动"的口号，这实在是多此一举。

城镇化当然重要，但城镇化必须以工业化为依托，绝不能脱离工业化，要水到渠成，不能拔苗助长。当下学界有个现象，很多人喜欢标新立异，学术研究求新求异无可厚非，可学术创新应在理论建树上取胜，而非一味地搞"新提法"。明知工业化与城镇化密不可分，却硬要说是两个阶段，还以为看见了"皇帝的新衣"。如此闭门造车，对推动城镇化将有害无益。

第十五讲

准确把握反垄断的边界

反垄断是反"违背等价交换"的行为

反垄断不能简单"反大"

垄断竞争才是市场常态

不应将矛头指向技术垄断

哪些企业会"掠夺性定价"

第十五讲
准确把握反垄断的边界

近年来反垄断已成为社会各界广泛关注的焦点话题。但对于什么是垄断、反垄断究竟要反什么,很多人其实并不清楚,有人甚至将反垄断等同于"反大";或是反高新技术企业的"觅价权"。为正本清源,这里我就如何划定反垄断的边界作分析,重点谈以下五个问题。

反垄断是反"违背等价交换"的行为

我40年前读经济学说史,知道经济学家对分工与交换的关系有不同看法。亚当·斯密认为是交换决定分工,而马克思认为是分工决定交换。说实话,这问题困扰我很多年。分工决定交换好理解,没有分工不需要交换。可我想不明白的是,要是没有交换,人们怎可能形成分工呢?

举个例子解释。假定有张三、李四两人,他们同时都生产粮食与棉布。在这种情况下,由于两人生产的产品完全相同,彼此间当然用不着交换。假若两人有了分工,张三专门生产粮食,李四专门生产棉布。而张三却需要棉布,李四需要粮食,两人以物换物互通有无,于是就产生了交换。由此来看,交换的前提是分工。

若倒转过来看。张三与李四分工后,张三只生产粮食,李四只生产棉布,假定没有市场交换(或者不允许交换),张三不能从市场上买到他所需要的棉布,李四也不能买到他所需要的粮食。双方的需求皆得不到满足,那么张三和李四就不可能形成稳定的分工。正是从这个角度,当年亚当·斯密说,是交换决定分工。

两种观点似乎都没错,问题出在哪里呢?几年前重读《资本论》我发现,马克思并不否认交换决定分工。他指出分工有两个层面:一是自然分工(如家庭内的男耕女织);二是社会分工。从人类历史看,是先有自然分工,然后才出现交换。而社会分工却出现于普遍交换之后,而且交换的范围大小,决定社会分工的范围大小。

区分自然分工与社会分工,令人茅塞顿开。不过我这里的重点不是讨论分工与交换的关系,而是要从社会分工的角度讨论"等价交换"的含义。商品是天生的平等派,需要等价交换。可我想问读者,你认为"等价交换"的含义是指什么？或者问：是10斤大米换1尺棉布等价，还是2尺棉布换10斤大米等价？

提出这个问题，与时下人们关心的"反垄断"有关。根据经济学流行的定义，垄断是指厂商利用其市场支配地位操控价格的行为，属于不正当竞争，政府应予打击。可我并不认同上面的定义。不错，厂商操控价格是垄断行为，但未必是不正当竞争。在我看来，垄断行为是否应该打击，关键要看它是否违反等价交换原则。

何谓等价交换？按照马克思的解释，是指相互交换商品的价值量相等。商品的价值量，等于生产商品所耗费的社会必要劳动时间。作为一种理论分析，逻辑无懈可击；可在现实中，生产者并不知道各自的社会必要劳动时间是多少。通常的情形是交换双方通过讨价还价达成交换。事实上，这种自由协商达成的交换，即为等价交换。

是的，只要商品是自由交换，买卖双方既不强买也不强卖，就应该是等价交换。不过往深处想，等价交换其实还有一层含义，即生产要素能够自由流动。若生产要素不能自由流动，比如某商品只允许你生产而不允许别人生产，别人无法与你竞争，迫不得已，只能由你任意操纵价格。这样的交换，显然不是等价交换。

明确了等价交换的含义，回头再说垄断。前面我说垄断不一定是不正当竞争。我想到的是技术创新企业，此类企业的市场支配地位来自关键核心技术,由于拥有关键核心技术,产品才有觅价权(自主定价权)。经济学说得清楚,企业觅价是垄断行为,但觅价并不排斥要素流动,也不违背等价交换,所以不能打击,否则会抑制创新。

当然,垄断也可能是不正当竞争。比如行政垄断企业,其市场支配地位不是来自技术创新,而是来自行政机构特许授权。此类企业若操控价格牟利,当然是不正当竞争。理由简单,当市场准入存在限制,其他厂商不能参与竞争时,供应商操纵价格实际就是强买强卖,故对行政垄断企业操控价格的行为,必须反对。

关于等价交换,另有两个问题学界也有争论,在这里说说我的看法。

第一个问题:怎样看待生产成本不同的商品以相同价格交换?还是用前面的例子:张三和李四都能生产粮食与棉布,假定张三生产1吨粮食与1匹棉布的成本分别为80小时、90小时;李四的成本分别为110小时、100小时。若按比较优势分工,张三生产2吨粮食,李四生产2匹棉布,然后彼此用1吨粮食与1匹棉布交换。两种商品成本不同,请问他们是等价交换吗?

经济学讲得清楚,商品价格不是由成本决定,而是由供求决定。张三用1吨粮食交换李四1匹棉布,比自己生产棉布可节省10小时成本;李四用1匹棉布交换张三1吨粮食,比自己生产粮食也可节省10小时成本。双方都有利可图，只要他们自由交换，不强买强卖，那么就是等价交换，张三、李四谁也不吃亏。

再一个问题：怎样看待生产成本相同的商品以不同价格交换？现实生活中确有这样的现象，生产成本相同的同一商品，商家却针对不同的消费者制定不同的价格。比如某餐厅同样一道菜，成本完全相同，可卖给包厢内顾客的价格通常高于散座顾客的价格。有人认为，商家的这种做法违背了等价交换原则，对包厢内顾客不公平。

可我要指出的是，这种定价方法经济学称为"价格歧视"。商家搞"价格歧视"，原因是商品供给稳定而需求不稳定。如同一品牌空调，夏天的需求会大于冬天的需求。而人们收入不同，需求也会不同：穷人更看重实惠，富人更看重面子，将同一商品以不同标识分开，用高价满足富人，用低价满足穷人，是商家的营销策略，政府不必管。

反垄断不能简单"反大"

今天世界上很多国家都颁布了反垄断的相关法律，而且矛头大多指向大企业。之前我对此百思不得其解，不明白立法者为何认为企业规模大就是垄断。而让我更感困惑的是，西方各国政府无不希望国内企业做强做大，可同时却又反强反大，这岂不是要让企业无所适从？

自己以研究经济学为职业，当然知道市场经济奉行的基本规则是公平竞争。所以我的观点是：政府应该反对的"垄断"并不是"大"，而是不正当竞争。若有企业欺行霸市、强买强卖，对这种不遵守市场规则的行为，无论规模大小都应打击。换句话说，反垄断不能只针对大企业，也不能武断认为企业大就会妨碍公平竞争。

大约20年前，我曾用三个月时间研读美国经济史。说是研读，研究其实并不深，主要是读。不过，对美国的反垄断法例，倒是作过一些思考。我发现，美国反垄断起初也是针对大企业，只是到了新世纪前后，他们才掉转枪口不再"反大"，而转向反不正当竞争。为何前后会发生如此大的改变？回答此问题，需了解美国出台反垄断法的背景。

19世纪下半叶，美国出现了一些巨型企业。这些企业凭借其市场支配地位，碾压中小企业，盘剥消费者，引起社会各界强烈不满，民怨沸腾。在强大舆论压力下，美国国会启动了"反垄断"立法程序，并于1890年以压倒性多数票，通过了第一部反垄断法——《谢尔曼法》。《谢尔曼法》作为母法，与后来的《克莱顿法》和《联邦贸易委员会法》一起，构成了美国反垄断法的基础。

可想而知，美国在那样背景下推出反垄断法，当然是"反大"，而且重点是针对三类所谓"掠夺性定价"行为：一是大企业为获取暴利相互勾结而达成幕后协议，通过控制产量来抬高价格；二是大企业虽不与同行勾结，但规模大到足以主宰市场，通过大幅度降价排挤中小企业；三是大企业将同一商品以不同价格卖给不同消费群体，也就是今天经济学所说的"价格歧视"。

看上去，对哪些行为属于违法，反垄断法似乎作了明确界定，可在操作层面其实并不明确。比如对企业究竟多大会面临制裁、何谓"掠夺性定价"等，法律并无相应的条文解释。我想过这个问题，法律之所以不解释，是因为难以解释。某企业在当地市场占有率虽然很高，但从国际市场看，却可能微不足道。大企业提价或者降价的原因非常复杂，也不好一概认定都是"掠夺性定价"。

对于"反大"，也有不少经济学家提出过批评。第一个力挺大企业的是熊彼特。他在1911年出版的《经济发展理论》中指出："不断的创新，就像是跳动的琴弦，演奏着经济成长的美妙乐章，而拨动琴弦的正是那些领导市场的巨型公司，我们有何理由去指责我们的乐师呢？"后来以斯蒂格勒为代表的芝加哥学派，也持相同的观点，认为生产资源集中在大企业，有利于提高规模经济效益和生产效率，应减少对大企业的干预。

回头再看美国反垄断。前面说过，在不同时期美国反垄断的指向不同。《谢尔曼法》颁布后的近百年，美国一直是

"反大"。1911年，最高法院宣布，美国烟草公司和标准石油公司因欺行霸市，违反了反垄断法，勒令两公司解散，各自拆分为若干独立的公司。1945年，美国铝业公司又被判决触犯反垄断法。其实该公司并无不当竞争行为，只是法院认为它"独占90%的市场，实在太大了"。

转折点是20世纪70年代。当时美国遇到了前所未有的危机。政治上，美国在西方世界一呼百应的威风已不复存在；经济上，昔日逆来顺受的"小羔羊"，今天已成为强有力的竞争对手；军事上，苏联又摆出咄咄逼人的架势。面对这种局面，美国国内对反垄断产生了争论。而恰逢此时，芝加哥学派得势，其代表人物在政府担任了要职，天时地利人和，于是调整了反垄断政策。

此后的20多年，美国基于提高企业国际竞争力的考虑，政府一反常态，改变了以往的做法。不仅不再"反大"，反而对大企业兼并推波助澜。1997年，波音与麦道联姻，组成了航空业"巨无霸"。1999年，埃克森与美孚"两兄弟"在分离了88年之后，再度聚首。1999年，美国国民银行与美洲银行合并，缔造出了新的金融帝国。

这里要解释的是，1997年，美国司法部将微软推上被告席，最后法院裁决将其一分为二。给人的感觉，美国似乎还是"反大"。实则不是。司法部状告微软并非微软规模大，而是它阻止其他软件供应商进入市场，妨碍公平竞争。当年美国司法部副部长曾明确讲:"法律不会阻止你垄断,但是,如果你滥用垄断权力,法律就会坚决制止。"

读者要仔细琢磨这句话。的确,垄断不等于滥用垄断权力。在经济学教科书里,垄断通常分为三类:行政垄断、自然垄断、技术垄断。毫无疑问,前两类垄断会在一定程度上限制竞争,容易滥用垄断权力,故需盯紧看严;可技术垄断不同,一家企业技术创新并不能排斥其他企业创新。尊重创新企业的觅价权,可以激励创新,当然不能反对。

美国反垄断带给我们的启示,至少有两点。第一,不能简单根据企业规模或市场占有率定义垄断,反垄断并不是"反大"。美国曾有过教训,是前车之鉴。第二,反垄断应重点反不正当竞争,不可将创新企业的觅价行为,当作"滥用垄断权力"或"掠夺性定价"予以处罚,要防止反垄断扩大化伤及无辜。

垄断竞争才是市场常态

学界有一种流行的观点认为:繁荣来自竞争,而垄断企业则会排斥竞争。为何垄断企业能排斥竞争呢?经济学的传统解释是:由于此类企业规模过大,市场占有率过高,所以取得了"市场支配地位";而企业一旦拥有了"市场支配地位",往往就会实行"掠夺性定价",排挤打压中小企业。

骤然听,这种解释似乎不无道理,而且之前我也是这样看。大约25年前读英国经济学家罗宾逊1933年出版的《不完全竞争经济学》,受到启发,便对传统的反垄断理论产生了疑问:现实生活中的市场常态是完全竞争还是垄断竞争?企业的"市场支配地位"是否就由市场占有率决定?市场占有率高的企业是否真能实行"掠夺性定价"?

长期以来,在人们观念里"竞争"与"垄断"是两种对立的状态。要是作纯理论分析,当然可以这样看。可现实中的市场常态,却并不是"完全竞争",也不是"完全垄断",而是"垄断竞争"。根据经济学的定义,完全竞争有4项约束:市场有大量买者与卖者,谁也不能独立定价;产品同质、没有差异;信息充分;要素自由流动。

显然,完全竞争只是一种理论上的假想状态,真实世界中不可能存在。举浙江"义乌小商品市场"的例子,12年前我曾到那里考察,看到有多家商铺批发打火机,而其中有一家卖防风打火机,价格高出其他商铺所卖打火机的一倍。同样是打火机,价格为何会有差异?原因是产品有差异。产品有差异,当然不是完全竞争。

相对普通打火机,防风打火机的技术含量确实要高些,也正因如此,生产商才有一定的定价(垄断)权。不过,这并不意味着该厂商就能独立定价。从需求角度看,由于市场有大量的替代品,若定价过高,会有消费者放弃购买,转去购买替代品；从供给角度看，防风打火机"价高利大"，其他厂商也会生产，这样会使竞争更激烈。

通过举上面的例子可以看出：在现实生活中竞争与垄断并不完全对立。一方面，由于产品存在差异，所有竞争性企业皆有可能存在某种程度的垄断；另一方面，由于市场上存在大量的生产者，垄断企业也同样要面临竞争。而问题就在这里：既然垄断与竞争无法截然分开，那么在反垄断的同时是否也会限制竞争？

或许有人说，反垄断主要是反对企业利用"市场支配地位"排除竞争的行为。企业间竞争，必然会优胜劣汰。可我们怎样判断一个企业是否利用了"市场支配地位"呢？或者问，哪些企业能够拥有"市场支配地位"？目前学界主流的看法，是根据经营者的市场份额判定：市场份额越大，其"市场支配能力"就越强。

事实上，目前的反垄断法就是这样判定的：若一个经营者在相关市场的市场份额达到1/2，两个经营者在相关市场的市场份额合计达到2/3，三个经营者在相关市场的市场份额合计达到3/4，则可推定具有"市场支配地位"。不能否认经营者"市场支配地位"与市场份额有关，但我却不赞成上面的推定

由"市场份额"推定市场支配地位，背后的逻辑其实就是"反大"，而且上面所说的"相关市场"在操作上很难

界定。即便按欧美流行的SSNIP（Small but Significant Not-transitory Increase in Price）方法能够界定相关市场，问题是：国内某企业市场份额超过50%就一定就要反对吗？今天的市场竞争是全球竞争，那样做岂不是令亲者痛而仇者快？

有学者解释，市场占有率高的企业容易滥用市场支配地位，实行"掠夺性定价"。此观点并不完全对。我曾说过多次，企业的市场支配地位主要来自两方面：一是政府特许经营授权；二是关键核心技术。前者为"行政垄断"，后者为"技术垄断"。行政垄断由政府授权，别人无法竞争，确实有可能"掠夺性定价"。比如国内的"烟草专卖"，若国家不限价，价格肯定比现在高得多。

可是技术垄断企业不同，它们虽可以觅价（自主定价），但由于存在大量的竞争者或潜在竞争者，却不可能"掠夺性定价"。若某企业无视市场供求状况将价格定得过高，产品需求会减少，那样反而会让竞争对手乘虚而入，令自己陷入被动；反过来，若为了打击竞争对手而低于成本定价，则无异于"自杀"：产品销售越多，企业亏损会越严重。

放眼中外，"低于成本定价"的案例并不多见。20世纪初，美国烟草公司与标准石油公司曾尝试过，结果皆成悲剧。读者想想，企业竞争怎能靠"亏损"取胜呢？仍以打火机市场为例，假定你生产防风打火机，我生产普通打火机，若你为了打压我的产品，将产品低于成本定价，你猜我会怎样做？我会立即买进你的产品，而等到你无力支撑时高价卖出，并继续生产我的产品。

由此我们可以得出三点结论：第一，市场常态不是完全竞争，也不是完全垄断，而是垄断竞争；第二，不宜用"市场份额"判定企业是否具有市场支配地位，更不能认定企业市场份额大就一定会滥用市场支配权力；第三，技术垄断企业觅价并非"掠夺性定价"，反垄断应针对强买强卖等不公平竞争行为，而且重点是行政垄断。

不应将矛头指向技术垄断

今天仍有不少人认为，技术垄断企业会凭借"市场支配地位"锁定现有技术，阻碍效率更高的新技术进入市场。1985年，经济学家保罗·戴维在《美国经济评论》发表论文，并以"键盘"为例对上述观点作了论证。他的分析逻辑是，技术垄断容易让用户对"旧技术"形成路径依赖，从而排斥技术创新，导致市场失灵。

键盘的例子是这样的：19世纪70年代，当时打字机生产工艺尚不完善，字键击打后弹回速度较慢，若击键过快，字键会绞合在一起而造成堵塞。后来有位叫肖尔斯的编辑设计了一种键盘，将使用频率高的"O""S""A"让最笨拙的无名指或小指击打，而使用频率低的"V""J""U"，却放在最灵活的食指之下。如此一来，便降低了打字员的击键速度，使绞键问题迎刃而解。

"QWERTY"键盘进入市场后，大受欢迎，并于1868年获得了专利。可到了20世纪30年代，随着生产工艺的进步，字键弹回速度大大加快。于是德沃夏克（Dovrak）将字母重新排列，设计了一款新的简易键盘（Dsk），可提高打字速度，且于1936年也申请了专利。可他没想到，新键盘并不为多数人所接受，市场上无法推广。

新键盘的打字效率更高，市场为何难以推广呢？据保罗·戴维分析，有两方面的原因：一方面是打字员习惯了使用旧键盘，不愿再学习使用新键盘，而且办公室也不配置新键盘打字机；另一方面，办公室不配置新键盘打字机，是因为找不到受过训练的打字员。而追根到底，是旧键盘的市场占有率过高，旧技术形成了垄断。

然而也有学者不赞成戴维的解释，认为新键盘之所以不被普遍采用，是因为新键盘并不比旧键盘具有优势。如"微软"创始人比尔·盖茨曾反驳说："英文打字机和计算机键盘上的字母按QWERTY顺序排列，并没有一条法律要求必须这样做，可大多数用户却执着于这种标准。只能说明，这样的排列比其他排列更加行之有效。"

其实，戴维说新键盘优于旧键盘，是有实验数据支撑的。据他介绍，美国海军部曾做过一项实验：打字员使用新键盘，每分钟可打108字，而使用旧键盘，每分钟只能打56字。他由此得出结论说："若将旧键盘比作是牛，那么新键盘则是吉普车，无论对牛怎样刺激，速度也不可能赶上吉普车。"

听上去，戴维的分析有理有据，可宾夕法尼亚大学教授斯特朗却提出了质疑。理由是，海军部那次实验是由德沃夏克指导进行的，而他不仅拥有新键盘的专利，还从卡内基教育委员会获得了13万美元经费，属利益当事人，实验数据的可信度不高。后来，斯特朗也组织过实验，每10人一组，结果显示，使用新键盘的一组与使用旧键盘的另一组相比，打字速度并无明显优势。

不知读者怎么看。在我看来，德沃夏克虽是新键盘的专利拥有人，但我不认为他会数据造假；同时，我也相信斯特朗的实验数据是真的。两人实验的结果不同，原因不难理解。打字速度的快慢，不单取决于打字机，也取决于打字员。要知道，人们在学习打字方面的禀赋是有差异的，若让禀赋差的人使用新键盘，让禀赋高的人使用旧键盘，新键盘的优势自然显现不出来。

想深一层，新键盘打英文更快，这一点早有定论，不必争论，也用不着再做实验。前面说过，当年肖尔斯设计"QWERTY"键盘的初衷，就是为了减缓打字员的击键速度，而事实证明也确实能达到这一目的。德沃夏克改变了旧键盘的字母排列，将使用频率高的字母放在更灵活的手指之下，打字速度无疑要比旧键盘更快些。

不过尽管如此，我也不同意戴维的观点。新键盘无法推广，并非技术垄断企业锁定旧技术，因为它们不可能也无法锁定旧技术。可证伪的例子是：30多年前，"大哥大"（模拟手机）的市场占有率非常高，可当智能手机推出后，"大哥大"很快就被替代，今天市场上已不见踪影。请问，原来生产"大哥大"的企业为何不锁定旧技术？不是它们不想锁定，而是锁定不了。

对新键盘为何不能替代旧键盘，我认为应从用户与供应商两个角度分析。从用户角度看，自1946年电脑问世后，人们改用电脑打字，可电脑并非只是用于打字，同时也用于工程设计、数据处理、财务管理等。对多数用户来说，打字并非最重要的功能；除了专业打字员，一般用户也不看重打字速度。比如我用电脑写文章，写作速度不快，从不觉得是自己打字慢，是思考得慢。

从供给商角度看，电脑生产商不采用新键盘，虽有节省成本的考虑，但主要是考虑键盘的通用性。是的，新键盘打英文的速度更快，可打中文的速度却不见得快。英文使用频率高的字母，与汉语拼音使用频率高的字母不完全相同，法文、俄文、日文等也如此。电脑生产商要满足全球用户需求，当然没必要改用新键盘。

戴维的文章发表迄今已38年，学界一直在争论。有学者指出，"新键盘优于旧键盘"不过是戴维为人们编造的神话。我的观点：新键盘在英文打字方面确有优势，但通用性方面却明显不足。换句话说，目前电脑生产商之所以不采用新键盘，真正的原因，不是它们锁定旧技术，而是新键盘不具有足够的市场推广价值。

留心观察，不仅仅键盘是如此，企业作为市场主体，判断其他技术是否先进，也不会只看技术的新旧，而会重点看是否具有更高的市场推广价值。受"优胜劣汰"竞争规律的约束，技术垄断企业不可能拒绝使用先进技术。相反，为了取得竞争优势，它们会不断创新技术，所以，不应将反垄断的矛头指向技术垄断企业。

哪些企业会"掠夺性定价"

企业"掠夺性定价"已成过街老鼠，人人喊打。何谓"掠夺性定价"？经济学的解释是，某企业为了排挤竞争对手，故意将产品"低于成本定价"，而等到竞争对手退出市场后，再提高价格，牟取高额利润。现实中真有企业"低于成本定价"吗？当然有。至少历史上曾经出现过。不过，结果大多皆弄巧成拙、事与愿违。

国际贸易中也有一个对应的概念："倾销"。意思是，企业在海外销售商品的价格低于国内的销售价格。起初我不理解，既然商品在国内可以卖高价，为何要舍近求远到海外去卖低价呢？思来想去，合理的解释是国家急需外汇，为鼓励出口，政府补贴了出口企业。若政府不补贴，企业绝不会做这种赔本赚吆喝的事。

"倾销"的前提是政府补贴。从这个角度看，所谓反"倾销"，其实质是反"政府补贴"。由此类推国内"掠夺性定价"，我们也需要追问：企业"低于成本定价"是否也有前提？若有，前提为何？如果说反"倾销"是反"政府补贴"，那么反"掠夺性定价"应该反什么？我这里就是要重点讨论这个问题。

关于"掠夺性定价"的前提，目前学界主流的观点，是企业拥有"市场支配地位"；或者换句话说，企业具有市场支配地位，才可能实行"掠夺性定价"。可我却不这样看。恰恰相反，在我看来，具有市场支配地位的企业不会轻易采用"掠夺性定价"，而且也无须"掠夺性定价"。对企业来讲，"低于成本定价"无异于自废武功，得不偿失。

为何这样说？为方便理解，让我分别对"完全垄断""寡头竞争""完全竞争"等三类市场作分析：

首先看"完全垄断"。此类市场由某个企业独占，只此一家、别无分店。显然，在这种情况下，企业用不着"低于成本定价"：当产品供不应求时，它会进一步提高价格；而当产品供大于求时,则会调减产量,不会降价,更不会低于成本定价。读者想想,既然市场上不存在其他竞争对手,企业"低于成本定价"岂不是发神经?我敢肯定,读者举不出一个这方面的例子来。

再看"寡头竞争"。此类市场虽有大量中小企业存在,但主要由少数几家强势企业控制。这是说,市场上既有强势企业与中小企业竞争,也有强势企业之间的竞争。问题就在这里:假定甲、乙两个强势企业分别为该行业的"老大"和"老二",若甲企业为了打压中小企业实行"低于成本定价",代价当然是自己亏损,而让乙企业坐收渔利。请问,甲企业为何要那样做呢?

最后看"完全竞争"。我曾说过,"完全竞争"是一种假想的市场状态,现实中并不存在。不过做理论研究倒是可以这样假设。在完全竞争市场,不仅企业数量多,而且企业有强弱大小之分。传统观点认为,处于强势的企业为了扩大市场份额并最终垄断市场,往往会采用"低于成本定价",排挤那些处于弱势的中小企业。

是的,强势企业确实有垄断市场的意图,不过想通过"低于成本定价"垄断市场怕是难以如愿。举个例子,假如你是一家强势企业的老板,你将商品"低于成本定价",目的无非是给竞争对手释放"无利可图"的虚假信号,以此诱使对手主动退出市场。可竞争对手和你生产的是同一产品,怎会不知道你的信号是假的？若中小企业知道你的信号是假的，自然不会退出市场。

或许有人说，寡头（强势）企业为了共同打压中小企业，可以联起手来"勾结定价"。不排除有这种可能，可寡头企业并非铁板一块，存在各自的利益，不可能长期"勾结"。20世纪90年代初国内家电生产过剩，相互打价格战，当时四大家电"巨头"南下广州签订"停战协议"。可后来呢？价格战还是照打不误。

我说寡头企业不可能长期"勾结"，理由简单：若寡头企业"低于成本定价"，根据供求原理，产品价格大幅度下降，市场需求会大幅度增加。面对急剧增加的需求，必须提供足够的产品予以满足；否则产品供不应求，需求会拉动价格上升，"勾结定价"便会不攻自破。若要维持"勾结定价"，寡头企业就得不断扩大生产（供给），可产品销售越多，亏损会越严重。

另外，应对寡头企业"勾结定价"的中小企业有两个选择：一是主动缴械、退出市场。可退出市场会令前期投资血本无归。二是坚守阵地，与寡头企业打持久战。中小企业主不蠢，明知对方"勾结定价"是短期策略，而且此时市场上的商品卖价已低于生产成本。他们不仅不会退出市场，反而会大量购进商品。等到寡头企业无力负亏时再将商品高价卖出，则可一举翻盘。

当然，在寡头企业的联合打压之下，难免会有一些竞争者退出市场，但这并不代表"掠夺性定价"大功告成。要知道，市场上既有看得见的竞争者，也有众多看不见的潜在竞争者。寡头企业一旦提高价格，原来退出的竞争者有可能重新返回，而那些潜在的竞争者也可能进入市场。如此一来，寡头企业"勾结定价"的所有努力皆将付诸东流，前后算总账，必是得不偿失。

回头再说"掠夺性定价"的前提。前面分析过：独占企业无须"低于成本定价"；寡头（强势）企业有可能"低于成本定价"，但最终不可能成功。若寡头企业长期"低于成本定价"却不倒闭，用经济学逻辑推理，背后一定有"政府补贴"。这种补贴不一定是给钱，更多是提供特殊优惠政策。所以我的结论：反对"掠夺性定价"，关键是要取消那些妨碍公平竞争的优惠政策。

延伸阅读

希法亭：《金融资本》

19世纪末20世纪初，资本主义已从自由竞争走向垄断，金融资本控制着经济，横行市场，为所欲为。奥地利经济学家希法亭在1910年出版的《金融资本》一书中，对这些现象作了精辟分析。我这里建议读者阅读这本书，是想提请大家思考在当前贸易保护主义盛行的背景下，我国反垄断应重点关注哪些问题。

希法亭把信用看作金融资本产生的催化剂。他认为，过去银行只是一个普普通通的借贷中介人，这边吸收存款，那边转手贷出，靠赚取利息差为生。可现在通过吞并、联合，形成了银行垄断资本，少数银行集中了大量贷款，如1909年，柏林9家大银行拥有的资本，竟高达全国银行总资本的83%。这时候，银行向工业提供贷款，就不再是零打碎敲，而是大笔的长期资金。

银行为了保证自己资金的安全，获得稳定的回报，自然要关心企业的经营情况，并对企业施加强有力的影响；同时，企业为了不受制于人，也必然把手伸向银行，或者购买银行股票，或者干脆自己开办银行。如此，通过相互渗透，银行和工业之间，你中有我，我中有你，慢慢由以前暂时的利害关系，变成拴在一根绳上的两只蚂蚱。

如果说信用还只是穿针引线的"小丫鬟"，不过是使银行和工业的关系更加密切而已，那么，股份公司就像一个"红娘"，最终将银行和工业推上了"婚姻的红地毯"，并产下了"金融资本"这个婴儿，待其长大，必将呼风唤雨，左右经济。

19世纪后期，股份公司如雨后春笋般冒了出来，虚拟资本及其运动，叫人目不暇接。这些日显突出的现象，引起了希法亭的极大兴趣。他提出了"创业利润"概念，丰富和发展了马克思的股份公司理论。希法亭注意到，股票价格和票面值总有出入，在大多数情况下，价格高于面值，由于高出的部分，被企业的创业者在发行股票时占有，所以希法亭称之为"创业利润"。

"创业利润"如此诱人，银行难免蠢蠢欲动，于是一种控制产业的强烈冲动油然而生。而经过一轮又一轮的大浪淘沙，银行又积聚了雄厚实力，在与产业争夺创业利润时，占据上风。于是，通过购买企业股票，银行一步步地渗透到产业之中，掌握了企业的股票发行权。与此同时，银行产生了一项新的职能，即希法亭所说的发行活动，也就是代替企业发行股票，获得丰厚的创业利润。

面对银行咄咄逼人的渗透，股份公司不仅不横眉冷对，反而笑脸相迎，因为兵马未动，粮草先行，只有以银行强大的资本做后盾，股份公司才可以扩大规模，增强实力，在激烈的竞争中，披荆斩棘，闯出一条路来。如此这般，由于共同的利益，银行和产业一拍即合，产生一种新的资本，即所谓的"金融资本"。

金融资本随产业的垄断化而达到顶峰。希法亭指出，垄断之所以产生，是为了促进利润率平均化。随着技术进步，企业对固定资本的投资逐渐加大，不变资本相对可变资本而言，增长更快，所以，企业利润率呈下降趋势。但是在经济发展中，各个部门发展并不平衡，利润率下降也是快慢不等。一般来说，在采掘业和基础工业，资本有机构成提高更快一些，相对加工业而言，利润率下降更为厉害。

为了克服利润率下降，这些企业的资本家完全可以"喜新厌旧"，抛出手中原有的企业股票，另攀"富贵人家"。但最稳妥的办法，是建立垄断组织。垄断组织有几种形式。刚开始时，生产同种商品的企业联合起来，共同确定价格，控制产量，形成卡特尔垄断。参加卡特尔的企业在生产、贸易、法律上都是独立的。由于参加卡特尔的企业实力相差悬殊，且又不断变动，因此必然要根据新的情况，重新划分利益，所以很难持久，于是后来就产生了辛迪加。

这种垄断组织统一原料采购和产品销售，各成员企业在商业上没有独立性，如果退出组织，就很难在市场上重新站稳脚跟，所以，辛迪加与卡特尔相比，"寿命"长得多。可参加辛迪加的企业，在争夺原料和市场份额上，还是会钩心斗角。解决矛盾的最好办法，是剥夺各成员企业的独立性，由一个组织统揽全部企业的生产、销售，这就是托拉斯。

卡特尔、托拉斯等垄断组织，都是由大企业组成，它们实力雄厚，往往能够呼风唤雨，控制市场，获得稳定的利润。这使得银行将更多的资本投入产业。同时，当银行在国民经济中变得举足轻重时，产业资本家也必然要通过购买股票渗入银行。很显然，随着资本的集中，一些资本家会聚敛起天文数字般的财富，同时控制银行资本和产业资本，成为金融寡头。

通常的情形是，金融寡头以一家大企业作为"母公司"，通过购买股票，支配一些"女儿公司"，"女儿公司"又掌握一批"孙女公司"，如此层层控制，最后形成一个金字塔式的控制网。金融寡头得以指挥比自身资本大得多的资本，对经济政策产生巨大影响。而且金融资本凭借其强大的垄断力量，获取了巨额利润，自然希望采取保护关税，拒国外竞争对手于门外，保证自己能独霸本国市场。

希法亭的这一分析，为后来的事实所证实，甚至连一向高唱自由贸易大调的英国也改弦易辙，举起了贸易保护的大旗。不过，贸易保护政策虽使垄断组织获利不少，但同时也使各国画地为牢，形成一个个经济区，束缚住了金融资本对外扩张的手脚。于是，围绕对经济区的争夺，引发了激烈角逐。希法亭曾预言，英、德之间的冲突，必将以武力解决。果不其然，第一次世界大战不久就作了最好的验证。

第十六讲
怎样看待国内房价问题

房价并不由成本决定

地价不能推高房价

高杠杆会加剧炒房

政府应重点稳定房价

补砖头不如补人头

第十六讲
怎样看待国内房价问题

房价事关民生福祉，前些年国内房价居高不下，老百姓意见大，甚至曾有人为规避房产限购，到民政部门去登记离婚，高峰期队伍排到街上去。这事听起来有些夸张。何以如此？有人批评说，是房地产开发商哄抬房价；而开发商则将房价上涨归罪于地方政府搞土地财政。我这里谈谈自己的看法，和大家交流。

房价并不由成本决定

10多年前，针对当时的高房价，社会上舆论差不多一边倒，口诛笔伐，纷纷指责房地产开发商为富不仁，哄抬房价。于是，要求公布开发成本、反对暴利的呼声不绝于耳。消费者希望房价回落，可以理解。但要指出的，这种指望公布成本打压房价的想法是隔山打牛，错开了药方。

我之所以这么讲，是因为经济学说价格并不完全取决于成本。研究经济学数十年，没见过哪家经济学讲，低成本商品只能卖低价。日常生活里，低成本高售价的例子多得是。我曾参观过一家服装厂，原来一件衬衣不过百元，后与港商合资，打上"金利来"商标，价格陡涨至500多元。是成本增了5倍吗？非也。当年8分钱一张的邮票，今天卖100元，成本未变，价格却涨了许多倍。

当然，成本加成定价是有的。不过得有个前提，那就是商品短缺，供不应求。经济学说，市价要由供求双方定。但若从卖方看，定价必会考虑成本，蚀本的事没人肯做。问题是，厂商按成本加成定价，若消费者不买，有行无市，价格也就形同虚设；反过来，假若商品奇缺，求者若鹜，明知有人出高价，厂商也绝不会拘于成本，有钱不赚，天下没有这样蠢的商家吧。

我推测，要求公布开发商成本的用意，无非是说房产价格相对它的成本过高了，政府应该反暴利。我要问的是，专家学者中有谁说得清楚，价格高出成本多少算暴利，是40%还是60%？若把利润超出成本60%视为暴利，那么要反的，恐怕就不止房地产一家。高科技如生物制药，传统产业如餐饮，高出这个比例的应该不少。再说，若不允许企业以小博大，那么科技创新的动力从何而来？人们哪会去改进技术、提高效率？

举个例子，有甲、乙两个木匠，甲手艺差些，做个书柜需两天，而乙手艺精湛只需一天。若劳动力的日成本100元，每个书柜木料成本100元，那么同样做一个书柜，甲的成本300元，乙的成本200元。再假定书柜市价是400元，那么甲的利润率为33%，乙的利润率为100%。请问在此情形下，政府是否应反乙的暴利？若是反，乙必会放慢进度，做一个书柜也花两天。这对社会来说，无疑是效率的损失。

再一个理由，我不赞成反暴利，是担心这样做会滋生腐败。说过了，由于"暴利"无从界定，所以"反暴利"就难免成为权力创租的借口被滥用。要害在于，是不是暴利，法律没标准，最终得由监管部门说了算，他们一言九鼎，说你是就是，说你不是就不是。如此，企业若不想挨宰就得破财免灾，去给主事的官员行贿。不是吗？早在20多年前，政府就管过价格，也反过暴利，结果怎样？腐败盛行，一塌糊涂。有前车之鉴，今天怎可再蹈覆辙！

对居高不下的房价，我的看法：症结不在暴利，而在供求。供求原理说，供不应求价涨，供过于求价跌。中国房价一路走高，原因纵有千条，而最根本的，一定是房屋供给不足。假如房屋市场有求必应，房价怎会涨上去？想想吧，电冰箱的价格为何不涨？电视机的价格为何也不涨？答案只有一个，就是这些产品供求充足。记得当年广本轿车新上市，也曾一度炙手可热、价格走高，可随着后来生产量逐年增加，价格还是降下来了。

是的，供应充足的商品，价格不可能持续地涨。可有统计数字说，国内房市目前空置率达26%，积压面积过亿，这说明房屋并不短缺。既如此，房价怎会只涨不跌呢？骤然看，高空置与高房价并存，是奇怪现象。不过做点调研，其中的原因也不难明白。由于政府控制建房用地，开发商为了赚钱，就一窝蜂地建高端住宅。结果，高端房老百姓买不起，而买得起的又没的卖，所以整体上，国内房市还是供不应求。

要追问的是，高端房过剩，为何价格也降不下来？据我分析，原因有三：一是普通住房短缺。因为供不应求，需求则拉动房价上涨，于是高端房也就水涨船高。二是消费者买涨不买跌。开发商清楚，若让房价下跌，消费者必会持币观望，这对原本过剩的高端楼盘，是雪上加霜，所以开发商宁愿空置，也不肯降价。三是人们对买房有乐观预期。几乎是普遍看法，认为房产将来会增值。既然收益看涨，房价被高估也就在情理之中。

由此来看，要让过高的房价降下来，有两件事需要政府做：首先，应鼓励开发商多建普通住宅。国务院曾出台规定，明令限制了户型面积。思路对，但行政手段不可取。可取的办法是按建筑面积征累进税。其次，责令各国有商业银行，必须在限期内收回开发商的逾期贷款，新到期的贷款，不再展期。只要此举一出，开发商必会降价售楼，整顿房价，立竿见影。

至于房产的收入预期，是个复杂问题。我没有"水晶球"，买房能否增值，不好说，也说不准。但有一点可以肯定，天下无稳赚不赔的买卖。20世纪80年代，日本房地产泡沫破灭，是教训；美国次贷危机后，国内房价一度跌得惨，也是明证。我不信房产一定会增值的神话，考虑到将来人口减少，老龄化社会，房产是否增值恐怕凶多吉少。

地价不能推高房价

真所谓世事无常。2007年国内房价高企，老百姓因买不起房而怨声载道；可2008年房价却突然掉头，跌得惨，又令开发商苦不堪言。2009年夏天，深圳一家房地产公司的老总曾约见我，说深圳房价下跌近半，成交量萎缩得厉害，问我对今后的房价走势怎么看，我答他：今天的房价取决于人们对未来房价的预期，金融危机打击了人们的信心，房价要跌不奇怪，随着经济回暖，房价应该还会涨。但怎么也想不到，后来房价又一路疯涨，涨得让人目瞪口呆。

尽管我有心理准备，但实话说，当时房价上涨之快仍让我大感意外，一线城市的房价，均已超过了2007年的高点。

为稳定人心，国务院近几年不断出台政策抑制房价。有趣的是，老百姓批评高房价，矛头是指向开发商；可开发商却把责任推给地方政府，说是因为地方政府搞"土地财政"才推高了地价。一时间"土地财政"千夫所指，成了众矢之的。

我先不对"土地财政"作评论，这里要讨论的是，究竟是高地价推高了房价，还是高房价拉高了地价？表面看，这问题不简单，很有点像"鸡"与"蛋"的关系，鸡生蛋，蛋生鸡，但世上到底是先有鸡还是先有蛋，的确难以说明白。不过从经济学角度看，高房价与高地价谁因谁果，我倒认为可以说清楚。但前提是大家要遵从经济分析的逻辑，不能只看现象忽略本质。

有官方数据显示，当下地方预算外收入中，土地出让金差不多要占一半。而开发商称，目前地价占房价的比例高达59%，由此推断，是地价推高了房价。我没研究过房地产公司的财务资料，相信开发商不会说假话。但即便如此，我也不同意他们的推断。不错，房子非空中楼阁，它要盖在土地上，地价高，盖房子的成本会高。然而经济学说，成本高未必一定会推高房价，不然，我们怎么解释2008年开发商成本未变而房价大跌呢？

说我自己亲历的一件事。2009年房价大跌后，一位在成都做区长的朋友打电话给我，问房价何时会涨。我问他为何问这个问题，他说房价不涨地价涨不了，区财政的日子不好过。2007年,成都地价每亩可卖300万—500万元,而到了2008年下半年100万元也卖不出。大家听明白了吗?这位区长一语道破,原来是房价带动地价,而不是地价推高房价。其实,现实生活里这样的例子很多:比如钢材涨价必带动铁矿石涨价,纺织品涨价必带动棉麻涨价,粮食涨价必带动化肥涨价。总之,是下游产品涨价带动上游产品价格上涨。

当然,上游产品涨价推高下游产品价格的情况也是有的,但前提是下游产品供不应求,市场有涨价空间;否则,若下游产品过剩,上游产品涨价只会推高下游产品成本,价格却涨不了。请问有谁见过,过剩产品能够卖高价的呢?若再想深一层,即便下游产品短缺,价格上涨也是需求拉动,与成本无关。房地产本身就是最好的例子,人们看到的现象,似乎是地价推高了房价,其实不然,假若房产的需求不足,地价再高房价也不会涨。

是的,房价上涨说到底只能由需求拉动。想想2008年房价吧。从成本看,开发商应该都是2007年前买到的地,地价绝对不低,可2008年房价为何会大跌呢?原因是金融危机改变了人们的收入预期,对房产的需求下降了。不妨再设想一下,假如有甲、乙两个开发商在同一地段建房,由于买地时间不同,甲买地早,地价不及乙的一半。尽管成本差别大,但若乙的房子每平方米卖2万元,甲会因为地价低而每平方米只卖1万元吗?当然不会。

很清楚，只要商品房供短缺，地价无论高低房价都会涨。而由此引出的政策含义是，平抑房价应增加房屋供给而不是打压地价。房供短缺的局面不改变，打压地价只会增加开发商利润，房价不会降。这样看，那种指望打压地价来降低房价的想法，不过是人们的一厢情愿，政府若一旦采纳，对开发商来说当然正中下怀，而对消费者无异于水月镜花，到头来怕是竹篮打水一场空。

回头再说"土地财政"。近来人们口诛笔伐，对"土地财政"多有批评。大家不满意高房价我理解，但说是政府故意抬高地价我不赞成。要知道，目今房地产用地一律招拍挂，地价由开发商竞争决定。既然是竞价，有人肯出高价政府怎么能卖低价呢？退一步说，倘若政府真的高价不卖而卖低价，你会怎么想？是否会怀疑主事官员有猫腻？还有一种批评，说地价飙升是因为地方政府"捂地惜售"。这听起来似乎在理，可问题是土地稀缺，若不加控制，政府一次性都低价卖掉，将来盖房怎么办？那时候地价岂不更高？

其实，中国的土地财政问题，追根溯源，是与1994年国家启动分税制改革有关。1993年，中央和地方财政收入在全部财政收入的占比分别为22%和78%，而到了1994年，则分别变为了55.7%和44.3%。这是说，分税制改革后地方财政收入占比下降了30%。麻烦在于，地方的收入份额少了，可上头千条线，地方一根针，要负担事却没少。处处要花钱,而巧妇难为无米之炊,不得已,所以地方政府只好做土地文章。扪心自问,假若你在地方为官,恐怕也会这么做吧。

高杠杆会加剧炒房

先说我的答案:一个国家的房价走势,既与开发商的成本无关,也与地方政府的土地财政无关,而最终起决定作用的是人们对未来房价的预期。若人们普遍对未来房价看跌,房价马上就会跌;反之,要是多数人都看涨,房价就真的会涨。为什么这样说?这是资产定价方面的学问,容我向大家解释:

人们购买房产,动机不外有二:一是为了自住,二是为了投资赚钱。作为自住消费,房价当然要由供求定,前面说过了,不再重复。而用于投资的房产,价格则由房产的未来收益定,这不是我的发现,而是美国经济学家费雪的观点。

1930年,费雪出版《利息理论》,其中一个重要论点是说资产价格等于该资产预期收益的贴现。比如,一棵苹果树值多少钱?费雪说,这与当初种植苹果树的成本无关,而是看,苹果树将来能给买主带来多大收益。假定每年提供收益100元,贴现率(银行利率)5%,那么苹果树的价格是2000元;若每年提供的收益仅10元,则苹果树的价格就只值200元。

何以如此？让我再举个例子。假定你有2000元，银行年利率5%，那么存银行每年收益100元。现在再假定，有人想卖苹果树给你，价格2000元，而预期的年收益是80元，你会买苹果树吗？当然不会。除非苹果树降到1600元，否则你绝不会接受。因为苹果树80元的年收益，只相当1600元的存款利息。

理解了这一点，联系到房产，应该不难明白将来房价对今天房价的影响。说10年后房价必跌，那是说10年后房产收益会降，作为投资者，低买高卖才能有赚，明知日后房价会跌，怎会花高价买进呢？所以我判断，今天投资房产的势头不减，价格攀升，一个重要原因是人们对将来的房价有乐观的预期。

是的，今天房价上涨，是因为人们对未来的房价看涨。要追问的是，若人们长期看跌，房价会立马下降吗？理论上说是如此。不过考虑到目前房市的供求，我认为近两年房价会跌，但也不会大跌。住房是基本必需品，经济学说，必需品需求弹性小，房价长期看跌只会抑制炒房，但不能减少刚性消费，不论房价怎样跌，那些今天无处安身的人，也不会流落街头等到房价跌到谷底再买房的。

还不止如此。其实现实中还有三个利益当事人，会千方百计阻挡房价下降。第一个当事人是房地产企业。作为开发商，投资赚钱天经地义，为争取最大化的利润，当然不希望房价下跌。通常的情形，他们会利用媒体大造舆论，说房产将大幅升值，以误导人们追涨。看看报纸与互联网，那些成天嚷嚷房价要涨的人，其实大多都是开发商。再比如，那些积压已久的楼盘，开发商为何不降价？说到底，是担心消费者形成降价预期。

第二个当事人是银行。城门失火，殃及池鱼。银行与开发商，是一根绳上的两只蚂蚱，房价下跌，直接受损的是开发商，但银行也脱不开干系。说大数，银行给开发商的贷款达3万亿元，如果开发商不赚钱，银行收贷将遥遥无期。更可怕的是，若房价大跌，开发商破产，银行必受到牵连，即便能拿回些质押房产，但房价下落，银行肯定得不抵失。

第三个当事人是地方政府。不管怎么说，房地产已成为地方经济的支柱。发展房地产，不仅能拉动GDP增长，而且财政进账也快。房价高，土地出让金也高，税收也多。由此来看，房价上涨，地方政府是最大的受益者。出于自身利益的考虑，地方政府也不希望房价下跌。

不要小视这三方的能量。虽说房价下跌的长期趋势不可逆转，但有他们的抵制，房价回落的时间会推迟。问题的重点，还在中央政府的决心。依我看，以上三个当事人中，银行是关键。牵一发动全身。只要央行责令各商业银行收回房地产逾期贷款，开发商就无力恋战，地方政府想扶盘，也鞭长不及。毕竟经济规律不可战胜，与市场死扛，终归不是办法。

政府应重点稳定房价

我曾在中国网做过一次关于房价的访谈，中场休息时与采编人员聊天，说到房价，年轻人多数皆赞成政府打压房价，而唯有一人反对。我问反对者何故，她说她昨天刚贷款买了房。一语道破，原来人们对房价的看法，是取决于他们各自的利益立场。没买房的就希望房价跌，而买了房的却希望房价涨。不信你去做问卷调查，看看那些希望政府打压房价的多数人是不是无房户。

我刚才说，反对政府打压房价的有三个"火枪手"：一是房地产开发商；二是贷款银行；三是地方政府。的确，在房价上这三方利益攸关，一荣俱荣、一损俱损。现在看，除了上面三个利益当事人，还有就是有房户，他们也不会赞成压房价。于是这就带来一个困难，无论政府是否打压房价，都会有人要站出来反对。有人说，为保护中低收入者的利益就应该打压房价。这观点貌似对，但太过武断，也未必是所有中低收入者的想法。要知道，目前的有房户并非全是富人，其中不少也是中低收入者，至少中国网那位买房的编辑恐怕就不是富人。

由此来看，判断一个时期房价是否过高（有无泡沫），不能从各自的利益出发，不然大家站位不同，自说自话，争论100年也不会有结果。所以经济学分析问题必须把自己的利益搁置一边，要从规律上看。比如价格，经济学讲，价格高低由供求决定，只要没有非市场力量的干预（强买强卖），价格无论涨跌皆正常，无须大惊小怪。这是说，房价高不高不能由某个人说，房价再高，若市场有需求，商家卖得脱手，旁人就不必非议。至于你买不买得起，那是另一回事，若你买不起就说房价有泡沫，天下没这道理吧？

另有一种观点，说住房不是普通商品，事关民生，所以政府得管制价格。我的看法：不论住房有多特殊，但只要不是公共品，那它就是一般商品，作为商品，价格决定就不能例外，得服从供求规律。事实上，价格只是反映市场供求的信号，价格上涨，说明某种商品短缺，涨价本身并没错。政府若认为价格高，可以增加供应或抑制需求，断不可限制价格。就像一个人发高烧，退烧的办法是治病而不是去限制温度表，不然你就是把温度表砸了也于事无补。

我不赞成行政限价，再一个理由，就是行政限价会扭曲市场信号。价格是什么？说白了是市场配置资源的信号，它不仅由供求决定，同时也能调节供求。供不应求的商品，价格涨了能刺激供给，抑制需求；可若政府限价不让涨，僧多粥少，结果必是排队抢购或走后门成风。春运期间一张火车票有人愿出500元，可铁道部只许卖300元，中间200元差价是消费者剩余。很多人以为这200元能归消费者，若那样想就错了。第一，购票排队要花费时间（成本）；第二，走后门托关系要送礼；第三，前两个途径若买不到票就得高价找黄牛党。而这些除了造成社会浪费就是滋生腐败，普通百姓很难真正受益。

不久前参加一个会议，北京一位很有名的企业家抱怨，说北京人饱为患，交通太拥堵，希望政府控制人口规模；可想不到他同时又指责北京房价太高，员工买不起房而他公司留不住人。北京交通拥堵，人太多当然是原因之一，问题是要减少人口政府该怎么做，是限制一部分外地人进京务工吗？可北京不光是北京人的首都，也是全国人民的首都，政府凭啥让张三来而不让李四来呢？

回头再说稳定房价。所谓稳定房价，就是要把房价维持在目前的水平上，既不大涨，也不大跌。政府最近出台一系列调控房价的措施，如增加保障性住房的供应、限购二套房等，这些措施试图通过改变供求来调控价格，政府非直接限价，原则上我赞成。我这里要说的是，政府抑制需求应把握好力度，底线是不颠覆人们对未来房价的预期。住房既是消费品，同时也是一项资产。经济学讲，资产价格是未来预期收入的贴现。这是说，若人们对房地产的收入预期一旦逆转，房价会立即大跌。

不要以为只有房价高才会有人怨声载道，而若房价大跌，同样也会有人不满。举个例子，你用毕生积蓄100万元付首期，同时向银行贷款200万元买了房子，假如由于政策原因房价跌了一半，这样300万元买的房子缩水成150万元。遇到这情况你怎么办？即便你自己的100万元打了水漂，房子抵给银行也只值150万元，你仍欠银行50万元。一夜之间，从拥有100万元变成穷光蛋你能心安理得吗？由此再想，你欠银行50万元若还不上，其他人也如此，那么最终会否导致房贷危机？

这并非危言耸听，美国房贷危机是前车之鉴，所以在打压房价的问题上，我们应该慎之又慎。其实，政府有个更好的办法，那就是稳定房价。退一步，即便今天房价有泡沫，政府也不必去重手打压，只要房价不再涨，待以时日泡沫会不消自退。可以算笔账，若CPI每年涨4%，五年内社会商品共涨价22%，若房价五年不涨，也就等于房产相对降价了22%。这样房价下跌而有房者能接受，两全其美岂不善哉！

补砖头不如补人头

居者有其屋，政府给低收入者住房补贴，责无旁贷。问题是，政府要怎样做才能雪中送炭，少花钱多办事，争取社会福利最大化？

解决住房问题，当下政府的思路：一是由市场提供商品房；二是由政府补贴开发商建经济适用房或廉租房。顾名思义，市场提供的商品房，要随行就市，受供求左右，房价近年节节攀升。低收入者买不起商品房，于是怨声载道，矛头直指开发商。而政府资助的经济适用房，由于僧多粥少，买到房的拍手称快，买不到的则扼腕叹息，苦乐不均，令政府补贴的公平性大打折扣。

曾经有开发商宣称"只为富人建房"。此话虽不中听，容易招人反感，但想深一层，他们说的其实是实话。作为开发商，追求利润天经地义，市场有怎样的需求，就得建怎样的房子。而现实情况是，钱在富人口袋里，要想从富人那里赚钱，建房不迎合富人的需求怎么行？我相信开发商不会对穷人漠不关心，他们也有同情心。可他们是商人，在商言商，他们得按市场法则做事。

学界对开发商的批评，通常是以公平的名义。如此一来，批评者博得了掌声，而开发商注定要四面楚歌。但我不明白的是，照顾低收入者买房怎会成为开发商的事呢？经济学说，企业求效率，政府求公平，各司其职，两者可并行不悖。个中道理不必多说，只有企业多盈利，政府才能多收税，财政有了钱，才可转过来关照低收入者。由此来看，应该鼓励企业追求效率才对，用不着大加鞭挞。

是的，开发商是没有义务照顾低收入者买房的。但这绝不是说，低收入者住房就不应得到关照，这是两回事，不可混为一谈。我的观点：扶贫助弱，是政府的责任，应由政府去承担。事实上，这些年政府为补贴低收入者住房也做过不少事，经济适用房是明显的例子，政府招商引资、批地拿钱，不遗余力。遗憾的是，由于补贴方法不对，政府钱花了不少，好事却没办好，到头来，老百姓意见一大堆。

做过一些调查，人们对经济适用房的不满，主要在三方面：

其一，政府补贴开发商建经济适用房，由于限制了卖价，开发商要赚钱，必会千方百计压低成本。所以建材以次充好、工程偷工减料，司空见惯。结果，消费者花尽毕生积蓄，买的却是豆腐渣房屋，叫老百姓怎能不寒心？房子是政府资助建的，开发商也是政府选的，房子质量有纰漏，老百姓不怨政府怨谁？可站在政府角度看，好心没好报，也是哑巴吃黄连——有苦说不出。

其二，由于经济适用房有政府补贴，卖价低于市价，摆明的好处，自然求者盈门。这样带出的问题是，由于供少求多，经济适用房先卖给谁？政府虽可设门槛，但要做得公平不容易。比如那些腰缠万贯的富人，为了买到经济适用房，会大肆行贿主事的官员，或是弄虚作假，隐瞒收入。

其三，退一步说，即使经济适用房能保证穷人入住，但设想一下，一个城市，若泾渭分明地把穷人与富人分隔开，会是怎样的局面？至少有一点，贫困家庭孩子的心理健康要受影响。有先例，西方国家城市搞过穷人区，结果呢？贫富更加对立，社会矛盾更加激化，是前车之鉴，不应重蹈覆辙。

再有，建经适房是由政府划定区域，不论你何处上班，也不论子女何处上学，要购经适房，就得搬进指定地点，舍此别无选择，这不仅给居民生活造成不便，对原本紧张的城市交通，也是雪上加霜。

我个人的看法：对穷人的房补，可以参考美国经济学家弗里德曼的"教育券"。弗里德曼说，政府与其投资办公立学校为穷人提供免费教育，不如直接给穷人发放"教育券"，让他们自己去选择学校就读，学校招进学生后，即可用收取的教育券向政府兑换等额资金。如此一改，学校间必起竞争。为争取生源，势必改进服务，为学生提供更好的教育。

想不到，弗里德曼的奇思妙想，在美国居然会受冷落。有趣的是，墙内开花墙外香。10多年前山东莱芜市却大胆引入了这个思路，市政府已不再建经适房，把"补砖头"改为"补人头"，说明白点，就是把过去补贴开发商建房的资金，作为"购房券"补给低收入者。至于低收入者拿这笔"钱"买房还是租房，何处买房或何处租房，一切悉听尊便，政府不过问。

多年前我曾到莱芜做过实地考察，见过那里的官员，也访问了贫困户，不论是官是民，大家对政府的房补新思路，无不交口称赞。没错，把选择权交给消费者，由市场定房价，不仅可降低行政成本、杜绝腐败，而且可扩大补贴面，神来之笔，群众当然要叫好。

第十七讲
我国基本经济制度演进的逻辑

生产资料所有制调整的理论逻辑

经济体制转轨的历史逻辑

分配制度改革的实践逻辑

简短的结论

第十七讲
我国基本经济制度演进的逻辑

研究新中国经济史,有一个问题不能回避:怎样看待改革开放前后两个历史时期?习近平总书记强调:"对改革开放前的历史时期要正确评价,不能用改革开放后的历史时期否定改革开放前的历史时期,也不能用改革开放前的历史时期否定改革开放后的历史时期。"[①]并指出这两个历史时期是"相互联系又有重大区别的时期,但本质上都是我们党领导人民进行社会主义建设的实践探索"[②]。党的十九届六中全会审议通过的《中共中央关于党的百年奋斗重大成就和历史经验的决议》,对改革开放前后两个历史时期作了科学评价。

---

① 《习近平总书记系列重要讲话读本(2016年版)》,人民出版社2016年版,第32页。
② 《习近平总书记系列重要讲话读本(2016年版)》,人民出版社2016年版,第31页。

要深入理解中央的这一评价，有必要对我国基本经济制度形成发展理论逻辑、历史逻辑和实践逻辑作分析。

生产资料所有制调整的理论逻辑

马克思、恩格斯在《共产党宣言》中指出，共产党人就是要消灭私有制。[①] 这也是我们党自成立时就确立的最高纲领。从新中国成立到1978年，我国建立了生产资料"国家所有制"与"集体所有制"，理论界称之为"单一公有制"。改革开放后，我国形成了以公有制为主体、多种所有制经济共同发展的格局。所有制关系的这种调整，是由我国基本国情和所处的发展阶段决定的。

（一）新中国要站起来亟待建立独立的工业体系，建立独立的工业体系需采用国家所有制和集体所有制

1949年新中国成立时，我国有5亿多人口，而国民收入仅360亿元，经济落后，工业基础尤其薄弱。1949年我国社会总产值中农业占58.3%，工业（包括建筑、运输业在内）仅占29.3%，工业总产值占工农业总产值的17%（乔喜英，2017），重工业几乎一片空白。与其他国家相比，我国工业化水平更是差距甚远。以钢、电产量为例，1950年，美国

---

① 马克思、恩格斯：《共产党宣言》，人民出版社1964年版，第38页。

人均钢产量538.3公斤,印度4公斤,而中国1952年才2.37公斤;美国人均发电量2949千瓦时,印度10.9千瓦时,而中国到1952年才2.76千瓦时(邱霞,2021)。毛泽东曾经说:"现在我们能造什么?能造桌子椅子,能造茶碗茶壶,能种粮食,还能磨成面粉,还能造纸,但是,一辆汽车、一架飞机、一辆坦克、一辆拖拉机都不能造。"①

人类历史告诉我们,落后就会挨打。鸦片战争后的100多年,由于我们没有重工业,屡受西方列强欺辱。新中国成立后百废待兴,急需搞建设,可是以美国为首的西方国家除在经济、技术上封锁中国外,还利用朝鲜战争,企图把新中国扼杀在摇篮之中。中国要真正站起来,必须迅速增强国防实力,建立起自己独立完整的工业体系。毛泽东讲:"没有独立、自由、民主和统一,不可能建设真正大规模的工业。没有工业,便没有巩固的国防,便没有人民的福利,便没有国家的富强。"②

关于工业化的重要性,毛泽东早在20世纪40年代就多次讲:我们在推翻三座大山之后的最主要任务,是搞工业化,由落后的农业国变成先进的工业国,建立独立完整的工业体系。在1949年3月党的七届二中全会上他明确指出,新

---

① 《毛泽东文集》第6卷,人民出版社1999年版,第329页。
② 《毛泽东选集》第3卷,人民出版社1991年版,第1080页。

民主主义革命的胜利,"还没有解决建立独立的完整的工业体系问题,只有待经济上获得了广大的发展,由落后的农业国变成了先进的工业国,才算最后地解决了这个问题"①。1953年8月,毛泽东在修改中央财经会议文件时,正式提出了党在过渡时期的总路线,指出:"从中华人民共和国成立,到社会主义改造基本完成,这是一个过渡时期。党在这个过渡时期的总路线和总任务,是要在一个相当长的时期内,逐步实现国家的社会主义工业化,逐步实现国家对农业、对手工业和对资本主义工商业的社会主义改造。"②可见,在当时的历史背景下,只有加快推进工业化,中国才能摆脱困境,才能真正站起来。

推进工业化,需要国家投入大量资金。国家投资办工业企业,生产资料当然归国家所有。可农村土地为何要采用集体所有制呢?1949年我们党取得政权之初,我国农村人口的比重超过90%,是一个落后的农业国。一个农业国发展工业,资金从哪里来?中国既不可能像一些资本主义国家那样,通过掠夺殖民地积累原始资本,也无法通过小规模的手工业发展,缓慢积累大工业的资本。唯一的选择,就是依靠农业为工业积累资本。毛泽东曾明确讲:"为了完成国家工

---

① 《毛泽东选集》第4卷,人民出版社1991年版,第1433页。
② 《建国以来重要文献选编》第4册,中央文献出版社1993年版,第517页。

业化和农业技术改造所需要的大量资金,其中有一个相当大的部分是要从农业方面积累起来的。"①

新中国成立后,我国通过土地改革废除封建土地所有制,让广大农民获得了土地。农民有了土地后,"舍不得穿,舍不得吃,尽一切力量投资到生产里头去"②,可农民人均耕地只有3.27亩,牲口和农具严重不足,贫雇农平均每户不足半头耕畜、半部犁,而且农田水利设施也十分简陋。1949年,全国库容超过1亿立方米的大型水库只有6座,库容1000万立方米到1亿立方米的中型水库也只有17座,其中两座是20世纪50年代续建完成的,灌溉面积仅2.4亿亩(水利部政策研究中心,1994)。这种状况严重制约了农业生产效率。

基于这种状况,毛泽东指出:"个体农民,增产有限,必须发展互助合作。对于农村的阵地,社会主义如果不去占领,资本主义就必然会去占领。难道可以说既不走资本主义的道路,又不走社会主义的道路吗?资本主义道路,也可增产,但时间要长,而且是痛苦的道路。我们不搞资本主义,这是定了的,如果又不搞社会主义,那就要两头落空。"③并且还说:"不靠社会主义,想从小农经济做文章,靠在个体经济基础上行小惠,而希望大增产粮食,解决粮食问题,

---

① 《毛泽东文集》第6卷,人民出版社1999年版,第432页。
② 《陈云文选》第2卷,人民出版社1995年版,第140页。
③ 《毛泽东文集》第6卷,人民出版社1999年版,第299页。

解决国计民生的大计，那真是难矣哉！"①

1951年12月，中央颁布的《关于农业生产互助合作的决议（草案）》指出，土改后的农民中存在着发展个体经济和劳动互助两种积极性，中央既不能忽视和粗暴地挫伤农民个体经济的积极性，亦要在农民中提倡组织起来，按照自愿和互利的原则，发展农民劳动互助；规定实行简单的临时性劳动互助、常年的互助组和以土地入股为特点的农业生产合作社这三种主要的农民互助合作形式，采取典型示范逐步推广，由小到大，由少到多，由低级到高级，逐步引导农民走集体化道路。

在农民自发和政府动员的共同作用下，农民纷纷参加互助组和合作社，尽力添置耕畜、水车、新农具，改善和扩大经营，提高农业生产技术。一些地区率先进行农民互助合作的确取得了明显成就。据中南局1953年2月给中央的报告说："凡是条件比较成熟，领导强的农业生产合作社，一开始就显示了它的优越性取得群众的拥护，突出成绩为产量的显著提高，从河南已经总结的十余社的材料看，较好的合作社都比互助组与单干户增产一成到五成，如河南苏殿选合作社的小麦每亩平均产量超过了一般互助组产量百分之四十七，超过了一般单干农民产量百分之六十，全年总收

---

① 《毛泽东文集》第6卷，人民出版社1999年版，第302页。

入,每亩平均产量超过该乡最好互助组百分之六十六,超过一般互助组百分之一百零一,超过单干户百分之一百二十,湖北饶兴礼合作社水稻每亩平均产量超过五一年百分之三十三。"①

1953年2月中央颁布《关于农业生产互助合作的决议》,正式提出"农民个体经济及互助合作的积极性是恢复和发展国民经济和实现国家工业化的基本因素"。同年12月中央又通过《关于发展农业生产合作社的决议》,大力推动农业生产合作社的发展。

随着国家工业化建设规模不断扩大,对农产品需求也越来越大,以农民个体所有制为主体的农业生产经营体制,与国家工业化之间的矛盾也越来越突出。要解决这个矛盾,就必须在农业生产互助的基础上进一步合作。1955年毛泽东指出:"如果我们不能在大约三个五年计划的时期内基本上解决农业合作化的问题,即农业由使用畜力农具的小规模的经营跃进到使用机器的大规模的经营,包括由国家组织的使用机器的大规模的移民垦荒在内(三个五年计划期内,准备垦荒四亿亩至五亿亩),我们就不能解决年年增长的商品粮食和工业原料的需要同现时主要农作物一般产量很低之间的

---

① 《建国以来重要文献选编》第4册,中央文献出版社1993年版,第82—83页。

矛盾,我们的社会主义工业化事业就会遇到绝大的困难,我们就不可能完成社会主义工业化。"①

1956年6月,中央颁布实施《高级农业生产合作社示范章程》,把社员私有的主要生产资料转为合作社集体所有,标志着农村土地农民个人所有制的终结和农村土地集体所有制的初步建立。从1957年开始,农业合作化逐步演变为人民公社体制,1958年8月,中央通过了《关于在农村建立人民公社问题的决议》,决定把各地成立不久的高级农业生产合作社普遍升级为大规模的、政社合一的人民公社,进一步集中了乡村经济权利以外的政治、文化、社会生活等其他权利。1962年《农村人民公社工作条例(修正草案)》颁布,正式确立了农村人民公社"三级所有,队为基础"的原则。

改革开放前,农村土地集体所有制发挥出了强大的动员能力。广大农民通过投工投劳,兴建了大量的农田水利设施,开展了大规模的土地平整和深翻改土,极大改善了农业生产条件,很多农田水利设施至今仍发挥着重要作用。据统计,1952—1982年间,全国共整修、新修堤防、圩垸17.3万公里;建成水库8.7万座,总蓄水库容量达到4208亿立方米;修建了万亩以上的大灌区5288处,其中50万亩以上的

---

① 《毛泽东文集》第6卷,人民出版社1999年版,第431页。

有67处；修建、新建各种塘坝619万座；建成机井267.2万眼，其中实行配套的井占68.8%；全国初步治理水土流失面积达42.4万平方公里，占全国水土流失总面积的35.3%；农田有效灌溉面积从1957年的2733.9万公顷增加到1980年的4488.8万公顷，平均每年增加76.3万公顷（李明秋、李雯，2019）。

毋庸讳言，人民公社体制作为农村集体所有制的一种实现形式，并不适应我国农业生产力发展，是在生产关系调整方面犯了"冒进"的错误，但不能因此就否定农村集体所有制。从推进工业化角度看，当时农村采用集体所有制是历史的必然选择，有效地调动了农村资源，筑牢了农业生产体系，创造了大量的农业剩余，为迅速实现工业化提供了有力支撑。据国家权威机构测算，从1952年到1978年底，我国农业部门为工业部门提供了5100亿元左右的资金积累（农业投入总课题组，1990）。

（二）中国要富起来需调动一切积极因素参与现代化建设，必须坚持公有制为主体、多种所有制经济共同发展

从新中国成立到1978年前，我国工业企业基本都是全民所有制和集体所有制，公有制经济占全国工业总产值的比重为100%，个体经营户仅有14万，从业人员15万人，私营经济和外资经济基本消失殆尽。这表明，改革开放前我国经济发展几乎完全依靠国内的资金和技术，完全依靠公有制。

数据显示,尽管当时我国经济增长速度也位居世界前列,但1965—1977年,世界人均GDP从591.72美元增加到1729.56美元,增长了1.92倍,而我国只增长了0.88倍;1952—1978年间,我国年人均收入增长率只有2.3%,低于世界2.6%的平均水平(方福前,2021)。

对于当时中国的生产力水平和经济状况,邓小平在1978年3月18日全国科学大会开幕式上有一个描述:"我们现在的生产技术水平是什么状况?几亿人口搞饭吃,粮食问题还没有真正过关。我们钢铁工业的劳动生产率只有国外先进水平的几十分之一。新兴工业的差距就更大了。在这方面不用说落后一二十年,即使落后八年十年,甚至三年五年,都是很大的差距。"① 他在和外宾谈话中也多次强调,"我们中国还很穷"。

贫穷不是社会主义。马克思曾经说过:"无产阶级将利用自己的政治统治,一步一步地夺取资产阶级的全部资本,把一切生产工具集中在国家即组织成为统治阶级的无产阶级手里,并且尽可能快地增加生产力的总量。"② 1979年3月,邓小平再次指出:"我们的生产力发展水平很低,远远不能满足人民和国家的需要,这就是我们目前时期的主要矛盾,

---

① 《邓小平文选》第2卷,人民出版社1994年版,第90页。
② 《马克思恩格斯选集》第1卷,人民出版社2012年版,第421页。

解决这个主要矛盾就是我们的中心任务。"①

改革开放前30年,我国生产力水平虽有较大提高,但与发达国家比却仍然很低,生产的社会化程度也不高。社会主要矛盾集中体现为人民日益增长的物质文化需要同落后的社会生产之间的矛盾。按照马克思"生产力决定生产关系,生产关系反作用于生产力"的基本原理,要进一步发展生产力,必须调整之前的生产关系。于是党的十一届三中全会提出,要根据我国社会主义建设的具体实际,改革同生产力发展不相适应的生产关系和上层建筑。党的十一届六中全会对所有制改革首次破题:"社会主义生产关系的发展并不存在一套固定的模式,我们的任务是要根据我国生产力发展的要求,在每一个阶段上创造出与之相适应和便于继续前进的生产关系的具体形式。"②邓小平还提出了著名的"三个有利于"标准。

随着改革开放的深入推进,我们逐步认识到,公有制在生产力发展的不同阶段,可以采取不同的实现形式。公有制经济不仅包括国家所有制、集体所有制,同时还包括股份合作制、混合所有制经济中的公有制成分。党的十四届三中全会强调,必须坚持以公有制为主体、多种经济成分共同发展

---

① 《邓小平文选》第2卷,人民出版社1994年版,第182页。
② 《三中全会以来重要文献选编》(下),人民出版社1982年版,第841页。

的方针。党的十五大进一步明确提出，公有制为主体、多种所有制经济共同发展，是我国社会主义初级阶段的一项基本经济制度。

改革开放以来的实践证明，坚持以公有制为主体、多种所有制经济共同发展，有力地促进了非公有制经济快速增长。特别是党的十八大以来，我国民营经济蓬勃发展，各类市场创业主体如虎添翼，为经济发展贡献了巨大力量。到2018年底，民营企业每年为国家贡献50%以上的税收，60%以上的GDP，70%以上的技术创新成果，80%以上的城镇劳动就业，90%以上的企业数量，成为我国经济社会发展的重要基础。

经济体制转轨的历史逻辑

改革开放前，我国尚处于工业化初期阶段，资源配置方式采用的是计划手段，也称计划经济体制；改革开放后，我国进入工业化中后期，随着发展阶段及其目标任务的变化，资源配置逐步转向采用市场手段，并建立了中国特色社会主义市场经济体制。

（一）国家工业化初期需优先发展重工业，优先发展重工业需要采用计划经济体制

从理论上讲，计划与市场都是配置资源的手段，与一个国家的社会制度无关。1992年邓小平在南方谈话中指出，计划经济不等于社会主义，资本主义也有计划；市场经济不等于资本主义，社会主义也有市场。对这一论断，著名经济学家、诺贝尔经济学奖获得者科斯早在1937年发表的《企业的性质》一文中就作过论证。

科斯认为，资源配置选择用"计划手段"还是用"市场手段"，取决于两种配置方式的交易成本。若用市场配置资源的交易成本低，就用市场手段；反之则用计划手段。说得更明确些，当人们不知道应该生产什么或生产多少时，就需要以"价格信号"为指引，用市场配置资源的交易成本会相对低；但若已经知道应该生产什么或生产多少，那么用计划配置资源的交易成本会相对低。1949年新中国成立之初，基本上还是一个农业国，工业基础非常薄弱，自己连一台拖拉机都造不出，所以当时我们非常清楚，应该优先发展工业，建立起自己独立的工业体系。而要快速推进工业化，计划经济比市场经济效率更高。

众所周知，英国是工业革命的摇篮，可英国的工业化进程却长达150多年。若往前追溯，是"圈地运动"变革了土地所有权，改变了农业经营方式和生产组织形式，率先在农业上实现了商品化生产；农业发展使人口持续增长，为工业提供了广阔的市场和充足的劳动力，这样不仅完成资本的原始积累，而且劳动力市场也已形成。英国的工业化，正是在私有制基础上农业、商业、手工业有了较大发展的前提下产生的，并且当时的市场化程度已经相当高。法国、美国的工业化过程也大体如此，都是在生产资料私有制基础上通过自由市场的作用，从传统社会内部自发产生出推动工业化的因素，它们都是一种内生型的自由主义工业化模式。

改革开放前30年，我国虽然建立了社会主义制度，但生产力水平仍远远落后于发达资本主义国家。如果走西方工业化的老路，我国的工业化将是一个更加漫长的过程。道理很简单：自国家工业化初期阶段，快速地推进工业化，需要投入巨大的人力、物力、财力，如果依靠市场来配置资源，在当时资源全面短缺情况下，资源不可能被投入工业部门特别是重工业部门。可计划经济体制不同于市场经济体制，其显著特点就是能集中力量办大事，政府可以通过控制生产剩余，把有限的资源配置到最急需发展的工业领域。从这个角度看，较之于市场经济体制，计划经济体制是我国快速推进工业化的不二选择。

今天有人批评说，当时我们选择计划经济是照搬苏联模式。历史地看，我们借鉴苏联模式并没有错。新中国成立初期，我们处于西方国家的军事威胁和重重封锁之中。如何发展社会主义，并没有现成的经验，只能以苏联为师。苏联在短短20多年时间里，完成了从一个落后的农业国到先进工业国的跨越，计划经济体制显示出了巨大的优势，对我国有着强烈的示范作用。正如后来毛泽东在总结历史经验时谈道，对于建设社会主义经济，我们没有经验，"是懵懵懂懂的""只能基本上照抄苏联的办法"①。他还说："为了使我国变为工业国，我们必须认真学习苏联的先进经验。苏联建设社会主义已经有四十年了，它的经验对于我们是十分宝贵的。"②

用计划经济体制推进工业化，一个重要的手段是借助工农业产品价格剪刀差为工业化积累资本。一方面，国家低价收购农产品，在农民拿出剩余产品去交换工业品时，国家就从中取得一定比例的收入，然后将其投入工业领域；另一方面，在工业内部又实行低工资制，确保工业部门能够实现较高利润。1953 年 11 月，我国颁布了《政务院关于实行粮食的计划收购和计划供应的命令》，以法律形式明确了统购统销政策，国家强制实施的这种计划调节与当时的农业合作化相契合，合法地实现了工业化对农业剩余的吸取。据公开数据显示，从 1953 年到 1978 年，全国预算内的固定资产投资总额为 7678 亿元，平均每年 240 亿元左右，大体相当于每年工农业产品价格剪刀差的绝对值（严瑞珍、龚道广、周志祥、毕宝德，1990）。换句话说，从第一个五年计划到第五

---

① 《毛泽东文集》第 8 卷，人民出版社 1999 年版，第 117 页。
② 《毛泽东文集》第 7 卷，人民出版社 1999 年版，第 242 页。

个五年计划时期，国家工业化的投资主要是来自工农产品价格剪刀差。

计划经济体制不仅有力地推动了工业化，也为中国经济起飞奠定了雄厚基础。全国解放之初，我们连铁钉和煤油等初级工业品都需要进口，30 年后逐步建成相对完整的工业体系，全国基础设施资本存量从 1953 年的 202 亿元，上升到 1978 年的 1113 亿元（金戈，2012）。1949 年，我国工业与农业产值之比为 1:2，1978 年则变为 3:1（刘霞辉，2009）。到 20 世纪 70 年代末，西方国家所拥有的工业门类，中国几乎全有。到 1978 年，我国工农业总产值从 1949 年的 466 亿元，上升到 5690 亿元，年均增长 9.45%（国家统计局，1979）。其中工业总产值从 1949 年的 140 亿元增加到 1977 年的 3725 亿元，增长了 25.61 倍；GDP 从 1952 年的 679.1 亿元，提高到 1978 年的 3221.1 亿元，增长了 3.74 倍，年均增长 6.71%，接近亚洲"四小龙"黄金时期 8.8% 的年平均增速，大大高于 1966—1990 年间英国、美国、德国 2%—3% 的年均增长速度。美国著名学者莫里斯·迈斯纳曾说："其实毛泽东的那个时代远非是现在普遍传闻中所谓的经济停滞时代，而是世界上最伟大的现代化时代之一，与德国、日本和俄国等几个现代工业舞台上主要后起之秀的工业化过程中最剧烈时期相比毫不逊色。"

（二）进入工业化中后期需调整产业结构，必须使市场起决定性作用和更好发挥政府作用

在"一五"到"五五"时期，计划经济体制对推进国家工业化发挥了巨大的作用，但同时也带来了一些问题，如农、轻、重比例与积累和消费比例出现了严重失调，城乡居民收入也没有得到显著提升。1978年世界发达国家人均收入8100美元，发展中国家人均收入520美元，而我国人均收入只有230美元。"文化大革命"结束后，邓小平指出："考虑的第一条就是要坚持社会主义，而坚持社会主义，首先要摆脱贫穷落后状态，大大发展生产力，体现社会主义优于资本主义的特点。"[①] 而要发展生产力，就必须改革。他说："如果再不实行改革，我们的现代化事业和社会主义事业就会被葬送。"其中首要的改革，就是"对妨碍我们前进的现行经济体制，进行有系统的改革"[②]。

改革开放从农村拉开序幕，安徽小岗村农民率先实行"大包干"（家庭联产承包责任制），这一改革得到了中央领导的肯定后，各地农村可谓一呼百应。到1983年底，全国90%以上的生产队都实行了"大包干"。农村土地经营制度的改革创新，极大地调动了广大农民的生产积极性，农

---

① 《邓小平年谱（1975—1997）》（下），中央文献出版社2004年版，第1182页。
② 《邓小平年谱（1975—1997）》（下），中央文献出版社2004年版，第996页。

村生产力实现了爆发性增长。1984年,我国粮食总产量达4亿吨,人均粮食拥有量达到390.29公斤(王秋成、武力,1999),创下了历史最高水平,国内粮食基本自给自足,之后有些年份还出现了农民卖粮难和打白条的问题。到1993年,国家正式取消了"粮票""布票"等计划经济时期各类限制供给的票证。

城市改革以国有企业为突破口。1979年以重庆钢管厂等6家国企作为试点,推开扩大企业自主权改革。从1981年起,又相继实行了"利润包干"和"利改税"。1984年开始实施"承包经营责任制"试点,明确所有权与经营权适当分离,要求企业自负盈亏。1987年6月,国务院在全国范围普遍推行承包经营责任制,按照"包死基数、确保上交、超收多留、欠收自补"的原则,重新界定国家和企业的关系。到90年代初,中央提出建立现代企业制度,根据"产权明晰、权责明确、政企分开、管理科学"十六字方针对国企进行公司制改造。以上改革举措极大地激发了国有企业的活力,国内工业品供给日益丰富,人民生活水平不断提高,但同时工业品逐步出现了过剩,生产结构失衡问题也凸显出来。

在过去短缺经济时代,国家可以用计划手段配置资源,农产品和工业品国家皆可统购包销。可进入工业化中后期,工农业生产全面过剩,国家已无法再用计划手段决定企业应该生产什么、生产多少,也没有能力再统购包销。在这样的背景下，改革计划经济体制成为普遍的呼声。党的十三大报告提出"社会主义有计划的商品经济"，"国家调节市场，市场引导企业"；到1992年党的十四大，中央又明确提出建立社会主义市场经济体制。党的十八大以来，市场化改革全面深化，在党的十八届三中全会上，习近平总书记提出"使市场在资源配置中起决定性作用和更好发挥政府作用"。

在公有制为主体的基础上推进市场化改革，是我们党领导中国人民造就的伟大创举。这不仅在理论上发展了马克思主义政治经济学，创造出了"中国市场经济模式"，而且所取得的成就举世瞩目。2010年，中国经济总量超过日本，成为全球第二大经济体。国家的经济实力、科技实力、国防实力、综合国力均进入世界前列，国际地位也实现了前所未有的提升，中华民族的面貌发生了前所未有的变化。

分配制度改革的实践逻辑

马克思在《哥达纲领批判》中指出："消费资料的任何一种分配，都不过是生产条件本身分配的结果。"[1]马克思所说的生产条件，主要是指各要素的所有制关系。随着我国所有制结构调整和经济体制改革，分配制度也经历了从改革

---

[1] 《马克思恩格斯选集》第3卷，人民出版社2012年版，第365页。

开放前的"单一按劳分配"到"以按劳分配为主体、多种分配方式并存"的转变。

（一）单一公有制与计划经济决定了单一的按劳分配体制

西方经济学讲分配，是指生产要素所有者共同参与的分配，也是企业内部的初次分配。关于个人收入分配原则，19世纪初法国著名经济学家萨伊曾提出过所谓的"三位一体"公式：资本得到利润；土地得到地租；劳动得到工资。后来经济学家将此公式简称为"按生产要素分配"。需要特别指出的是，萨伊提出的"按生产要素分配"有两个制度性前提：一是生产要素归个人所有；二是存在普遍的商品交换关系。可见，改革开放前30年我国之所以实行单一的按劳分配，原因是当时我们的生产资料采用的是单一公有制，而经济体制是计划经济。

新中国成立后，随着社会主义过渡时期的完成，城市国有经济不断壮大，农村集体经济取代了农民个体经济。实现单一公有制后，资本和土地等生产要素已经归国家或集体所有，只有劳动力归劳动者个人拥有。在这种体制下，个人收入当然只能按劳分配。在城市，1950年我国开始建立全国统一的工资制度，即"等级工资+计件工资+奖励工资"；1956年开始实行货币工资制，也是以按劳分配为原则，确立干部24级、工人8级工资制。1950年农村实行土改后，经过互助组、初级社和高级社阶段，农村个体经济向集体经济转变，农民收入分配形成了"缴纳国家税金，扣除生产费用、公积金和公益金后的各尽所能、按劳分配"的格局。

对于按劳分配，那时人们的看法并不尽一致。比如城市的计件工资制度，就被认为是资产阶级法权思想的残余，且在1958年被废除。尽管1961年后有所恢复，但原有按照技术、职务、行业、区域为基本参照的"按劳分配"制度被削弱，出现了平均主义倾向。在农村，人民公社制度确立后，农民基本按工分取得货币收入和实物报酬。无论是农产品定价，还是集体经济收入，都由国家统一管理，农民失去了自主收入权和分配权。到"文化大革命"期间，由于特殊的时代背景，按劳分配被视为资产阶级法权受到批判，计件工资和奖励制度也被当作资本主义元素被全盘否定。邓小平曾经批评说："如果不管贡献大小、技术高低、能力强弱、劳动轻重，工资都是四五十块钱，表面上看来似乎大家是平等的，但实际上是不符合按劳分配原则的，这怎么能调动人们的积极性？"[①]邓小平批评这种平均主义的分配体制，目的其实是要推动收入分配制度向真正的"按劳分配原则"回归。

从经济学逻辑上讲，我国过去实行单一的按劳分配，是

---

① 《邓小平文选》第2卷，人民出版社1994年版，第30—31页。

与当时的生产资料所有制与经济体制相配套的。今天绝不能全盘否定这种分配制度,也不能将按劳分配原则与平均主义"大锅饭"混为一谈。事实上,改革开放前的按劳分配体制不仅为国家工业化积累了大量资金,而且由于国家对收入分配的控制,也保障了人民的生存权利和社会稳定,保障了医疗、教育、社会保障等公共产品的低水平普遍供给。

(二)多种所有制共同发展与市场经济体制决定了以按劳分配为主体、多种生产要素共同参与分配

党的十一届三中全会后,个体经济和工商业的专业户相继出现,民营经济也应运而生,不久便出现了雇工现象。到1979年底,全国个体工商户发展到31万人(户),比1978年增长了1倍多。适应改革开放的要求,号召"在农村和城市,都要鼓励劳动者个体经济在国家规定的范围内和工商行政管理下适当发展,作为公有制经济的必要的、有益的补充"。这就明确了个体经济等非公有制经济是活跃市场、改善人民生活的重要经济形式。所有制结构的变化,迫切要求对单一的按劳分配制度进行变革,让收入分配制度适应所有制结构出现的新变化。

20世纪80年代中期,随着非公有制经济逐步发展,土地、资本、技术等生产要素作为创造物质财富必不可少的条件,也越来越多地参与到收入分配。社会上出现了个体劳动收入、企业债权收入、利息收入、股份分红、经营收入等多种分配形式。对于收入分配中出现的新问题，党的十三大报告作出回应："目前全民所有制以外的其他经济成分，不是发展得太多了，而是还很不够。对于城乡合作经济、个体经济和私营经济，都要继续鼓励它们发展。"并且指出："社会主义初级阶段的分配方式不可能是单一的。我们必须坚持的原则是，以按劳分配为主体，其他分配方式为补充。"这是中央第一次明确提出在按劳分配为主体的原则下，允许其他收入分配形式存在。

1992年，党的十四大召开，中央提出建立社会主义市场经济体制。而市场经济体制下的分配，其实也是交换。各生产要素所有者参与生产活动，按照等价交换原则就得参与收入分配。党的十五大首次提出"坚持按劳分配为主体、多种分配方式并存的制度。把按劳分配和按生产要素分配结合起来……鼓励资本、技术等生产要素参与收益分配"。进入21世纪后，随着市场经济体制的建立，国有企业中职工持股，或以技术入股、专利入股、以无形资产兼并弱势企业等已经很普遍。党的十六大报告中，又增加了"劳动"和"管理"两个要素，提出"确立劳动、资本、技术和管理等生产要素按贡献参与分配的原则"，充分肯定了各种生产要素在社会经济中的功能和地位。

党的十八届三中全会再次拓宽可参与分配的要素范围，首次将"知识"作为生产要素。随着信息技术革命的深刻变革与广泛渗透，数据日益成为生产经营活动不可或缺的新生产要素，如云计算、智能终端、数字营销、数字金融等产业方兴未艾。党的十九届四中全会又将"数据"增列为参与分配的要素，提出"健全劳动、资本、土地、知识、技术、管理、数据等生产要素由市场评价贡献、按贡献决定报酬的机制"，以进一步激发经济主体的主动性与创造性，让各类生产要素的活力竞相迸发，让一切创造社会财富的源泉充分涌流。

简短的结论

马克思曾经说过："人们自己创造自己的历史，但是他们并不是随心所欲地创造，并不是在他们自己选定的条件下创造，而是在直接碰到的、既定的、从过去承继下来的条件下创造。"[①]我国基本经济制度的形成与发展，是由不同时期的基本国情、发展任务和发展条件决定的，应该科学评价改革开放前后两个历史时期。

总结全文分析，可以得出三点重要结论：

第一，中国作为社会主义国家，必须始终坚持以公有制为主体。实践证明，在从农业国向工业国转变的初期阶段，

[①] 《马克思恩格斯文集》第2卷，人民出版社2009年版，第470—471页。

为了建立自己独立完整的工业体系并迅速推进工业化，采用"国家所有制"和"集体所有制"是必要的，也是正确的；而进入工业化中后期，则需调动一切积极因素参与现代化建设，必须在坚持公有制为主体的前提下，鼓励多种所有制经济共同发展。

第二，计划与市场都是资源配置手段，采用计划经济体制还是采用市场经济体制，取决于两种体制配置资源的交易成本。在实现工业化初期阶段，政府明确知道需要发展工业，特别是重工业，采用计划体制的交易成本相对低，而且效率更高；进入工业化中后期，由于逐步出现了生产过剩和结构失衡，继续采用计划体制配置资源的交易成本升高，所以必须改革计划经济体制，让市场在资源配置中起决定性作用，更好发挥政府作用。

第三，从人类社会发展史看，消费资料的任何一种分配，都是生产条件本身分配的结果。也就是说，一个国家采用什么样的分配制度，是由这个国家的所有制结构和经济体制决定的。改革开放前30年，中国实行的是"单一公有制"与计划经济体制，决定了当时只能实行按劳分配；而改革开放后以公有制为主体、多种所有制经济共同发展，同时建立了市场经济体制，所以决定了分配制度是以按劳分配为主体、多种分配方式并存。

> **延伸阅读**

斯大林:《苏联社会主义经济问题》

人类数十年,在漫漫历史长河里,不过弹指一挥间。但对苏联来说,从1917年十月革命到1952年,却是很不平凡的35年。在这期间,苏联社会主义建设成就斐然,但同时也经历了不少坎坷曲折。为从理论上总结经验教训,在斯大林的倡议下,苏联科学院经济研究所编写了《政治经济学教科书》。

为澄清当时理论界存在的错误认识,斯大林就此书"未定稿"提出了书面意见,针对社会主义制度下的经济规律、商品生产、价值规律和消灭城乡、脑体差别等问题,作出了深入论述,这就是今天我们读到的《苏联社会主义经济问题》。

长期以来,唯心主义在苏联经济学界比较流行。20世纪20年代,作为苏共领导人之一的布哈林,就否认社会主义存在经济规律。这种观点,在当时一呼百应,直到1929年发表列宁生前对布哈林批评的文章后,才渐渐销声匿迹。然而,另一种片面观点又跟着冒了出来,有人认为,社会主义经济发展是由国家决定,归根到底,是由领导人的意志决定的,领导人无所不能,他们能够随心所欲地消灭经济规律，再根据需要创造新规律。

面对这种吹捧，斯大林并没有飘飘然，而是严肃地予以批评。他指出，经济规律客观存在，不管人们承认也好，不承认也罢，喜欢也好，厌恶也罢，它都时刻在起作用。如果否认经济规律的客观性，任意去改造经济规律，必然遭到经济规律的惩罚，而且会在事实面前碰得头破血流。

斯大林充分肯定经济规律的客观性，那么是否意味着人们只能做经济规律的奴隶，像木偶一样任其摆布呢？斯大林指出，在客观规律面前，人类并非完全无能为力，一旦人们认识到经济规律，就可以因势利导，用它来为人类服务。他举例说，在古代，江河泛滥，洪水肆虐，所到之处房屋倒塌，庄稼被毁，哀鸿遍野，这曾被认为是神在施威，人类无可抗拒，可后来人类不仅学会了修建水坝，抵御洪水，而且还能利用水力发电，造福人类。

该书讨论的另一个重要问题：社会主义是否需要商品生产？十月革命胜利后，列宁曾认为，商品交换可以用产品直接分配来取代，1918—1920年，苏联用"余粮征集制"代替工农业产品交换，就是这种设想的初步尝试。但由于多种经济成分的存在，产品直接分配行不通，所以列宁很快就改弦更张，于1921年春开始实行新经济政策，重新恢复商品交换。

可当时仍有人依然死抱马克思当初的设想不放，认为社会主义社会应该彻底消灭商品生产。斯大林批驳了这种观点，并分析说，在社会主义制度下，存在两种所有制形式：全民所有和集体所有。全民所有制的产品可由国家支配，但在集体农庄，虽然生产资料来自国家，但种子是农庄的，产品也是农民生产出来的，农民当然不愿意国家凭一纸调拨令，就把自己辛勤劳动的成果拿走，他们希望把自己的产品当作商品卖出去，换到所需要的商品。

价值规律和商品生产是一对连体婴儿，有商品生产，必有价值规律。但当时也有人否认价值规律的存在，甚至有经济计划者建议，谷物和面包的价格应该一样。众所周知，加上磨粉和烘烤费用，面包的价格怎么也要高于谷物，可这种明显违背价值规律的建议，竟然被上报到了中央。斯大林提醒人们，价值规律不仅调节着流通，还影响生产，因此，一定要重视价值规律的作用。

斯大林也十分重视价值规律对经济核算的促进作用。他指出，价值规律能够促使人们不断改进生产方法，努力降低成本，并使企业赢利。在马克思经典作家中，斯大林是提出价值规律在社会主义制度下仍然有效的第一人。

不过斯大林同时又说，在社会主义条件下，价值规律不像在资本主义社会里那样无孔不入，能够调节各个部门的生产，相反它的作用范围受到了严格限制，只在消费资料流通领域发生作用，由于生产资料不是商品，价值规律对它的流通无能为力。

城（工）乡（农）、脑体差别是人们老生常谈的话题。在资本主义社会，由于城市对农村的剥削，形成了两者之间的利益对立。城里人"七只手，八只手，都向农民来伸手"，农民一肚子苦水，自然对城里人心存不满。在建立社会主义制度后，城乡之间的利益冲突逐步缓解，工农的命运紧紧联系在了一起，过去那种剑拔弩张的局面不复存在。

然而尽管如此，城乡差别依然会存在，这不仅是由于劳动条件不同，更本质的区别，在于所有制的差异，工业是全民所有，农业是集体所有，这使得工农属于两个不同阶级。要消灭这种本质区别，归根结底，是要大力发展生产力，使两种所有制合二为一，让全民所有制一统天下。对于脑体的本质区别，斯大林认为是"文化技术水平的悬殊"，所以他认为，提高工人文化技术水平，乃是消除脑体差别的唯一途径。

列宁逝世之前，苏联社会主义尚在襁褓之中，由于条件所限，他不可能对社会主义政治经济学进行深入探讨，这一艰巨任务，就历史性地落到了斯大林的肩上。在《苏联社会主义经济问题》中，斯大林对社会主义一系列重大经济理论问题作了阐述，为建立社会主义政治经济学作出初步的探索。

这里需要特别指出的是，斯大林的这部著作，其实也存在一些明显的缺陷，比如：主张搞单一的生产资料公有制；片面强调重工业而忽视农业和轻工业；否认在社会主义条件下生产资料是商品；等等。所以，该书只是为社会主义政治经济学奠基，而并非它的完成或终结。

第十八讲
对经济学界几个流行观点的反思

拉动经济有"三驾马车"吗

"合成谬误"不是市场失灵

逆选择的真实原因

公共品并非只能由政府提供

供给过剩未必是需求不足

第十八讲
对经济学界几个流行观点的反思

目前经济学界有几个流行观点,我认为值得深入反思,不然以讹传讹,长此以往容易误导政府决策。我们知道,理论是用于指导实践的,若理论失之毫厘,实践则往往会差之千里。正是基于这样的考虑,所以我在这里将几个流行的观点提出来,和大家一起讨论。

拉动经济有"三驾马车"吗

学界称"投资、消费、出口"为拉动经济的"三驾马车",而早年我读凯恩斯的《通论》,凯恩斯只强调投资与消费,未提出口,暗想可能是他疏忽了,不过脑子里就那么一闪,未作深究。2008年国际金融危机爆发,为了保增长我们推出了4万亿扩需计划,危机是成功应对了,可造成的过剩产能今天还在继续消化，于是让我再次想到了"三驾马车"。

这里我不是要评点4万亿扩需计划，既往矣，木已成舟多说无益。但有教训我认为还是应总结，当然总结教训也不能就事论事，而是要对"三驾马车"从理论上作反思。我的问题是这样：众人皆说"三驾马车"能拉动经济，倘如此，那么它们拉动经济的机理是怎样的，或者说投资、消费、出口在经济增长中分别扮演什么角色，各自的作用有多大？只有把这些问题弄清楚，心中有数，政府才知下一步如何出手。

毫无疑问，若从某个时点看，"三驾马车"皆能拉动经济。凯恩斯当年说，经济萧条是缘于国内有效需求不足。这判断是对的，企业把产品生产出来后没人买，产品压库，资金不能回流再生产便难以为继。凯恩斯又说，在这种情况下若政府去刺激投资或消费，能将那些压库产品卖出，企业则可继续生产。短期看，此推理逻辑上无破绽；但要是从长远看，以上分析又并非无懈可击。

多年前我曾撰文分析凯恩斯理论的疑点。行内朋友皆知，凯恩斯虽然主张刺激投资与消费，但认为扩需的重点是投资，理由是投资对扩需有乘数效应。我的疑问不在"投资乘数"是否存在，而是认为消费也有同样的效应。其实不只我这么看，今天的经济学教科书不仅讲"投资乘数"，同时也讲"加速原理"。不过前者是强调投资变动带动收入（需求）变动，后者是强调消费变动带动投资变动。既然消费能带动投资变动，自然也就能带动收入变动，殊途同归，是一回事。

举例说吧。某发电厂投资100万元，其中80%用于买煤，20%用于消费，这样煤矿把煤卖给电厂，便得80万元的收入；假定煤矿再用这80万元的80%买机械，20%发工资，那么机械厂可得64万元的收入；机械厂用64万元的80%买钢铁，20%发工资，则钢铁厂可得51.2万元的收入。以此类推，当初电厂100万元的投资，最后会给社会创造出500万元的总收入，故投资乘数为5。

若换个角度，消费者拿100万元去买私人轿车，那么汽车厂可得100万元收入。汽车厂有了这100万元，可再用80万元买钢铁，20万元发工资，则钢铁厂可得80万元收入。接着推下去，100万元的消费带动的总需求，不同样也是500万元？可见，用投资乘数证明投资是扩需重点未免有些牵强。

我的另一困惑是，投资对拉动需求的作用究竟有多大？投资肯定能扩内需，效果也立竿见影，可问题是投资拉动的只是中间需求而非最终需求。道理简单，增加投资虽可减少企业积压，但一旦投资完成又会形成新的产能，假若消费跟不上，对原本过剩的产能就会雪上加霜。这道理凯恩斯当然明白，所以他提出要重点投资公共设施，公共设施既不形成新的产能，还能带动私人投资，可谓一石二鸟、一箭双雕。

是的，投资公共设施不增加产能，而且也无须卖，似乎不存在"压库"一说。然而想深一层，若公共设施投资过度，导致设施闲置实际也是过剩或"压库"。再说，无论在何经济发展阶段，公共设施需求都是有限的，目前北京至天津建两条高速公路已足够，就没必要再建新的高速公路吧？所以试图通过持续地投资公共设施拉动企业投资，甚至将公共设施投资当作拉动经济的"永动机"，那是不切实际的幻想。

我的看法与凯恩斯相反，我认为扩需的重点不是投资，而是消费。明显地，消费与投资不同，投资只能拉动中间需求，而消费拉动的是最终需求。不知读者是否注意到近年来中央在讲扩需时的变化。党的十七大之前是讲"投资、消费、出口"，而党的十七大之后则是提"消费、投资、出口"。显然，消费与投资的排序变了。不要以为只是小的改变，排序改变的后面其实另有深意，至少说明中央认为对扩内需来说消费比投资更重要。

为何中央会这么看？用不着讲高深的理论，我们只需弄清一点，即生产的目的是什么。答案当然是满足消费。既然生产是为了消费，那么无消费的生产就是为生产而生产。试想，为生产而生产是什么意思？生产不为消费岂不是发神经？所以扩需必须以消费为先，坚持用消费带动投资，用投资带动增长。事实上,任何没有消费的投资都是无效投资,除了增加GDP,其他毫无意义。

最后再说出口。不少人以为增加出口能扩大需求,其实这只是个误会。不错,将国内过剩商品出口到国外,短期会减少国内库存,拉动国内投资;但要知道,一个国家参与国际贸易并非为了转嫁过剩,而是分享国际分工的利益,这样在出口的同时就必须进口,否则只出不进或出多进少,那等于是拿国内资源去换人家的纸钞(外汇)。请问,不进口你要外汇做什么?若出多少就进多少,出口又怎会增加需求?由此来看,凯恩斯当年未将出口作为拉动需求的马车,并非他的疏忽。

讲到这里,我归总的结论是:拉动经济只有"消费"与"投资"一驾马车,消费是"马",投资是"车",即"投资"得以"消费"为牵引。至于出口,那是国家间互通有无,若是进出口平衡,出口对国内需求的影响可忽略不计。而此结论的启示是:一国经济能否持续增长,关键在扩内需而非扩出口,尤其是经济大国,更不可将"注"押在出口上。

"合成谬误"不是市场失灵

经济学家研究发现,现实生活中存在大量事与愿违的现象:从局部看人们的某种行为是对的,而加总起来的结果却是错的。萨缪尔森称此现象为"合成谬误"。无独有偶,奥尔森在1965年出版的《集体行动的逻辑》一书中也提出过类似判断:"个人理性行为往往无法产生集体理性的结果。"此判断学界简称"奥尔森困境"。

毋庸置疑,"合成谬误"的确存在。美国学者哈丁提出的"公地悲剧"便是典型的例子:假设有一牧场,对某个牧民来说,养羊越多赚钱会越多,可当所有牧民都争着多养羊,结果却导致草场退化,最后谁也无法养羊。再比如从单个农场主看,粮食增产可以增收,但若全球粮食都增产,粮食供过于求导致粮价下跌,结果增产反而不增收。

这样的例子很多,不胜枚举。而我在这里是要讨论两个问题:第一,应该怎样看待"合成谬误"?第二,"合成谬误"应该怎样处理才对?我的观点:"合成谬误"并非错误,而是供求规律作用的必然结果。或者说,"合成谬误"本身就是经济规律,规律只能利用、不能改变。

我曾说过,对经济学的概念不可望文生义。比如"价格歧视"一词并无贬义,但却容易让人想到"不公平对待";"合成谬误"也如此,明明是经济规律,却让人以为是某种需要纠正的错误。说来也难怪,萨缪尔森当年提出"合成谬误",目的是要证明市场失灵,因为市场失灵,所以需要政府干预。今天的凯恩斯主义者力主国家干预,正是基于"合成谬误"假设。

可应当追问的是，"合成谬误"真会导致市场失灵吗？我认为不会。相反，"合成谬误"恰恰证明了市场有效。读者不要误会，我这样讲并非否认市场有可能失灵，在国家安全、社会公正、公共服务等领域，市场确实会失灵，但不能说"合成谬误"也会导致市场失灵。道理很简单，若不存在"合成谬误"，供求规律就无法起作用。

经济学讲得清楚，供求规律有两层含义：一是供求决定价格；二是价格调节供求。举个例子：某纺织厂为了追求利润扩大生产，而若所有纺织厂都扩大生产，产品一旦供过于求，价格会下跌，企业会减少生产；若企业都减少生产，产品慢慢供不应求，价格上升，于是企业会增加生产。显然，这个过程正是市场（价格机制）引导资源配置的过程，怎能说是市场失灵呢？

据我所知，人们将"合成谬误"视为市场失灵，理由是产品过剩会造成资源浪费。这种看法其实是一种误解。不错，产品长期滞销压库是资源浪费，但却与"合成谬误"无关。经济学说，价格若由市场供求决定，产品供过于求价格会下降，只要价格足够低，最后市场必能出清。由此推理，如果某个企业产品长期积压造成了资源浪费，那么一定是未按供求规律定价。

转谈第二个问题吧。"合成谬误"应该怎样处理？事实上，"合成谬误"可分为市场主导与政府主导两种类型。上面我们提到的"公地悲剧"与纺织品供过于求，显然是属于第一种类型。对市场主导型"合成谬误"，我认为应交给市场调节，政府只需做三件事：一是界定产权；二是让企业自负盈亏；三是照顾低收入者。只要做到这三条，其他政府不用管。

设想一下，牧民在草场养羊，假若草场产权有明确界定，你认为会发生"公地悲剧"吗？当然不会。再有，纺织品供过于求，若企业是自负盈亏的市场主体，纺织品会降价吗？当然会降价。然而令人奇怪的是，前些年国内有些企业产品大量压库却不降价，甚至成为僵尸企业也不关门，你知道为什么吗？经济学的解释是，此类企业并非真正的市场主体，背后有政府财政给补贴。

对政府主导型"合成谬误"的处理，关键是要合理确定政府作用的边界。前面说过，在国家安全、社会公平、公共服务等领域市场会失灵，政府在以上领域就要主动发挥作用。如某地发生地震灾害，食品、服装、帐篷等会严重短缺，若由市场自发调节，价格飙升会危及社会稳定。在此情况下，政府不仅可通过行政调拨增加供应，对价格也可直接管制。

这是一方面。但同时要指出的是，政府调节也可能导致"合成谬误"。有前车之鉴，20世纪末国内一度出现卖粮难，为避免谷贱伤农，当时就有地方政府出面调结构：有的要求农民将耕地改为水塘养鱼；有的则要求农民大面积种蔬菜，结果鱼和蔬菜严重供过于求，令价格大跌。有农民抱怨说：政府调结构是"你调我调大家调，调来调去卖不掉"。

问题就在这里，既然政府调节也存在"合成谬误"，我们怎能靠政府去纠正市场"合成谬误"呢？从逻辑上讲，政府主导调结构至少应具备三个前提：政府要能提前预知未来怎样的结构是合理结构；政府官员要比企业家更懂市场；行政手段要比市场手段更有效。可现实中这三个前提并不成立，这样就决定了政府不宜主导调结构。

综上可见，市场主导型"合成谬误"并不是失误，而是经济规律。规律不可能改变，即便要照顾穷人，政府也只能利用规律，不能违背规律。以猪肉为例：猪肉供给短缺，肉价上涨，若肉价过高影响到了民生，政府可补贴低收入者，但不能管控肉价。要记住：价格是市场调节供求的信号，信号扭曲会加剧供求失衡。

逆选择的真实原因

优胜劣汰是市场竞争的普遍法则，然而大千世界无奇不有，劣胜优汰的"逆选择"却随处可见，而且学界也有大量研究。我这里讨论这个问题，当然不是去重复别人，而是要分析导致逆选择的约束为何，并根据约束推出逆选择的一般原理与现实启示。

据我所知，较早关注逆选择的学者是格雷欣。格雷欣是英国女王伊丽莎白一世的顾问，也是银行家。在他所处的时代，货币实行双本位制，黄金与白银皆作货币流通。格雷欣发现，当一种货币贬值时，另一价值较高的良币会被储藏，而价值较低的劣币却充斥市场。这种"劣币驱逐良币"现象，即为"逆选择"。

阿克洛夫的"旧车市场模型"是逆选择的又一个著名例子。旧车市场上，由于买者与卖者信息不对称，卖者知道车的真实质量，买者却不清楚。买者为避免中计，往往只愿按旧车平均质量支付价格，可这样一来，卖者会将质量较差的车先沽出。结果是：质量差的车频频成交，而质量好的车却被挤出市场。

另一个例子是保险市场，原因也是信息不对称。不过与旧车市场不同，保险市场是卖者对买者的信息了解不充分。如医疗保险，保险公司（卖者）对购保者健康状况不清楚，而购保者自己却清楚。于是迫于无奈，保险公司只好按历史出险概率制定一个均价。而按均价卖保险，买者当然多是有病的人，没病的人往往不买保险。

再一个例子是就业市场。几年前一位在外企工作的朋友告诉我，外企裁员通常是先裁那些薪酬高的员工。赶上大裁员，薪酬越高被裁的可能性越大。一般地讲，员工薪酬高表明能力相对强，不然公司不会付给他比别人高的工资。问题就在这里，能力强的员工被裁减，能力弱的员工被留下，这样就业市场也出现了逆选择。

还有一个例子是婚姻市场。国内为何会有剩女？不要以为是剩女的条件差，相反多数是因为条件好。沙普利曾研究过婚配市场，他假定：一是男女人数相等；二是对每个异性的偏好可排序；三是可自由选择。沙普利说，若满足以上三点不会有剩女。我可不这样看。如某女子对所有男子的偏好排了序，可她对排在第一的男子也不中意而又不肯降低标准，结果别人嫁了，她却成了剩女。

现实中类似的例子还有很多。如假冒商品挤正牌商品，走私商品挤进口商品，盗版软件挤正版软件等，不胜枚举。我要解释的是，市场为何会出现这类逆选择？对此学界有各种解释，但大多都是就事论事，理论上并没有找到通解。

在我看来，理论的魅力不在解释个别现象，而是要解释一类现象。这样掌握了理论才能举一反三，触类旁通。那么导致逆选择的约束是什么呢？我的答案是"价格锁定"。当然，这并不是说有"价格锁定"一定会出现逆选择，但反过来则可肯定，有逆选择就一定有价格锁定。换句话讲：若价格不被锁定，市场不可能有逆选择。

是这样吗？应该是。这些天日思夜想，感觉此判断不容易被推翻。比如上面提到的各类逆选择案例原因虽各有不同，但归根到底却都是由于价格锁定。何以见得？为方便分析，不妨就用以上案例来验证我的推断。

劣币驱逐良币，当年格雷欣指出的原因是，两种货币中由于一种货币贬值，当其实际价值低于法定价格时，贬值的货币继续流通，价值相对高的另一货币会被储藏。我的看法：这里逆选择的关键不在货币贬值，而在法定价格被锁定。若一种货币贬值后法定价格能及时调整，劣币不可能驱逐良币。

旧车市场的逆选择，阿克洛夫认为是由于买卖双方信息不对称。事实上，对买卖双方来说，所有商品信息皆不对称，可为何新车市场没有逆选择而旧车市场却出现逆选择？究其原因，是买方锁定了价格。想深一层，若卖方能按质量差别定价，买方怎会锁定均价？去市场查访一下就知道，逆选择在真实旧车市场并不存在。

保险市场有逆选择我不否认，但原因也是价格锁定。保险公司面对众多的客户，收集客户真实信息不仅难，且成本非常高。两害相权取其轻。这样与其支付过高的信息成本，倒不如锁定均价更便捷。由此来看，保险市场的逆选择是保险公司经过成本权衡后的理性选择。

再有，劳工市场的逆选择，症结也在劳动力价格（工资）锁定。当经济不景气时，企业需要压成本，但由于工资存在刚性，工资不能减企业只好裁员。而高薪员工的工资高,一旦裁员,这部分人自然首当其冲。设想一下,假若员工集体同意减薪(价格不锁定),企业不裁员,劳工市场也就不会有逆选择。

最后看婚姻市场,剩女问题其实很简单,只要择偶标准(价格)不固定,婚配市场必靓女先嫁,怎会有逆选择?真正困难的是那些假冒与走私产品,其逆选择不是因为价格锁定,而是非法经营,即使调正品价格也不可能杜绝,故对制假、走私等得靠政府依法打击。

回到现实,我们可得如下启示:第一,市场逆选择是价格锁定的结果,如当下某些落后产能未被淘汰就与价格锁定有关;第二,凡是由价格锁定造成的逆选择都是市场选择,考虑到相关约束,其中有些具有合理性,无须一概排斥;第三,但凡不由价格锁定的逆选择皆非市场选择,政府应该制止。

公共品并非只能由政府提供

当年读大学时就曾听教授讲,公共品由于存在收费困难,市场会失灵,所以必须由政府提供。起初我深信不疑,后来读到科斯的一篇文章,却让我对"公共品难以收费"的说法产生了疑惑。而且意识到,公共品能否收费不单是学术问题,也事关政府的职能定位。

按照经济学的定义,公共品是指消费不排他的产品,灯塔是其经典的例子,这个例子在前面第六讲也讲到过。1848年,穆勒在《政治经济学原理》中写道:"虽然海中船只都能从灯塔的指引中获益,但要向他们收费却办不到。除非政府强制收税,否则,灯塔会因无利可图而无人建造。"这应该是关于"公共品需由政府提供"最早的论证。

1974年,科斯针对穆勒的观点发表了《经济学中的灯塔》一文。科斯说,只要政府授权,让灯塔提供者收费,市场就会有人建造灯塔。不过他的观点并未得到学界广泛认同。萨缪尔森质疑说,即便给灯塔提供者授权,收费也照样困难。由于灯塔消费增加而边际成本为零,灯塔(服务)怎样定价?何况灯塔消费不排他,过往船只是否消费了灯塔又怎样识别?

萨缪尔森的质疑,似乎不无道理。首先,政府授权灯塔提供者收费,可提供灯塔服务没有边际成本,谁能保证灯塔提供者不会漫天要价?退一步,即使灯塔服务能够合理定价,但如果船主说他凭借经验就可安全通行,用不着灯塔服务,灯塔提供者凭啥向他收费呢?

不过收费难归难,并不代表公共品真的不能收费。近些年我赴各地调研,见过不少公共品收费的案例。西南山区有个风景秀丽的乡村,望得见山,看得见水,记得住乡愁。风景观赏不排他,属于公共品,可村里组建了旅游公司后,为游客提供吃、住、行服务，我发现，该村服务收费明显高于别处，且游人如织。

此为何故？我的解释是，旅游公司将"风景"委托到了服务项目上，对公共品间接收费。现实中类似的例子很多，中央电视台播放电视节目，我收看不妨碍你收看，属于公共品，电视台虽不向你、我直接收费，却可通过插播广告，向做产品宣传的企业收费。由此可见，只要找到委托品，公共品是可以收费的。

将公共品委托在某私人物品上，确实可以解决收费困难。而且通过委托品不仅可以间接收费，也可以直接收费。今年春节期间上映的《满江红》，其历史故事无疑是公共品，但拍成了电影，则可委托电影院向观众收费。前几天从网上看到数据，该片票房已突破40亿元。

从经济学角度讲，寻找委托品，目的是解决公共品的收费难题。而为了尽可能地多收费，公共品提供者往往会借助多种委托品将市场细分。比如电影《满江红》，既可委托电影院收费，也可委托网络电视收费。电影院收费相对高，电视收费相对低，这样，用"价格歧视"的办法便可扩大销售，争取最大化盈利。

也许有人要问，公共品虽可委托收费，由于不存在边际成本，假若提供者漫天要价怎么办？我认为不会出现这种情况。经济学讲得清楚，价格是由买卖双方共同决定的。若供应方定价过高，消费者不认可，必会有行无市，最终价格一定会降下来。再说，公共品提供者存在竞争，谁敢无视市场需求定价呢？

讲到这里，我们似可得到三点结论：（1）公共品消费不排他，会导致收费困难；（2）解决公共品收费困难，需借助于委托品（私人品）；（3）公共品促销，可通过"价格歧视"将中高收入消费者与普通消费者分开，按不同价格收费。事实上，只要满足后两点，收费难题可迎刃而解。

关于公共品收费问题，就说这些。前面提到过，公共品能否收费事关政府的职能定位。而我在这里其实是要讨论怎样定位政府职能。按照经济学流行的说法，政府有四项职能：保障国家安全、维护社会公正、提供公共品（服务）、助弱扶贫。这里想问读者：假若公共品可以收费，还必须由政府提供吗？

回头再说科斯的《经济学中的灯塔》。他写那篇雄文，试图用史实证明穆勒"灯塔不能收费"的观点是错的；而萨缪尔森质疑科斯，坚持认为公共品会令市场失灵，只能由政府提供。客观地讲，在穆勒那个时代，受技术条件的限制，公共品确实难以收费。然而今非昔比，有了互联网后，原本属于公共品的电视剧现在可由私人提供。随着大数据、云计算、区块链等新技术的出现，大量公共品也可委托收费了。

既然如此，"公共品必须由政府提供"的说法便不再成立。当然不是说政府不能提供公共品，若找不到合适的"私人品"委托收费，或者委托收费的交易成本过高，公共品仍需政府提供；反之，若寻找委托品的交易成本并不高，则可由企业提供。总的原则是：但凡有企业愿意投资（生产提供）公共品，政府应逐步退出，并允许投资者委托收费。

让企业生产或提供公共品（服务），政府便可腾出财力，加大对国家安全、社会公正、扶贫助弱等领域的投入，更好发挥政府的作用。比如某些基础理论研究，其成果属公共品，但若企业能找到委托品收费，国家应为其开绿灯，支持企业投资。国外名牌大学之所以重视基础理论研究，是因为他们可以委托收费。

最后再多说一句：基础设施具有消费排他性，并非真正意义上的公共品，过去人们将基础设施当作公共品是误解，政府应抓紧改革和完善基础设施投资的相关政策机制，鼓励企业参与基础设施、特别是"新基建"项目投资。

供给过剩未必是需求不足

企业产品卖不出去，严重压库，读者认为是供给过剩还是需求不足？当年凯恩斯在《通论》中明确指出，是需求不足，主张用预算赤字扩需求；而我不赞成凯恩斯的分析，我曾写过《凯恩斯理论何以失灵》一文，今天网上可以搜到，这里不再赘述。

若将结构因素存而不论,供求总量失衡不能简单认定是供给过剩,也不能判定是需求不足。萨伊定律讲:供给自动创造需求。意思是,每个生产商卖出自己的产品,是为了购买别人的产品,大家皆为买而卖,供求总量应该平衡。可现实中为何会有产品卖不出去的现象呢?

学界有一种解释,认为问题是出在货币上。比如有人卖出自己商品后,并未马上购买商品,而将货币存入了银行,于是导致需求不足,令社会上部分商品没有对应的购买力。骤然听好像在理,其实似是而非。某人将货币存入银行,只是他没有购买,但并不能证明需求减少,因为银行吸收的存款会立即贷放出去,别人会用于购买,需求不会改变。

从马歇尔"局部均衡分析"的角度,可以看得很清楚。假定市场上某生产商供应(卖)服装,也有消费者需要购买服装。可有一天奇怪的事发生了,消费者不再购买服装,导致供应商的服装积压,市场不能出清。也许有人认为,是服装过剩了。可马歇尔却不这样看,在他看来,是服装的定价高于市场价。

何谓市场价?简言之,是让市场出清的价格,即供求均衡价格。对此,马歇尔曾用平面坐标图作过分析,其纵轴表示价格,横轴代表商品量。同时他画了两条曲线:一条是需求曲线,从左上方往右下方倾斜;另一条是供给曲线,从右上方往左下方倾斜。马歇尔说,当两条曲线相交时所对应的价格,即为市场价。

是的,若商品定价高于市场价,消费者不会购买,商品会表现为供大于求;反之,若商品定价低于市场价,生产商不会卖,商品则表现为供不应求。由此可见,需求不足或供给不足皆是结果,真正的原因是商品定价偏离了市场价,只要回归市场价,商品供求一定能平衡。

在真实世界里,这样的例子俯拾即是。比如农贸市场,若蔬菜卖不完,卖菜的摊贩在收摊前往往会降价;没卖出的机票,起飞前一小时通常会打折。再有,某些商铺在到租期的前几天,也会清仓甩卖。所谓甩卖,当然要大幅度降价;而所谓清仓,其实就是市场出清。

以上是"局部均衡"分析,若从一种商品推导到多种商品,道理也一样。根据瓦尔拉斯的"一般均衡"原理,市场总有一组价格,可以让市场出清。反过来理解,若市场出现了"商品过剩"与"商品短缺"并存的状况,必是商品之间比价不合理:过剩商品的价格高于市场价;短缺商品的价格低于市场价。

之所以出现这种情况,原因不外有三:一是某些商品的生产存在行政垄断,限制了市场竞争;二是某些行业存在准入限制,资本难以在行业间流动;三是存在一定程度的价格管制,价格既不反映供求,也不能调节供求。时下学界讨论的结构失衡，其实症结就在于此。

综上分析，我们可得出一个重要结论：无论供求总量失衡还是结构失衡，关键皆在价格，或是商品定价偏离市场价，或是比价不合理。而要解决这个问题，可取之策是减少行政干预或行政垄断，加大竞争，让市场决定价格。引申到国家政策层面，我认为对当前扩内需至少有三点启示：

启示一：国内需求不足，并不代表购买力不足。前面说过，需求决定于价格。价格升高，需求会下降；价格下降，需求会上升。所以扩大内需首先要改革价格的形成机制，让买卖双方决定价格。否则，商品定价高于市场价，消费者不接受，政府怎样鼓励消费也于事无补。房地产是典型例子，目前大量商品房积压，并非缺少需求，而是价格未回归市场价。

启示二：扩内需不应仅从需求侧发力，而应将扩内需同供给侧改革结合起来，而且立足于供给侧发力。事实上，从需求侧扩内需，政府可用的工具并不多，无非是扩张性财政政策与货币政策。财政扩张（增加预算赤字规模）虽可扩大政府投资，但同时会挤出企业投资。此长彼消，社会总投资不会增加。

毫无疑问，货币扩张能增加市场上的流动性，但同时也会引发高通胀。高通胀会推高利率，社会融资成本会上升；而物价上涨，消费者购买力会下降。如此一来，反而事与愿违，会抑制投资与消费。若立足供给侧扩内需，则货币政策须保持稳健，财政政策需加大减税，这样，便可扩大企业投资与居民消费。

启示三：扩内需旨在推动供求总量平衡。可经济学证明：总量平衡并不代表结构平衡，结构失衡必导致总量失衡。这是说，供求平衡的关键在结构。问题是：怎样解决结构问题呢？中央曾提出"去产能、去库存、去杠杆、降成本、补短板"。落实到操作层面，有两个重点：一是由供求决定价格，让价格调节供求；二是加大结构性减税，帮助企业降成本。某些压库产品价格不降，是因为成本高，降价卖得不偿失。

细心的读者也许会发现，上面三点启示正是"供给侧结构性改革"的三个关键词。用一句话说，推动供求均衡要通过改革价格形成机制，立足供给侧解决供求结构性矛盾。所以我最后的结论是：扩内需不必照用凯恩斯理论，应始终坚持以供给侧结构性改革为主线。

附录一：
中国经济体制改革的基本经验

坚持党对改革开放的领导，确保社会主义方向不动摇

坚持生产力标准，充分尊重人民首创精神

坚持改革发展稳定的有机统一，正确处理好三者关系

附录一：
中国经济体制改革的基本经验

经过40年改革探索，我国成功实现了从计划经济体制向社会主义市场经济体制的转轨，我国经济实力、科技实力、国防实力、综合国力进入世界前列，推动我国国际地位实现前所未有的提升，党的面貌、国家的面貌、人民的面貌、军队的面貌、中华民族的面貌发生了前所未有的变化，中华民族正以崭新姿态屹立于世界的东方。在改革开放40周年之际，回望波澜壮阔的改革历程，至少可以得出三条重要的基本经验。

坚持党对改革开放的领导，确保社会主义方向不动摇

办好中国的事情，关键在党。中国共产党成为中国特色社会主义事业的领导核心，是历史的选择、人民的选择。40年改革开放实践表明，中国特色社会主义最本质的特征是中国共产党领导，中国特色社会主义制度的最大优势是中国共产党领导。只有始终坚持党对改革开放的领导，才能确保改革开放的社会主义方向，既不走封闭僵化的老路，也不走改旗易帜的邪路。

坚持党对改革开放的领导，最根本的是始终坚持和发展中国特色社会主义。在改革开放的历史进程中，我们党把马克思主义基本原理同中国改革开放的具体实际结合起来，团结带领人民进行建设中国特色社会主义的伟大实践，开辟了中国特色社会主义道路，形成了中国特色社会主义理论体系，确立了中国特色社会主义制度，发展了中国特色社会主义文化。

习近平同志深刻指出：中国特色社会主义是改革开放以来党的全部理论和实践的主题，是党和人民历尽千辛万苦、付出巨大代价取得的根本成就。中国特色社会主义道路是实现社会主义现代化、创造人民美好生活的必由之路，中国特色社会主义理论体系是指导党和人民实现中华民族伟大复兴的正确理论，中国特色社会主义制度是当代中国发展进步的根本制度保障，中国特色社会主义文化是激励全党全国各族人民奋勇前进的强大精神力量。坚持党对改革开放的领导，我们就能增强道路自信、理论自信、制度自信、文化自信，保持政治定力，坚持实干兴邦，把新时代中国特色社会主义推向新的历史高度。

坚持党对改革开放的领导，就要带领人民逐步实现共同富裕。什么是社会主义？邓小平同志指出："社会主义的本质，是解放生产力，发展生产力，消灭剥削，消除两极分化，最终达到共同富裕。"[①]共同富裕是中国特色社会主义的根本原则。改革开放以来，我们坚持和完善我国社会主义基本经济制度和分配制度，破除城乡二元结构，实施区域协调发展战略，施行免除农业税、免除义务教育阶段学杂费、完善社会保障体系等一系列举措，为逐步走向共同富裕打下了坚实基础，人民生活从改革开放之初的温饱不足发展到总体小康，即将实现全面小康。

党的十八大以来，以习近平同志为核心的党中央坚定不移带领人民走共同富裕道路，取得了历史性成就。习近平同志指出，要坚持把增进人民福祉、促进人的全面发展、朝着共同富裕方向稳步前进作为经济发展的出发点和落脚点。事实表明，近年来我国城乡居民收入增速超过经济增速，中等收入群体持续扩大，居民收入差距和区域、城乡差距趋于缩小；脱贫攻坚战取得决定性进展，6800多万贫困人口稳定脱贫，贫困发生率由10.2%下降到3.1%。党的十九大报告更是明确提出，到2035年，全体人民共同富裕迈出坚实步伐；到本世纪中叶，全体人民共同富裕基本实现。

[①] 《邓小平思想年谱（1975—1997）》，中央文献出版社1998年版，第460页。

坚持生产力标准,充分尊重人民首创精神

早在1984年10月,《中共中央关于经济体制改革的决定》就明确指出,全党同志在进行改革的过程中,应该紧紧把握住马克思主义的这个基本观点,把是否有利于发展社会生产力作为检验一切改革得失成败的最主要标准。20世纪90年代,邓小平同志进一步指出,要把是否有利于发展社会主义社会的生产力、是否有利于增强社会主义国家的综合国力、是否有利于提高人民的生活水平作为判断一切工作是非得失的标准。这"三个有利于"的判断标准把发展生产力、增强综合国力和提高人民生活水平三者有机结合起来,是对生产力标准的深化和发展。

坚持生产力标准,不断解放和发展生产力,要依靠亿万人民的主体力量和创新精神。我国推进改革开放是一个崭新课题,在马克思主义经典著作中没有现成答案,在现实中也没有现成经验。要胜利推进改革开放这场新的伟大革命,只有在党的领导下充分尊重人民首创精神、鼓励人民群众进行开创性探索才能取得成功。无论是大包干、发展乡镇企业、搞活国有企业、发展非公有制经济,还是建设经济特区、扩大对外开放等,都来源于人民群众的实践创造。1993年,党的十四届三中全会通过的《中共中央关于建立社会主义市场经济体制若干问题的决定》强调:"尊重群众首创精神,

重视群众切身利益。及时总结群众创造出来的实践经验,尊重群众意愿,把群众的积极性引导好、保护好、发挥好。"

习近平同志深刻指出:"改革开放是亿万人民自己的事业,必须坚持尊重人民首创精神,坚持在党的领导下推进。""改革开放在认识和实践上的每一次突破和发展,改革开放中每一个新生事物的产生和发展,改革开放每一个方面经验的创造和积累,无不来自亿万人民的实践和智慧。"① 党的十八大以来,在推进改革开放的实践中,我们党高度尊重人民首创精神,通过提出和贯彻正确的路线方针政策带领人民前进,压茬拓展改革广度和深度,全面深化改革取得重大突破,改革呈现全面发力、多点突破、纵深推进的局面,重要领域和关键环节改革取得突破性进展,主要领域改革主体框架基本确立,中国特色社会主义制度更加完善,国家治理体系和治理能力现代化水平明显提高,全社会发展活力和创新活力明显增强。

坚持改革发展稳定的有机统一,正确处理好三者关系

改革、发展、稳定是我国社会主义建设中的三个重要支点。40年来改革开放之所以顺利推进,一个重要原因就在

---

① 《习近平关于实现中华民族伟大复兴的中国梦论述摘编》,中央文献出版社2013年版,第46页。

于我们党在实践探索中正确处理三者关系,把改革作为动力,把发展作为目的,把稳定作为前提,始终坚持改革发展稳定的有机统一,确保社会安定团结、和谐稳定。

习近平同志高度重视处理好改革发展稳定的关系,强调要以更大的政治勇气和智慧,进一步解放思想、解放和发展社会生产力、解放和增强社会活力。他指出,稳定是改革发展的前提,必须坚持改革发展稳定的统一;要坚持把改革的力度、发展的速度和社会可承受的程度统一起来,把改善人民生活作为正确处理改革发展稳定关系的结合点。只有社会稳定,改革发展才能不断推进;只有改革发展不断推进,社会稳定才能具有坚实基础。

党的十八大以来,我们党不断增强改革措施、发展措施、稳定措施的协调性,把握好当前利益和长远利益、局部利益和全局利益、个人利益和集体利益的关系,既着力解决关系群众切身利益的问题,又着力引导群众正确处理各种利益关系、理性合法表达利益诉求,让改革发展成果更多更公平惠及全体人民,营造安定团结的社会氛围。

无论改革发展还是稳定,都是为了实现好、维护好、发展好最广大人民根本利益。我们党注意让改革的红利被人民群众所共享、发展的成果公平惠及广大人民群众,因而我国社会稳定具有坚实的民意基础。党的十八大以来,在全面深化改革的过程中,以习近平同志为核心的党中央始终坚持人民立场，坚持人民主体地位，虚心向人民学习，倾听人民呼声，汲取人民智慧，把人民拥护不拥护、赞成不赞成、高兴不高兴、答应不答应作为衡量一切工作得失的根本标准。准确把握改革发展稳定的平衡点，准确把握近期目标和长期发展的平衡点，准确把握改革发展的着力点，准确把握经济社会发展和改善人民生活的结合点，坚持问政于民、问需于民、问计于民，着力解决好人民最关心最直接最现实的利益问题，让全体中国人民和中华儿女在实现中华民族伟大复兴的历史进程中共享幸福和荣光。

40年改革开放的实践表明，改革是经济社会发展的强大动力，发展是解决我国一切问题的基础和关键，稳定是改革发展的前提。只有把改善人民生活作为正确处理改革发展稳定关系的结合点，才能通过改革发展确保社会和谐稳定，确保在实现共同富裕上不断迈出新步伐。放眼全球，政局动荡、社会动乱让许多国家失去发展机遇，人民陷入痛苦和灾难。而中国特色社会主义现代化建设之所以能顺利推进，正是得益于正确处理改革发展稳定的关系。

（此文发表于2018年5月29日《人民日报》）

附录二：
政府改革的经济学分析

选择突破口：审批制改革应先于机构改革

完善政府治理：部门升格不如分权放权

改革选人机制：先完善选任制再破论资排辈

以薪养廉：先改职务消费再加薪

对2018年政府机构改革点评

附录二：
政府改革的经济学分析[①]

改革每走到一个关键路口，都会对政府改革提出诉求。回头看过去30年的政府改革，我认为有几条重要经验值得总结：第一，改革突破口，应先改行政审批制再改政府机构；第二，完善政府治理，让部门升格不如分权放权；第三，改革选人机制，应先改委任制再破论资排辈；第四，以薪养廉，应先改职务消费再加薪。这里我想用经济学逻辑对以往政府改革的经验作分析，希望对大家有一些启发。

[①] 这是一篇旧文，发表于《中南大学学报》2006年第3期，此文我觉得能帮助读者深入理解2018年开展的国务院机构改革以及即将推行的新一轮党和国家机构改革方案。对该文的个别文字作了修改，并补写了"对2018年机构改革点评"一节。现收录于此，供读者参考。

选择突破口：审批制改革应先于机构改革

任何一种改革，归根到底，都是利益关系的重新调整。从经济学的角度看，若人们支持某项改革，那一定是改革带给当事人的收益，要大于他的损失。否则，他不仅不会赞成改革，甚至会站在改革的对立面，或冷眼观潮，或出手作梗。遇到这种情形，除非有外力推动，不然改革只会雷大雨小、无果而终。

农村改革是一例。家庭联产承包，起初只是安徽小岗村农民的私下行动。可后经中央高层首肯，顷刻由点到面，亿万农民一呼百应。之所以如此，是因土地承包能让农民填饱了肚子，大家有改革的积极性。国企改革减员增效、下岗分流，职工原本没有改的动力，可此项改革始终由政府推动，由于有外部的压力，企业改革也是可圈可点、成绩斐然。

以往政府改革的困难，恰恰就在于政府官员对改革既无动力，又无压力。2018年前的几次改革，基本上都是撤庙赶和尚，以精简机构为重点。设身处地想，政府一旦撤并机构，意味着现在某些官员就要下岗。这等切肤之痛的事，谁会真心实意地支持呢？早些年，不少学者对官员的"铁交椅"口诛笔伐，群起攻之，可学者中又有多少人肯放弃职称终身制？学者的终身制不肯废，坐机关的又怎肯丢饭碗？

说机构改革无压力，那是因为在政府之外，还找不到一种力量逼使政府成事。事实上，机构改或不改，何时改或怎样改，旁人虽有话语权，尽可以提建议、出思路，但最后得由政府官员说了算。比如你可以写文章，也可以去做演讲，但若你去告诉政府某部委的官员，说撤销他们部门有多重要，有多少好处，他们会赞成你吗？恐怕是徒劳而已。

倒不是说机构改革有阻力，政府体制就不能改。而是说，政府改革要有作为，必须另辟蹊径，重找突破口。其实，改革政府，并非仅有机构改革一途，而且改革政府，也不一定要先改机构。比改机构更重要的，是政府的角色定位。是的，机构臃肿，会降低政府效率，加重纳税人负担，机构迟早得改。但当前政府的突出问题，还不是机构问题，而是职能错乱，是政府种了人家的田，荒了自家的地，该管的没管好，而不该管的却管了一大堆。

那么，在市场经济下，政府应担当怎样的角色呢？亚当·斯密曾说，政府是守夜人，负责维护国家的安全。而弗里德曼则说，政府是仆人。既然是仆人，就不仅要维护安全，而且还要当保姆。1979年，弗里德曼与夫人合作出版了《自由选择》，在该书中，他把政府职能明确划定为4项：国家安全、社会公正、公共服务、济弱扶贫。从亚当·斯密到弗里德曼，其间经过了200年，政府职能虽有变化，但政府的角色却没变，它担当的始终都是配角而非主角。

是的，政府由纳税人供养，本来就该鞍前马后地服务。

可长久以来，我们有些政府部门却高高在上，甚至对纳税人颐指气使、吆三喝四。这就好比你家里从劳务市场雇回一个保姆，可保姆请来后不肯买菜做饭，不肯带小孩拖地板，她要做的，就是控制"审批权"。菜还得你自己买，饭也得你自己做，所不同的是你今后买菜做饭之前，必须先打报告，请保姆审批。保姆批准后，你才能买、才能做。试问，你会乐意请这样的保姆吗？

当然不会。既然你不乐意，心同此理，纳税人也不会希望政府成为审批者。遗憾的是，尽管20世纪80年代政府就说要转变职能，可很长一段时间政府某些部门仍还把着审批权不放。而且经济中的许多问题，差不多都与政府审批有关。想想吧，大大小小的重复建设，骇人听闻的豆腐渣工程，哪一个不是政府审批出来的？因此，改革政府，当务之急是要改革行政审批。

把"改革审批"作为突破口，一个最大的好处，就是兵不血刃。相比撤并机构，改审批制无须官员下岗，不会造成大的社会震动，这样，改革阻力就会小得多。中国人根深蒂固的"官本位"，说穿了，是因为"权能生利"。假如我告诉你，政府官员今后不再有审批权，那你还会削尖脑袋进机关吗？至少我看不出，审批权取消后公务员会比我当教员好在哪里。

可以想见，审批制改革一旦成功，机构改革便可顺水推舟。大约10年前,我曾去南方几个省做过机构改革调研。机构改革的难度,确实不为局外人所能想象。干部能进不能出,令机构改革举步维艰、尤为敏感。假如我们能换个思路,先改审批制,对政府釜底抽薪,那么迷恋机关的人就会大大减少。如此,机构改革的效果定会事半功倍。

完善政府治理:部门升格不如分权放权

近两年,我先后赴澳大利亚与法国考察。两次考察的任务有所不同,去澳大利亚是考察政府治理;到法国是考察企业社会责任。一个是政府,一个是企业,两者似乎风马牛不相及。可把它们串起来思考,发现可以从不同的角度,看同一件事情。

"政府治理",是20世纪末才流行的一个词。翻遍中英文词典,均找不到解释。在澳大利亚,我们拜访了不少政府要员与大学教授,一路走马观花,犹如盲人摸象。不过20天下来,总算对政府治理有了整体的感知。所谓政府治理,就是将过去政府的某些职能,分离给非政府组织或企业去执行。用规范一点的话说,就是决策权集中,执行权下放,监督权分散。

举个例子吧。老年照顾及残疾人服务,属公共服务,过去是由政府一手包办。20世纪末,澳大利亚政府为了提高服务效率,把照顾老人的事,交给了非政府组织——社区家庭服务机构。家服机构受托后，再公开招标，将其转包给私人养老院。如此一来，政府要做的，就是认定家服机构的资质，提供资金并制定服务标准。而家服机构直接对老人负责，并对养老院的服务予以监督。

别以为这只是小的改变。从理论层面看，它改写了经济学一个约定俗成的原理。以往经济学家大多认为，在公共服务领域，市场会失灵，所以公共服务得由政府供给。于是政府必须是公共服务（品）的直接生产者，不仅要出钱，而且还办企业。而澳大利亚的做法却表明，公共品也可由私人生产，政府只需花钱购买，照样能免费供给消费者。换句话讲，公共品的提供与公共品的生产，不仅可以分离，而且可以并行不悖。

无独有偶，对"公共服务"的处理，法国也是如出一辙。在法国考察，所到之处主人都会与我们大谈"企业的社会责任"。言下之意，就是企业应替政府分担一些社会职能。盲拳打倒老师傅。若说企业办社会，我们当是行家。早先，中国企业办医院、办学校、办公安，除了火葬场，其他几乎一应俱全。后来国企改革，好不容易才把社会职能剥离开，可为何法国反其道而行之，规定企业要承担社会责任呢？

原来，法国的企业办社会，与我们有所不同。重要的区别在于，中国的企业办社会，政府一毛不拔，企业不仅出力，而且还得贴钱；而法国的企业只管办事，钱却由政府给。比如法国政府把安全用电与穷人用电的事,全权交给了法电公司,而政府只负责提供资金支持。为防日久生变,政府还郑重其事地与企业写下合同、签字画押。有了合同,一旦有谁违约,双方便可对簿公堂,请法院依法裁断并追讨赔偿。

由此观之,不论是澳大利亚的政府治理,还是法国的企业社会责任,说法虽不同,但两者却异曲同工。是的,公共产品的提供,政府大可不必亲力亲为、一竿子插到底。钱可由政府拿,但事未必要政府办。其实,非政府组织或企业,比起政府来更懂得花钱办事;在市场运作方面,也要高出一筹。再说,它们更接近平头百姓,又拥有自己的客户资源,从这方面看,放手让非政府组织(或企业)经营公共产品,恐是上选之策。

另有一点很重要。把公共产品生产交给企业,可以大大改善公共服务。过去,政府自己生产公共产品,即便偷工减料,旁人也不得而知。刀锋砍不着刀把,公共服务再差,政府也不可能罚及自己。若是决策权与执行权分开,政府只管定盘子,让非政府组织或企业负责具体操作,这样,政府就可置身事外。只当裁判不打球,政府就说得起话,管得了人,不仅会乐意接受公众投诉,而且还可与民间机构一起,对公共服务施以监督。

回头再说中国。中央三令五申,要改革政府行政管理体制。但究竟怎样改，大家有不同意见。以前有一个做法，政府遇到管不好的事，往往就让主管部门升格。安全生产出纰漏，国家安监总局副部升正部；质量监督出问题，国家质检总局副部升正部；市场秩序混乱，国家工商总局副部升正部。这个做法，无疑是加大了行政管理成本，与市场经济小政府、大社会的改革取向，也大相径庭。

其实，治国与治家有某些类似。倘若做父亲的管不好自己的孩子，你说他会怎么办？聪明的人会去求助学校、邻居，甚至公安。至少，天下不会有这样蠢的父亲，自己管不好孩子，就要求辈分升格，由父亲变成爷爷。这样岂不是贻笑大方？所以靠政府部门升格改善管理，实在不是高明之举。

我绝不主张照搬西方，不过，人家有好的经验，实践证明又行之有效，我倒是觉得应该借鉴。退一步讲，即使吃西药"水土不服"，将来还可以再吃中药。其实几年前深圳市就开始推行"行政权三分"改革，深圳能做成的事，其他地方未必不能做。关键是政府部门要舍得分权，善于放权。

改革选人机制：先完善选任制再破论资排辈

我不研究政治学，但我认为，经济学能为思考选人机制改革提供新的视角。大致说，经济分析有两类：一是实证分析；二是规范分析。前者不带主观偏好，只告诉人们真实世界是什么,为何是这个样子;后者则相反,必须做价值判断,要指出好坏对错。分析论资排辈,也可用这两种方法,考虑到分析方便,还是让我分头来说。

用实证方法分析论资排辈,有两个问题要回答:第一,官场是否存在论资排辈?第二,论资排辈若存在,那么它为何存在?对头一个问题,只要不是闭目塞听,说官场存在某种程度的论资排辈,想必没有太多异议。这样,也就无须我多费笔墨;对后一个问题,我曾思考多年,现在答案是:论资排辈与干部委任制有关。就是说,在上级任命下级的条件下,论资排辈必成官场的理性选择。

经济学的精髓,其实就一句话:"约束条件下争取利益最大化。"比如企业家,一定会追求利润最大化;大学教师,一定会追求职称最大化;政府官员,一定会追求职位最大化。企业家与教师不必说,人家自己也直言不讳;不过官员不同,即使内心想升官,嘴上却未必肯承认。其实不承认,事实也改变不了。世上恐怕没人希望官越做越小吧?既然如此,官员要追求职位最大化,那么在确定选人规则时,无论是选官的上级,还是想升官的下级,都会用"最大化"来决定自己的选择。

先以下级为例。假如有两个方案,选用干部既可由上级指定,也可论资排辈,那么下级会做何种选择呢?答案是后者。为什么?因为信息不对称,领导用人,大多会用自己了解的。若上级不了解你,甚至不知你姓甚名谁,升官的概率自然很低。可对下级多数官员来说,接触上级并不容易,只有那些常在领导身边的少数人,才能近水楼台先得月。不同的是,大凡官场中人,都有一定资历,只要讲究先来后到,不许插队,则多数人不会吃亏。

再看上级。上级与下级,其实是相对的。处长是科长的上级,但却是局长的下级;局长是处长的上级,但相对部长说,局长又是下级。从这个角度看,出于利益最大化的考虑,上级与下级的选择其实并无二致,他们都会赞成论资排辈。再说,下级政绩如何,由于岗位不同,上级往往很难作决断。而任职年限,不仅清楚可比,而且下级也大多接受,所以按资历用人,一是简单易行,二是有利官场的稳定。

我曾读过一本历史方面的书,记得其中有一节,"论资排辈也是好东西"。其用历史分析的结论,与我用经济学分析正好殊途同归。

据作者考证,论资排辈起于北魏,发明人是当时的吏部尚书,叫崔亮。据说,崔亮发明此法,也是出于无奈。崔亮有个叫刘景安的外甥,曾写信给舅舅,对论资排辈提出质疑,崔亮回信说,如今想当官的太多,即使十人共一职,也不够分。所以,必须立个规矩,不然,任人四处走门子,官场会弄得乌烟瘴气。再者,现在吏部用人,是大权独揽,即便我能铁面无私,那也是一面镜子照天下,而天下之大,难保我不选错人、用错人。

　　崔亮说的是对的。纵观古今，只要是由上头少数人选官，在官位供不应求的情况下，论资排辈确实有积极意义。不过，这只是从实证的角度看，若改用规范分析，对论资排辈作价值判断，可说此规则流弊百出，乏善可陈。所谓论资排辈，说白了就是只认资历，不问能力。只要年头长，哪怕是下品庸才，照样升官；相反，若年头不够，任你功高劳苦，也不能任用。如此做法，岂不是在鼓励庸人吗？

　　是的，论资排辈漠视贡献，优劣不分，奖罚不明，若长此以往，必会挫伤广大官员的进取心。更重要的是，此规则不改，千军万马熬年头，上上下下比辈分，干部年轻化的问题也解决不了。中央曾多次强调，干部要年轻化。若论资排辈的规则不破，大家都这么一前一后地排着，前面的不动，后面的也动不了。加上官场台阶又多，亦步亦趋，干部年轻化就只能纸上谈兵。看来实行干部年轻化，还得改规则，要唯才是举，看轻资历。

　　可以肯定，随着经济社会进步，论资排辈迟早是要打破的。但困难在于，论资排辈并非某个人的主观臆想，而是约束条件下多数人的选择。因此，打破论资排辈，绝不可指望一蹴而就。事实上，我国干部制度早已采用"选任制"，但目前仍有"副职提正职，要在副职工作2年以上""由下级正职提上级副职，要在下级正职工作3年以上"等规定。可见，近期内任职年限还是干部晋升的依据之一。

邓小平讲，改革是一场革命。而改革干部选任规则，更是一件利益攸关的大事。因此，在谋划改革时，我们既要积极，又要谨慎；既要注意治标，但重点必须治本。在实行选任制的基础上，要打破论资排辈必须进一步完善选任制，既要扩大选人范围，广泛征求并尊重民意，并坚持从多数人中选人；同时，要改革选人标准，坚持重实绩而不重资历。

以薪养廉：先改职务消费再加薪

国务院有意给公务员加薪，议论了好几年，至今还是只听楼梯响，不见人下来。曾有省部官员站出来，对公务员加薪表示反对。其理由是，党政干部是人民的公仆，企业职工没涨工资，官员如何能涨工资？

对这个观点，我倒不以为然。我的看法：官员该不该涨工资，与企业是否涨工资无干，如果官员工资确实太低，即便企业没涨，官员涨也无可非议。说官员是人民的公仆，这是对的。但做好公仆，重要的是视老百姓如父母，鞍前马后地做好服务，不是说，当官就只能拿低工资。市场经济，讲究的是按贡献分配。所以，该不该涨工资，不在于你是否为官，而是看你对社会的贡献。

其实，官员低薪，并非始于现代。回溯历史，封建社会几千年，中国官员的俸禄都是很低的。东汉时期，宰相每月收入为大米28.5石（约为3060斤）；最小的官员，每月只有1.9石（约204斤）。北魏初期，官员没有俸禄。明朝的宰相，月俸不足20两银子。清朝四品官月俸大米24石（约2576斤），五品官月俸16石（约1717斤），而七品县令的月俸，仅7石（约751斤）。那时官员的薪俸如此之低，显然不是为了廉政，它的目的，只是维护王权统治。

中国封建社会历来皇权至上。普天之下，莫非王土；率土之滨，莫非王臣。可天下太大，王臣太多，朝廷如何控制得了呢？朝廷的办法，是实行低俸禄。因为俸禄低，就会逼着官员们搜刮民财。比如一个县令，月俸只有7石大米，充其量能养活7个人，可官府不仅要雇用衙役，而且上有高堂、下有妻小，另还有管家、侍女、马夫、厨子，靠7石米的官饷，无论如何是应付不了的。怎么办呢？当然只能巧取豪夺。俗话说，心中无愧，不怕打雷。可要是做了亏心事，有了痛处捏在上司手里，那么就得唯上是从。不然，一旦得罪了上司，单查经济问题，也能判你满门抄斩。

是的，这种捏人痛处的办法，的确是维系权力体制的一种手段。可问题在于，新中国成立以后，为何我们还是实行低薪制呢？大致说来，有两个原因：一是中国社会有平均主义的传统，不患寡，而患不均。二是新中国成立伊始，国家一穷二白。面对内忧外患，需要我们勒紧裤带搞建设。我们党本来就是执政为民，若老百姓尚在节衣缩食，党员干部怎能不身先士卒呢？所以干部只能实行低工资，此乃国情所限，也是明智的选择。

改革开放以后，我们的经济状况有了大的改观：国家财力日益强盛，人民生活渐近小康。于是，干部的低工资问题，也就凸显出来了。其实，对这个问题，政府已有所关注，2000年初，朱镕基总理就曾表示，3年内要给公务员工资涨3倍。此言一出，社会各界褒贬不一。从实际情况看，干部工资这几年虽有微调，但与当初设定的目标还有相当的距离。所以如此，表面看好像是政府没钱，实际上是在执行过程中遇到了阻力。

普遍的议论是，现在党政官员工资虽不高，但实际收入却不低，因为除了工资外，还有一部分职务消费。国务院发展研究中心学术委员会原副主任陆百甫先生算过一笔账，他说，如果把领导干部的福利房、配车、养司机等花销加起来，至少每月得1万元。这些钱虽没打进工资单，但却是实实在在的消费，是一种隐性收入。在这种情况下，官员若再涨工资，必然会加重纳税人的不合理的负担。

如此看来，官员能不能涨工资，现在问题就归结到一点，即如何处理职务消费。《羊城晚报》的记者曾就这个问题采访过我，我的看法是，必须把职务消费货币化。现在的党政干部，无论级别高低，都享受一定的职务消费，而职务消费，又都表现为各种物质待遇。这一做法，说到底还是计划经济。市场经济,是一种货币经济,它要求一切生产要素,都要用货币表现,通过市场配置。所以,取消职务消费,应是改革不可逆转的大趋势。

将物质待遇货币化,既能减少资源浪费,又能大幅提高官员的工资,是两全其美的好事。前几年,就有地方推出"公车改革",实践证明,效果是好的。比如,配一部公车,一个司机,一个月的费用少说也得4000元。算经济账,配车肯定没有打车划算。如果把省下的钱用于涨工资,那么仅"车改"一项,公务员的工资可平均上涨1/3;若把领导专车取消,那么领导的工资可以增加2倍。

公务员的工资,迟早是要涨的。但如何涨?有个前提必须把握,这就是:财政不能多出钱,纳税人不能添负担。那么钱从何来?办法是眼睛向内,做体制的文章。比如,物质待遇货币化,就是一个变钱的路子。只要羊毛出在羊身上,群众自然不会有意见。所以,公务员何时涨工资,就取决于"职务消费改革"的进程,职务消费改了,公务员加薪便可水到渠成。

对2018年政府机构改革点评

2018年国务院机构改革方案之所以能够顺利推进,我认为主要有以下四个方面的原因:

第一,此次机构改革前,国务院已推行了行政审批制改革,大量行政审批项目被取消或者改成了备案制。事实证明,行政审批改革力度越大,机构改革阻力越小。

第二,2018年国务院机构改革的最大亮点,是将职能相近或相互交叉的机构撤并重组,极大地节约了行政成本,提高了政府机构办事效率,所以受到了社会各界的普遍支持与充分肯定。

第三,党的十八大后,中央明确提出选人用人要"四不唯",其中之一,就是"不唯年龄"(不搞论资排辈),这样,为政府机构改革及其干部分流创造了舆论环境和制度条件。

第四,党的十八大闭幕不久,中央政治局出台了"八项规定",随后又推出了公车改革、住房制度改革等配套措施,并对政府公职人员的职务消费作出了严格限制,此举对推动党风廉政建设、破除"官本位"起到了有力的推动作用。

附录三:
怎样给领导干部讲经济学

要有正确的立场

要坚持问题导向

要强化学理支撑

要有学术框架

要有恰当的讲课艺术

附录三：
怎样给领导干部讲经济学

30多年前，我从人民大学毕业，被分配到中央党校经济学部任教，初出茅庐，为探索给领导干部讲课的方式，曾尝试写"与官员谈"丛书，不料出版后读者反响热烈。于是，这套丛书的表达风格也成了我的讲课风格。我当过18年专职教师，做过10年的教学管理，这里结合自己的体会，谈谈怎样为领导干部讲经济学。

要有正确的立场

经济学有立场，这本来是一个不成问题的问题，可时下学界流行一种观点说：经济学研究的是经济规律，而规律放之四海而皆准，故经济学不仅不应有国界之分，而且也不应该有立场。另一种更直白的说法是：经济学应该像物理学、化学等自然科学一样，只揭示客观规律，不能加进学者自己的价值判断。

价值判断是人们价值观的表达,说研究自然规律不需要有价值判断我同意。比如"水往低处流"是自然规律,一方面,我们可根据"水往低处流"的规律建电站造福社会;另一方面,"水往低处流"也可能冲垮堤坝,给人类造成灾难性后果。是的,"水往低处流"是一种客观存在,无所谓好与坏,对自然规律科学家当然不必作价值判断。

自然科学如此,可经济学并非如此。要知道,经济学毕竟不是自然科学,自然科学研究的是自然规律,经济学研究的是人类经济活动中的生产关系,研究生产关系怎可能没有立场呢?读者想想,经济学发展数百年为何对"公平"至今未有一致的定义?究其原因,是由于经济学家的立场不同,对"公平"的定义才五花八门。

让我们一起回溯经济学的历史吧。学界公认,经济学的开山之作是威廉·配第1672年出版的《政治算术》。算术者,统计计算也。由此来看,配第所说的"算术"其实就是经济学,或者说是经济学的代名词。问题是:配第为何要在"算术"之前加上"政治"二字呢?我理解,配第无非是想表明他的经济学有立场。正因如此,马克思称配第为"政治经济学之父"。

配第之后的百多年,英国古典政治经济学的发展风生水起,其间产生了两位伟大的经济学家:一位是亚当·斯密;

另一位是大卫·李嘉图。斯密1776年出版了《国富论》，李嘉图1817年出版了《政治经济学及赋税原理》。读者若是读过这两本书，会不难发现有鲜明的政治立场。他们两位大师皆站在产业资本家的立场抨击地主阶级，为工业革命与自由贸易鸣锣开道。

众所周知，马克思的劳动价值论是来自斯密和李嘉图，可马克思的立场却不同于斯密和李嘉图。马克思的政治经济学站在劳动者大众一边，运用劳动价值论分析剩余价值的来源和劳动者受压迫、受剥削的根源，并揭示了剥夺者必被剥夺的历史规律。列宁曾经说过：只有马克思才阐明了无产阶级在整个资本主义制度中的真正地位。

到19世纪下半叶，经济学进入了新古典时代。早期的代表性著作主要有两本：一本是法国学者瓦尔拉斯1874年出版的《纯粹政治经济学要义》；一本是英国学者马歇尔1890年出版的《经济学原理》。请读者注意：瓦尔拉斯在"政治经济学"前加上"纯粹"，而马歇尔将"政治经济学"的"政治"省去，他们这样做显然是有用意的。是何用意？瓦尔拉斯自己说，目的是要抽象掉立场，建立起"一门如同力学和水力学一样的科学"。

新古典经济学真的没有立场吗？非也。无论瓦尔拉斯还是马歇尔的著作都有立场，而且都是要掩盖阶级对立，为资本主义辩护。20世纪30年代经济大危机后，西方经济学走向分化，出现了众多流派。有人问：西方经济学家若代表资本家阶级利益怎会有流派之争？我的回答是，流派之争只是主张之争：凯恩斯主张国家干预；货币学派主张经济自由。两派主张不同但立场却相同，皆是为了资本主义长治久安。

另一个现象更具迷惑性，那就是今天西方经济学大量使用数学的现象。给人的感觉，经济学似乎已经变成了数学，可以没有立场。读者若是这样看就大错特错了。我说过，经济分析可以借助数学，但数学不过是工具，经济学家构建数学模型仍然有立场。要记住，若有经济学家说自己的著述没有立场，那是自欺欺人，你可千万别信他。

事实上，经济学家也并非都否认经济学有立场。经济学作为经世致用的学问，通常要采用实证分析与规范分析两种方法。实证分析回答"是什么"；规范分析则以一定的价值判断为标准，对经济行为或政策的好坏作评判。立场决定价值观。一个经济学家若没有立场，就等于没有价值标准，没有价值标准何以评判经济行为或政策好坏呢？

讲到这里，我想到了中国的政治经济学构建。习近平总书记多次强调发展中国特色社会主义政治经济学。如何构建我们自己的政治经济学？我认为最关键的是中国经济学家要有正确的立场。何谓正确的立场？习近平总书记提出的"以人民为中心"就是我们构建中国版政治经济学应该坚持的立场。这个立场，当然也是马克思主义的立场。

由此再想，习近平总书记提出的新发展理念，其实是对"以人民为中心的发展思想"的具体展开。新发展理念是对我国经济发展实践规律的提炼，而且是一个完整的体系：创新发展是动力；协调发展、绿色发展、开放发展是方式；共享发展是目的。从这个角度看，新发展理念可以作为我们构建中国版政治经济学的理论框架。

这里再说怎样对待西方经济学。我的观点：我们不必排斥西方经济学。西方经济理论也是人类共同的文明成果，对反映市场运行一般规律的原理，我们可以借鉴；但对西方涉及价值判断的经济理论，就必须对其立场进行甄别，如果不符合人民大众的利益，不管那位经济学家的名头有多大，也不能照搬。

要坚持问题导向

党校教员讲课要坚持问题导向，恐怕今天没人会不同意。既然大家都赞成，再说岂非多此一举？当然不是。自己从教30年的经验说，赞成问题导向是一回事，而能否贯彻问题导向是另一回事。这些年常听到学员抱怨我们有些教员讲课缺乏针对性，说白了其实就是没有突出好问题导向。

曾与年轻教员交流过。很多人以为，问题导向是指一堂课要针对某个问题讲。这样理解虽不算错，但也不完全对。大家想想，教务部安排进教学计划的讲题哪一个不是重大问题？可为何学员反映有的教员讲课针对性强而有的教员针对性不强呢，甚至同一个讲题，不同的教员讲针对性也会大不相同？看来讲题设计要针对问题只是一方面，关键还在怎么讲。

在党校当教员，我们都曾听过别人讲课，怎样评价一堂课讲得好不好？若让我说，就要看主讲教师能否为我释疑解惑。比如之前我不明白的道理，若听课后明白了；之前我一直坚持的观点，听课后却发现自己原来理解错了；之前不懂得分析的问题，听课后茅塞顿开，知道怎么分析了。这样让我有收获，当然会认为这堂课讲得好。

人同此心，心同此理。其实，学员听我们讲课也有同样的期待。也正因如此，所以在党校要想讲好课就必须坚持问题导向。我在前面说，坚持问题导向不仅是讲题设计要针对问题，更重要的是整个授课过程都要针对学员的困惑。否则，如果我们讲课不针对学员的困惑，天马行空、无的放矢，学员也一定会云里雾里，不知所云。

几年前我曾听一位校外专家讲生态环境问题，本来是慕名而去，结果却扫兴而归。那位专家一开始就演示了大量PPT图片，介绍当前国内生态环境问题有多严重。接下来他讲造成环境问题的三个原因：一是地方官员不重视环保；二是环保部门监管不力；三是财政对环境治理投入不足。最后他的结论是：解决生态环境问题要加强领导、加强监管、加大投入。

不能说那位专家没有问题意识,生态环境本身就是重大问题,可他两个多小时讲下来却未回答我的困惑。我当时的困惑是,中央高度重视环保可为何地方官员不重视环保?在国家财力有限的条件下治理环境除了政府投入是否还有别的办法?市场机制在生态环保方面如何发挥作用?所以在我看来,他的讲题虽然针对了问题,但讲课却未针对听众的困惑,并没有贯彻好问题导向。

是的,讲课所强调的问题导向,关键是要针对学员的困惑。这是说,教员要想讲好课,课前首先就得对学员有何困惑做到心中有数。问题是:我们怎知道学员的困惑呢?当然是到学员中去调研,要是不调研,闭门造车,讲课难免会放空炮。我们常说理论要联系实际,对讲课来说,其实可理解为理论联系"问题",这里的"问题",就是学员的困惑。

说到学员的困惑,具体讲我认为有三方面:一是在讲题所涉领域学员目前尚未想到或者被忽视的问题;二是学员想到了但普遍存在疑惑与误解的问题;三是学员想到了而且也想对了,但不知道如何分析论证的问题。教员备课时不妨扪心自问,自己对以上三方面的问题是否清楚?若不清楚,你最好先去做调研,做完调研再回来写讲稿。

以上三方面问题清楚了,那么水到渠成,讲课也就有了针对性。说一件我自己亲历的往事。1992年我从人民大学毕业后到党校任教，那时候党校不像现在有这么多班次，年轻教员上讲台的机会不多，主要任务是跟班听课。想来也是幸运，当时进修部组织员王雪玉同志安排我为省部班学员作一次集体答疑。说是答疑，其实是讲一堂课。没想到课后学员会对我那堂课好评如潮，之后我也因此取得了进入主体班上课的资格。

人贵自知，那堂课能够大获成功，并非我有什么过人的本领，而是那时候天天与学员一起听课、一起研讨。朝夕相处，我知道学员的困惑在哪里；加上是答疑，所以备课时我把握了一个原则：凡是学员懂得的道理我皆不讲，重点只讲那些学员有疑惑或有误解的问题。当时我并不懂得"问题导向"，纯属无心插柳，不过那次意外的成功，却让我领悟到了讲课"针对性"的奥妙。

前面我将学员困惑分为三类，是自己多年教学实践的总结。不知别人怎么看，但我自己觉得很管用。当年在经济学部任教时，每当接到新的讲题我都会去与学员研讨，目的是投石问路，看看学员对我的讲题有何思考，有哪些疑惑或误解，有哪些问题需要我提供论证，讲课时我就针对这些问题讲。这办法屡试不爽，许多学员毕业多年后还说记得我当年讲课的观点，说明那些观点曾引起过他们的共鸣。

我说这些并非王婆卖瓜，而是希望年轻教员要舍得花时间了解学员。磨刀不误砍柴工，只有真正了解学员，讲课才会有针对性。这么说吧，假如你讲课能将学员引导到一个新的思维层面，或是你能澄清学员普遍存在的某些误解，又或是你能为学员提供分析某个问题的新角度与新方法，学员绝不会认为你讲课脱离实际、没有针对性。

最后要说的是，问题导向固然重要，但讲课要想满堂彩仅有问题导向不够，同时还得有学理支撑、学术框架与恰当的讲课艺术。没有学理支撑、学术框架，面对学员的困惑你会力不从心；而有学理支撑、学术框架若无恰当的讲课艺术，照样也会美中不足。至于何谓学理支撑、学术框架与讲课艺术，下面我再分别说。

要强化学理支撑

前面我说要讲好一堂课仅有问题导向不够，同时得有学理支撑。党校教员讲课与地方或部门的领导作报告不同，领导作报告是根据中央精神部署安排工作、提具体要求，用不着讲学理；教员讲课则是帮助学员领会中央精神、提高分析解决问题的能力，要是没学理支撑，学员就不会把你当专家看。

中央党校的学员都是高中级干部，久经历练，大多有丰富的实践经验。他们来党校学习并不是要让教员为解决某些具体问题支招，而是希望在理论上进行充电。相比而言，我们教员缺乏实践历练但却有学理方面的优势，这样各自扬长避短，学员向教员学习理论，教员向学员了解实际，教学相长、各取所需，彼此正好可以优势互补。

可目前的现实是，我们不少教员上课却热衷于讲对策，对学理分析反倒不重视。曾有学员直言不讳地建议：老师上课不要过多讲对策，应把重点放在理论分析上。是的，讲对策确实不是教员的强项，理论没讲透就急于讲对策，效果往往适得其反，让学员认为你不懂实际。

作为同行，我明白为什么很多教员热衷于讲对策。多年来学员一直有反映，说我们教员讲课容易理论脱离实际。为了不脱离实际，于是有人以为应重点讲对策。其实这看法是一种误解。据我所知，学员抱怨某些教员理论脱离实际，是指讲课空对空、没有针对性。要是有针对性，学员并不要求教员讲对策，倒是希望更多地从学理层面作讲解。

前面我提到过生态环保，现在"生态文明建设"也是主体班的重要讲题，这个问题怎么讲？若是讲对策，恐怕你我都可以提出若干对策来，而我们教员经常提到的是关闭那些高能耗、高污染的企业。往深处想，这类企业真的能一刀切吗？若是能够一刀切政府又何必等到今天？再说，这样的对策难道学员自己想不出？所以提对策要以学理为基础，要考虑可操作性，绝不可拍脑袋、想当然。

研究生态环保问题，不同的学科有不同的学理。别的学科我不懂，但我知道用经济学怎样分析。经济学认为生态环境被破坏,原因是企业的私人成本与社会成本分离。企业为了追求利润最大化不断排放废水废气,而企业只承担私人成本(料、工、费),对环境污染所造成的社会成本却不承担,正因如此,企业才肆无忌惮地污染环境。

由此来看,解决生态环境问题,关键是要将社会成本内化,让企业承担相应的社会成本。怎样将社会成本内化为企业成本呢?经济学有两种思路:一是庇古方案,即将社会成本与税收挂钩,由政府直接向污染排放企业征税;二是科斯定理,即由政府根据交易费用(社会协调成本)高低给企业分配排放权,并通过排放权的市场交易将社会成本内化。显然,前者是政府调节的思路,后者是市场调节的思路。

到此学理就算讲清楚了。学理清楚了,教员可以讲对策。不过,讲对策应重点针对体制机制,不要为具体问题开处方。比如内化社会成本是通过征税还是通过市场是体制问题,我们可以提建议;但对排放权具体怎么分配,是给甲企业多一些还是给乙企业多一些,此类具体问题不必讲。各地情况千差万别,我们不可能知道各地不同分配方案可能产生的交易费用是多少,既然不知道,我们凭什么替人家拿主意?

教员应将重点放在学理上,对策要少讲甚至可以不讲,学理讲清楚了学员自己会知道应该怎么做。另外,从科学方法论讲,现实问题也必须用学理解释,不能用事实解释事实。比如下雨天你看见有人摔倒,有人摔倒是个事实,下雨也是事实。如果你解释有人摔倒是因为下雨,那你是用事实解释事实。而用学理解释,则是路面摩擦力小。这是说,如果摩擦力够大,下雨不会让人摔倒;摩擦力过小,不下雨也会让人摔倒。

学习理论的目的在于指导实践。教员讲课注重学理分析,目的就是要引导学员运用学理指导实践。所谓学理,简单说就是反映客观规律的理论原理,是理论分析框架。如果我们能让学员懂得学理,学员也就掌握了规律与分析框架,今后遇到现实问题他们自己就可举一反三,自行应对。韩愈说:师者,传道授业解惑也。这样看,加强讲课的学理支撑正是我们教员的职责所在。

说到这里另有两点要提醒:

第一点是用学理分析现实问题需对现实作学理转换。事实上,很多现实问题是不能直接用学理分析的,如果不将现实问题转换到学理层面,理论会派不上用场。前面我们之所以能用科斯定理分析生态问题,是因为先将生态问题转换成了社会成本问题。我反复思考过,过去学员说我们有些教员"理论与实际两张皮",症结就在没有作这种转换。

第二点也是我认为最重要的,讲课要有学理支撑,教员自己得有厚实的学术功底。学术功底从哪里来?当然是要多读书。马列经典要读,中央文件要读,其他经典也要读,只有读书多了功底才能扎实。可现在我们有些教员不愿坐下来读书，总想走捷径。我曾让中央党校教务部编过一本20世纪50年代前后党校一批名师的《老讲稿》，读这部讲稿给我的感受是，若不博览群书绝对成不了一流名师。

要有学术框架

给领导干部讲课不仅要有"学术功底"，而且要掌握足够的学术框架。"学术功底"与"学术框架"有联系，但并不是一回事。我自己的体会：当好一个党校教员，讲课必须要有学术框架，否则信口开河，满嘴跑马，怕是难以让人真懂真信。尤其在中央党校，学员来自五湖四海，很特殊，不仅见多识广，而且也都能说会道。他们进党校学习，不是对问题没思考，而是想听听教员的理论讲解，当教员的若无学术框架，就事论事，怎可能让人心悦诚服呢？

时常听学员讲，党校教员的优势是懂理论。何谓懂理论？说白了就是有学术框架。不错，这正是我们教员讲课与领导干部作报告不同的地方。比如同样讲中央文件，领导干部重点在传达中央精神，部署落实；而教员则侧重学理分析，不仅要讲中央精神是什么，而且要回答为什么，即重点在分析中央精神背后的学理根据。换句话说，党校教员讲课区别于领导干部讲话，关键在教员有专家视角，不是简单地用文件解释文件，而是力求从学理上讲深讲透。

问题是，究竟什么是学术框架呢？我理解的学术框架，一句话，就是学者观察世界的理论坐标。不过它不是指某个点，而是一个参照体系。举个例子，历史上有"庖丁解牛"的故事，庖丁解牛何以能得心应手？绝对不是因为他肯用蛮力，而是熟知牛的生理结构。再比如画画，一个画家要把人画好，了解人体结构比例便是基本功。教员讲课也如是。一个问题摆在面前，若不先找到学术框架，讲起来就会没章法，学员听起来当然也就懵懵懂懂不得要领了。

还是说我自己的体会吧。当年读大学，课余时间几乎全泡在图书馆读期刊，那时候有件事让我很困惑，就是读张三的论文觉得张三对，读李四的论文觉得李四对，而张三与李四的观点大相径庭我却无从判断对错。为此，我曾苦恼了很长一段时间，也怀疑过自己是否适合做学问。到了大二，斗胆把自己的困惑告诉了老师，老师说：那是你没读经典，没有学术框架。一语点醒，从此我改弦易辙，埋头读经典。几年寒窗，果然自己对许多问题渐渐有了判断。

是的，无论我们做研究还是讲课，都得有学术框架。没有学术框架，看问题就如老虎吃天，往往无处下口。说得再形象点，学术框架就好比一张交通图。你要去天安门，从颐和园出发怎么走？假如你手里有交通图一看便知。这是说，若有学术框架在胸，分析问题也就有了逻辑路径，这样我们不仅不会迷失方向，而且可以少走弯路或不走弯路。即便不小心走错了，也能按学术框架随时矫正，至少不会闹出南辕北辙的笑话来。

也许有人问，学术框架既然如此了得，那么框架从何而来呢？我的回答是，假若你天赋足够高，又有深厚的学术功力，你可以自己建框架。但若非如此，则另有一条捷径，去借用经典著作的框架。我们说，经典之所以称为经典，首先是她结晶了前人的智慧，经历了数十年，甚至数百年的考验，颠扑不破；同时经典还有一个共性，那就是都有自己的学术框架。古往今来，没有学术框架的论著，哪怕曾经轰动一时，但大浪淘沙，最终很少有立得住的。

我这样讲，当然不是说有学术框架的著述就一定能成经典。我的意思是，被传承的经典，一般都有学术框架。以经济学为例，亚当·斯密研究分工与贸易，用的就是"绝对成本优势"的框架；而李嘉图用的则是"比较成本优势"的框架；马克思研究剩余价值，用的是"商品二因素与劳动二重性"的框架；而庇古研究社会福利，用的则是收入均等化的框架；再有，马歇尔研究价格，用的是局部均衡的框架；而凯恩斯研究就业，用的则是宏观总量平衡的框架。

不用再举例，经济学是这样，其他学科的经典我想也是如此。所以要想掌握学术框架，只有多读经典，舍此无他。经典读得多了，日积月累，你知道的学术框架才会慢慢多起来，碰到问题，你才能随手拈来，游刃有余。想想看，当下党校真正叫得响的教员，有谁是不重视读经典的？新中国成立初期党校的那些名师不仅个个熟读经典，而且讲课的学术框架也都非常清晰。他们讲课受欢迎，这应该是原因之一吧！

另外还有个问题，本不必说，但细想还是说说好。前面提到，但凡经典皆有学术框架，可经典著作很多，教员讲课如何选择呢？我以为有两个原则：首先，要先选本学科经典。对一个问题，不同学科经典的分析框架往往不同，教员备课最好选本学科的经典。不是别的学科经典不能用，而是隔行如隔山，用起来未必顺手。其次，要找准问题对应。即是说，你分析的问题要与经典所分析的问题类同，不然张冠李戴，反而容易弄巧成拙。

是的，学术框架是我们做教员的必备工具，也是看家本领。古人讲：闻道有先后，术业有专攻。假如你现在讲课还没有学术框架，不要紧，也不必懊恼。只要从今天起重视起来，虚心向经典学习，向同行学习，下足功夫，待以时日你必有意外的惊喜：不仅课会讲好，研究也会更上一层楼。

要有恰当的讲课艺术

讲课有没有艺术这回事？我的看法：当然有。虽然我曾说过，一堂课讲得好不好，首先要看教员是否有思想，能否对学员有启发，口才在其次。但这并非说口才就无关轻重，相对思想性，口才的确在第二位。不过，一个教员要是既有思想，又有口才，两全其美岂不善哉？

我们都曾做过学生，撇开大学不说，从小学到中学，为何有些老师讲课我们爱听，有些老师讲课我们却不爱听？照理中小学老师讲的都是教科书，是传授知识，彼此思想性不应有太大差别，可受欢迎的程度为何会不同？说到底，是教师讲课的艺术有高下。其实不止老师，日常生活中这样的例子多得是。比如领导作报告，同样讲经济形势，有人讲得妙趣横生，而有的却让人昏昏欲睡。我曾听过朱镕基总理的报告，观点对错见仁见智，单论讲话艺术，我认为无可挑剔。《朱镕基答记者问》热销，不信你再读读看。

实不相瞒，年轻时我十分留意别人的演讲技巧。大学期间，曾读过不少名人的演讲录，不是我追星，而是他们的演讲实在有感染力。我也曾试图寻找规律，苦思冥想，可直到毕业仍不得要领。所幸的是，读研究生时我的导师王时杰教授口才好，操四川口音，说话抑扬顿挫，听起来很有韵味。而他最大的特点，是讲问题总能化繁就简抓住要害，并恰到好处地给出例证。也是巧得很，那时我正好看到卡耐基的一本小册子《语言的突破》，一夜间大彻大悟，有如醍醐灌顶。我今天的讲课风格，自认为是得益于《语言的突破》的提点，当然更多是王时杰教授的真传。

其实说起来，讲课艺术并不神秘，不过由于人们审美情趣不同，对何谓讲课艺术难有统一的标准。就像写文章，文无定法，我们很难说得清一篇文章要按什么标准写，但一篇好文章，却往往又能得到读者的公认。讲课亦如此，虽无一致的标准，但依我多年做教员的经验，有三条我认为最要紧：（1）三个清楚，即想清楚、写清楚、说清楚；（2）深处求新，浅处求胜，通俗地讲就是深入浅出；（3）掌握节奏，推动互动。从字面看，这三条简单得令人吃惊，但要做到出神入化却非一日之功，需反复操练。为表达方便，下面让我分点谈吧：

第一，三个清楚。我认为这是对教员讲课最起码的要求。不能想象，教员自己没想清楚的问题，会给学员讲清楚；退一步，即便教员想清楚了，那也未必能讲明白。因为从想清楚到说清楚，中间有个环节就是写。今天学校为何要求教员写讲义，我想这不单是为了方便学员预习，更重要的是要督促教员把问题想透彻。诸位应该有这样的经历，有时某个问题自以为是想清楚了，可一旦落实到纸上，却发现写不清。写不清怎能说得清呢？

讲到这里，有个现象要说一下。当下我们有的教员讲课只注重PPT（课件），却不重视写讲稿。事实上，讲稿比PPT重要得多，写讲稿的过程，本身就是研究过程，不下功夫写讲稿，研究做得不扎实，PPT再花哨有何用？徒有其表，课不可能讲得好。经验说，教员即使能把问题百分百讲清楚，学员也只能理解90%；教员若只讲清90%，学员则只能理解70%；教员要是一知半解，那么学员一定是不知所云。由此来看，教员要讲好课，写讲稿绝不可敷衍，只要讲稿真写得好，哪怕你在台上念，我想学员也不会给低分。

第二，深处求新，浅处求胜。这是说，在备课写讲稿前，研究要深入，要勇于求新；但在写讲稿或讲课时，语言要浅白，要通俗易懂。牛顿说过，把简单的问题复杂化，可发现新领域；把复杂的问题简单化，可发现新定律。是的，研究问题应从简单到复杂，想得愈深入愈好，但讲课相反，表达则是愈通俗愈好。真佛只说家常话。大家去看看《毛泽东选集》，看看《邓小平文选》，是不是一读就懂？其实毛泽东讲"枪杆子里面出政权"；邓小平讲"白猫黑猫，抓住老鼠就是好猫"，语言虽朴实无华，但道理却博大精深。

关于讲课艺术我自己有一点体会，就是要把讲理论与讲案例结合起来。一堂课两小时，假若从头至尾光说理论，课堂会显得太沉闷；但若通堂都讲案例而不讲理论，学员又会感觉肤浅。而且还有个技巧，就是要善于用小案例来讲大道理，比如亚当·斯密讲分工理论，用的就是工厂制针的例子；科斯讲产权理论，用的是工厂排污的例子。别看这些例子很平常，但你若能用好这些例子，讲起课来将有如神助。

第三，掌握节奏，推动互动。教员讲课要注意调节课堂气氛，有两个要点：一是讲解的节奏；二是课堂互动。记得卡耐基说过，成年人集中注意力一般每15分钟为一个单元。意思是说，超过15分钟，人的注意力会分散。既如此，那么教员讲课就得把握这个节奏，每过一刻钟，就不妨放松一下，或讲个笑话，或插入一个小故事。不过笑话与故事要紧扣讲题，不得游离太远；至于推动互动，办法很多，既可向学员发问，也可让学员提问。不过这并不是最好的互动形式，想当年，朱镕基总理来党校讲课，就不曾让学员提过问，可大家不时报以热烈的掌声与会意的笑声，这其实也是互动，而且是最高境界的互动。

当然，我并不是说大家都得去仿效朱镕基总理，他的演讲极富个人魅力，别人想学也未必学得来。本来，教员讲课就是为了传道，只要能把问题讲清楚，学员爱听，一切管用的讲课方式应该都是艺术。这样看，东施效颦大可不必，同时我们也用不着把讲课艺术看得太神秘而作茧自缚。

关于作者

王东京

经济学家、教授、博士,长期担任中央党校(国家行政学院)省部级、地厅级干部班,中青年干部班主讲教员,讲课风格独树一帜,深受学员欢迎。

历任中央党校经济学部主任、教务部主任、教育长、副校(院)长,十三届全国人大财经委员会委员。

在《经济研究》《管理世界》《财贸经济》等学术期刊发表论文数十篇;在《经济日报》《21世纪经济报道》《学习时报》等报刊发表专栏文章近千篇;著有《经济学笔谭》《经济学反思》《经济学分析》《中国的难题》《中国的选择》《中国的前景》《王东京经济学讲义》等20多部专著。

2000年前后撰写的"与官员谈"系列丛书在国内领导干部和企业管理者中引起强烈反响。